U0479343

中国式现代化的文化根脉

孙伟平　主编

广西人民出版社

图书在版编目（CIP）数据

中国式现代化的文化根脉 / 孙伟平主编 . -- 南宁：广西人民出版社，2025. 3. -- ISBN 978-7-219-11812-2

Ⅰ. D61；K203

中国国家版本馆 CIP 数据核字第 2024BG7299 号

ZHONGGUOSHI XIANDAIHUA DE WENHUA GENMAI

中国式现代化的文化根脉

孙伟平　主编

出 版 人　唐　勇
策　　划　吴小龙
执行策划　许晓琰
责任编辑　李雨阳
责任校对　黄　熠
装帧设计　张今亮　王非凡

出版发行　广西人民出版社
社　　址　广西南宁市桂春路 6 号
邮　　编　530021
印　　刷　广西民族印刷包装集团有限公司
开　　本　787mm × 1092mm　1 / 16
印　　张　17. 25
字　　数　240 千字
版　　次　2025 年 3 月　第 1 版
印　　次　2025 年 3 月　第 1 次印刷
书　　号　ISBN 978-7-219-11812-2
定　　价　52. 80 元

主　编

上海大学教授　孙伟平

撰稿人

导　论　上海大学教授　孙伟平
第一章　中国社会科学院大学教授　王正
第二章　山东大学研究员　王玉彬
　　　　曲阜师范大学副教授　李细成
第三章　山东大学研究员　王玉彬
第四章　山东大学研究员　王玉彬
　　　　曲阜师范大学副教授　李细成
第五章　同济大学教授　谷继明
第六章　山东建筑大学教师　陈彦杰
第七章　中国社会科学院大学教授　王正
第八章　山东建筑大学教师　陈彦杰
第九章　山东大学研究员　王玉彬
第十章　山东大学研究员　王玉彬
结　语　中国社会科学院大学教授　王正

目 录

导　论

根植中华文化，推进中国式现代化

文化是民族的血脉，是国家的灵魂，是人民的精神家园。一个民族国家的文化作为其精神家园，是与该民族国家及其人民直接同一的。一个文明进步的社会，应该是物质财富和精神文化比翼齐飞的社会；一个现代化的民族国家，应该是经济、政治、文化、社会和谐发展的国家。随着时代的发展，人们越来越认识到，经济的发展、GDP 的增长、物质财富的增加，仅仅是社会发展的一个方面；一个民族国家文化的繁荣发展程度，也是其文明进步的重要目标和度量衡。因此，建设中国式现代化，实现中华民族伟大复兴，必须在新的起点上弘扬中华文化，尤其是中华优秀传统文化，培育和创造新时代中国特色社会主义文化，建设中华民族现代文明。

一、中华优秀传统文化，中华民族的“根”和“魂”

一个人有自己的基因，一个家族有自己家族的基因，一个民族也有本民族的基因。中华民族的文化基因就蕴藏在中华优秀传统文化之中，“中华优秀传统文化已经成为中华民族的基因”[①]。如“天下兴亡，匹夫

① 习近平：《习近平谈治国理政》第一卷，外文出版社，2018 年，第 170 页。

有责”“位卑未敢忘忧国”“先天下之忧而忧，后天下之乐而乐”“身在兵位，胸为帅谋”之类的主体责任意识，“三军可夺帅也，匹夫不可夺志也”“苟利国家生死以，岂因祸福避趋之”“人生自古谁无死，留取丹心照汗青”之类的高尚民族气节，“天行健，君子以自强不息”“地势坤，君子以厚德载物”“富贵不能淫，贫贱不能移，威武不能屈”“千磨万击还坚劲，任尔东西南北风”“鞠躬尽瘁，死而后已”之类的优秀道德品质，“天人合一”“天下为公”“以人为贵”“民为邦本”“仁者爱人”“义以为上”“己所不欲，勿施于人”“等贵贱、均贫富”之类的重要价值原则，崇诚信、守纪律、讲秩序、尚和合、求大同之类的重要价值取向，刚健奋进、善于学习、兼容并蓄、海纳百川、“周虽旧邦，其命维新”、“苟日新，日日新，又日新”之类的发展创新理念，自力更生、艰苦奋斗、勤俭节约、勇敢坚韧、互尊互爱、团结协作、尊师重教、敬老尊贤之类的优秀美德规范，“为仁由己”“修身为本”“知行合一”“吾日三省吾身”“慎独”“防微杜渐”之类的道德实践意识，等等。在新时代中国式现代化建设中，只有从中华优秀传统文化中汲取丰富营养，使中华民族的文化基因得以世代传承和发扬光大，才能永葆中华文化的青春活力和时代魅力。

中华优秀传统文化是“民族文化血脉”。中华民族发展过程中，从《竹书纪年》《尚书》《论语》《道德经》到二十四史，从儒家、道家、墨家、法家到文学、史学、哲学、经学、医学等，从盘古开天地、女娲造人到神农尝百草、仓颉造字，从精卫填海、女娲炼石补天、后羿射日到嫦娥奔月、愚公移山，都属于中华文化的范畴。人类历史上的古代中国、古代印度、古代埃及、古代巴比伦等文明古国中，有的衰弱了，有的落后了，有的断代了，有的消亡了，唯有中华民族一直延续着、创造着连绵不断的文明历史，一直延续着、创造着博大精深的中华文化，为人类文明与进步做出不可磨灭的贡献。而且，中华文化把 56 个民族、14 亿多人紧密团结在一起，紧紧凝聚在一起，共存共荣，共同发展。中华文化凝聚着中华民族共同经历的奋斗历程，蕴含着中华民族共同培育的民族精神，贯穿着中华民族共同坚守的理想信念，是中华民族共同创造的精神家园。中国能够作为一个历史悠久的多民族文明国家持久发展，具有连续性、创新性、统一性、包容性、和平性的中华文化功不可没。

“中华优秀传统文化是中华民族的精神根脉。”[①] 历经几千年的沧桑岁月，中华民族在长期的共同社会生活实践过程中，形成了自己别具一格、博大精深、历久弥新的民族精神。中华民族精神是为全体中华儿女所接受和认同的思想品格和价值观念，是中华民族的文化传统、思想情感、心理特征、行为方式等的综合反映。中华民族精神是中华民族之魂，是中华民族文化的统帅和核心。它积淀着中华民族执着、深层的精神追求，是中华民族特有的精神标识，是将中华民族团结起来、聚合成一个有机整体的文化因素，是中华民族赖以恒久生存和发展的精神支柱，是推动中国生生不息、向前发展的精神动力。民族精神虽然看不见、摸不着，却可以从内心“武装”和塑造一个民族，左右甚至决定一个民族的命运。几千年来，正是中华民族精神团结、凝聚、激励着全国各族人民，使中华民族百折不挠，愈挫愈奋，始终屹立在世界东方。如果抛弃了优秀的文化传统，丢掉了先进的信念信仰，舍弃了昂扬的民族精神，放逐了高尚的道德风尚，那么就无异于割断了自己的精神根脉，止息了自己勃勃发展的生机。如果这样，无论中国的物质生产力多么发达，人民的生活多么优裕，都难以保持持久的向心力和凝聚力、旺盛的生命力和创造力，以及立身处世的自豪感和自信心，从而也就不可能实现中国梦，自立于世界民族之林。

① 习近平：《习近平谈治国理政》第三卷，外文出版社，2020 年，第 314 页。

二、弘扬中华文化，建设中国式现代化的必由之路

在中华民族伟大复兴的历史征程中，弘扬中华文化，尤其是中华优秀传统文化，培育和创造新时代中国特色社会主义文化，是中国式现代化建设的内在的、有机的组成部分。在现代化建设总体布局中，中国共产党确定了经济、政治、社会、文化、生态建设五位一体的建设任务，文化建设是其中的重要内容和重要目标。弘扬中华优秀传统文化，建设中国特色社会主义先进文化，对于全面深化改革，推进国家治理体系和治理能力现代化；对于发展中国特色社会主义市场经济，增强综合国力；对于全面消灭贫困、实现共同富裕，全面建成小康社会和现代化强国；对于全面推进全过程民主和依法治国，建设社会主义法治国家：都具有非常重要的意义。

弘扬中华优秀传统文化，培育和创造新时代中国特色社会主义文化，也是中国特色社会主义精神文明建设的重要方面，是创造“中国特色、中国风格、中国气派的马克思主义”的新课题。众所周知，当今世界文化正在深刻变革和转型。由于我国正处于改革开放、构建高水平社会主义市场经济体制时期，文化变革、转型的广度和深度显得尤为突出。当前中国文化领域的状况十分复杂：传统与现代、“中”与“西”、“左”与“右”等多元文化并存共处，以“官本位”、等级制为特征的封建主义文化和以“钱本位”、自由化为特征的资本主义文化仍然存在，而中国特色社会主义先进文化尚待进一步确立和彰显。在互相竞争的多元文化面前，在日益普遍的文化矛盾和冲突面前，我们必须有所担当、有所作为，坚持以马克思主义为指导，加快文化改革发展的步伐，更加自觉、更加主动地推动文化大发展大繁荣，以满足人民群众多样化的文化需求，保障人民群众的基本文化权益，为中国特色社会主义建设提供强有力的思想

保证和舆论支持，为建设中国式现代化、实现中华民族伟大复兴注入强大精神力量。

弘扬中华优秀传统文化，培育和创造新时代中国特色社会主义文化，是目前在世界上渐具影响力的中国道路的应有之义，也是中华民族自立于世界、伟大复兴的思想理论前提。文化独立与自觉，已经成为一个民族国家自立、自强之本。中华民族的伟大复兴，必然伴随着中华文化的繁荣兴盛。如果文化建设无所作为，那么，“中国特色”就是不明确的，“中国道路”就是不确定的，“中国形象”就是模糊的，难以令人信服。这样的主流文化也不可能具备吸引力、凝聚力和感召力，无法获得全国人民的一致认同，凝聚全国人民的目标和意志，更不能团结带领各族人民走上建设现代化、实现民族复兴的康庄大道。

当今世界正处在大发展大变革大调整时期，文化的重要性前所未有地凸显出来。文化与经济、政治等相互交融，日益成为经济社会发展的重要战略资源；民族国家之间综合国力的激烈竞争，日益聚集于以文化为核心的软实力的竞争。特别是，世界正在依照文化价值观而进行定位和划分，以至于有亨廷顿“文明的冲突”之说，以至于有人宣称，要“为文化价值观而战”。爱德华·W. 萨义德指出：“文化成了一个舞台，各种政治的、意识形态的力量都在这个舞台上较量。文化不但不是一个文雅平静的领地，它甚至可以成为一个战场，各种力量在上面亮相，相互角逐。”① 新的形势、新的任务，要求我们保持清醒的头脑，树立强烈的忧患意识，更加自觉地承担起新的文化使命，通过弘扬中华优秀传统文化，来培育和创造新时代中国特色社会主义文化，提升中华文化的竞争力和影响力，从而在激烈的国际竞争中，维护我国的文化主权和文化安全，拓展我国的战略利益，让我国在国际交往中占据宣传舆论上的主动，吸引、团结其他国家、地区的人民共建“人类命运共同体”。

---

① 爱德华·W. 萨义德：《文化与帝国主义》，李琨译，生活·读书·新知三联书店，2003 年，第 4 页。

三、弘扬文化主体性，力避文化误区

在中国式现代化建设中，面对新时代的各种挑战，中国文化建设应该如何做？这是近代以来就萦绕在国人心中的一个战略性难题。在历史与现实中，存在两种比较极端的方略，即“西化论”与简单的“传统复兴论”。

持“西化论”者主张按照西方现代化的模式推进中国文化的现代化。他们认为，西方文化包含着中国走向现代化所缺乏、最需要的东西，因而中国文化建设主要应该以“（全盘）西化”为导向，全盘吸收西方的经验、思想和观念。这种倾向通常披着“西体中用”和“与国际惯例接轨”的外衣，不易为人所察觉。

持简单的“传统复兴论”者主张以中国传统文化，特别是所谓“优良传统美德”为根基，“光复”中国文化。他们认为，中国古代文化是世界上最杰出、最具优越性的文化，包含着解决当代中国一切问题的智慧和方案。“儒家复兴”说、“道家复兴”说等，都反映了这种导向和意图。

关于“西化论”，应该承认，西方文化确有所长，有一些中国文化缺少的“精华”。正因为如此，我们才始终不渝地坚持对外开放，坚持学习和借鉴西方文化。但是，我们也应该清醒地认识到，西方文化并不是理想的、更不是唯一的现代文化。且不说它在很大程度上是靠罪恶——圈地运动、对殖民地海盗式掠夺、贩卖黑奴等起家的，仅仅就其对资源的掠夺性开发、对生态环境的破坏、“资本逻辑”的横行、极端的国家利己主义、以霸权为后盾的“竞争”等，就足以说明西方文化没有资格成为其他文化的楷模。正如许多后殖民主义批评家所说的，以西方文化为现代文化的楷模甚至唯一的范本，是一种文化殖民主义和文化帝国主义的后遗症。而且，“西化论”者没有看到，中国文化是一种与西方文化具有实质差异的文化，它的现代化只能是通过对自身的辩证否定来实现，它必须找到适合自己国情和文化传统的发展道路，而不可能通过简单地模仿别人，或转换成一种异族文化来实现。

就简单的“传统复兴论”而言，它对源远流长、博大精深的传统文化资源的重视，它所体现的强烈的民族主体意识、自尊心和自信心，无疑是必要且颇具价值的。但是，它对传统文化的理解却失之主观、片面。“传统复兴论”对“传统”的理解，依据的不是现实的文化主体和现实的生活实践，而是故纸堆中的古代典籍。倘若只是从故纸堆中不加审视地翻检出一些所谓“传统”，并将之包装成中华文化的精髓，缺少“去粗取精”的过程，那么这实际是不加思考地把“传统文化”等同于“过去”甚至“古代”了。然而，真正的传统文化是“活”在当代中国人民心中的文化因子，它是中华民族的精神家园，是熔铸在中华民族灵魂深处的文化精神。传统文化的内涵十分丰富，至少既包括以儒释道为主体的古代文化，也包括以马克思主义为内核的红色文化。此外，“传统复兴论”还忽视了文化是有时代性的，任何文化都是一定历史发展过程的积淀。

特别是，无论是“西化论”，还是简单的“传统复兴论”，都主动放弃了当代中国人民的文化权力和责任。“西化论”将中国文化建设的权力和责任拱手交给了西方人，把价值选择的方向和标准定位于“他者”；“传统复兴论”则把中国文化建设的权力和责任赋予了古人，把价值选择的方向和标准定位于“过去”。它们都忽略了一个根本性的方面，即只有当代中国人民才是中国文化建设的主体，这是当代中国人民不容剥夺的文化权力。中国文化只有立足当代中国人民的实践，才可能获得发展的基础和养料；中国文化发展的方向、模式和道路，只能由中国人民自己去探索。作为中国文化建设的主体，当代每一位中国人都有责任，也有权力发挥自己的能动性和创造性，在中国特色社会主义实践中自觉把中国文化推向新的高度。从表面看，“传统复兴论”与“西化论”迥然对立，实际上它们却“两极相通”：都否定了当代中国人民的文化权力和责任，都不信任、不依靠当代中国人民。这是文化主体意识严重的错位和迷失，也是对本民族文化不负责任的表现！

总之，在全球化、现代化背景下，一个独立的民族国家，特别是像中国这样历史悠久、拥有独特文化传统的社会主义大国，是不可能简单照搬世界上任何一种现成的文化发展模式的。中国特色社会主义文化建设是一项前无古人的开创性事业，既不能依傍古人，简单地“复兴传统”，也不能依傍外国，搞“全盘西化”，而只能以“我”为主，以自觉的文化态度、独立的自省精神和开放的创造精神，进行实实在在的建设。具体地说，就是要在全球化、现代化、社会主义市场经济条件下，以马克思主义，特别是中国特色社会主义理论为指导，立足中国特色社会主义实践，解放思想，充分发挥广大人民群众的主体性，“古为今用，洋为中用”，在借鉴人类一切优秀文化成果的基础上，独立自主地探索自己的发展道路，通过持续的自主创新，创建“中国特色、中国风格、中国气派”的社会主义先进文化。这种自觉的创建是我们义不容辞的责任，也是我们的“天赋”权力。这要求我国从执政党到普通民众，特别是文化工作者自主自立自信自强，强化自身的主人翁地位和责任感，充分意识到自己肩负的文化使命，踏踏实实地去做。

四、“第二个结合”，指明中国式现代化建设的方向

习近平总书记在文化传承发展座谈会上的重要讲话中强调：“在五千多年中华文明深厚基础上开辟和发展中国特色社会主义，把马克思主义基本原理同中国具体实际、同中华优秀传统文化相结合是必由之路。”“‘第二个结合’，是我们党对马克思主义中国化时代化历史经验的深刻总

结，是对中华文明发展规律的深刻把握。”[①] “第二个结合”是“又一次的思想解放”，它让我们掌握了思想和文化主动，为建设中国式现代化和中华民族现代文明指明了方向。它不仅具有必然性和必要性，而且具有可行性和现实性。

首先，“结合”的前提是彼此契合，相互契合才能有机结合。中华优秀传统文化是中华民族的精神之根，马克思主义是中国共产党人的信仰之本，二者虽然诞生于不同的历史时空，彼此却存在高度的契合性。马克思主义与中国相遇，正是国家蒙辱、人民蒙难、文明蒙尘之际，中华民族面临前所未有的危机。十月革命一声炮响，给中国送来了马克思列宁主义，使困顿中的中国人民找到了实现民族独立解放、走向现代化的理论武器。

马克思主义的思想精髓同中华优秀传统文化的精华相贯通，同人民群众日用而不觉的共同价值观念相融通。在宇宙观上，马克思主义主张人与自然辩证统一，中华文化讲求“天人合一”的境界，以天道为准则，尊重自然、顺应自然、保护自然，融天道与人道为一体，促进人与自然和谐共生。在天下观上，马克思主义以实现全人类解放为目标，中华文化追求“天下大同”的理想，至大无外、至公无私，坚定站在历史正确的一边、人类文明进步的一边，自觉维护世界和平发展，积极构建人类命运共同体。在社会观上，马克思主义坚持运用矛盾观点来认识和化解各种社会矛盾，中华文化秉持“和而不同”的思想，在社会交往中尊重差异、包容多样，在“不同”中寻求“共同”，在多样性中寻求统一。在道德观上，马克思主义要求不断提高人的思想觉悟和道德品质，中华文化倡导“人心和善”的理念，弘扬仁爱精神，从自身修养上下功夫，养浩然之气，做一个对国家、对民族、对社会有用的人。把马克思主义思想精髓同中华优秀传统文化精华贯通起来、同人民群众的共同价值观念

---

① 习近平：《在文化传承发展座谈会上的讲话》，《求是》，2023 年第 17 期。

融通起来，不断赋予科学理论鲜明的中国特色，就能不断夯实马克思主义中国化时代化的历史基础和群众基础，让马克思主义在中国牢牢扎根。

其次，马克思主义自传入中国以来，一直与中华优秀传统文化互相激发、互相成就。马克思主义基本原理同中华优秀传统文化相结合，不是简单的“物理反应”，而是深刻的“化学反应”，造就了一个有机统一的新的文化生命体，让马克思主义中国化时代化、中华优秀传统文化现代化，让经由“结合”而形成的新文化成为中国式现代化的文化形态。

一方面，马克思主义深刻改变了中国和中国文化。马克思主义以真理之光激活了中华文明的基因，使中华文明迸发强大的精神力量。譬如，在新民主主义革命时期，马克思主义的人民立场激活了中国传统的民本思想，“民为贵，社稷次之，君为轻”，我们强调“劳工神圣”，工农是至高无上的社会力量；马克思主义的革命理论唤起了中国传统的变易思想，“天地革而四时成”，鼓舞着中国人民排除万难把革命进行到底；马克思主义的共产主义学说激发了国人对大同社会的憧憬和追求，使他们前仆后继地为崇高理想而奋斗；马克思主义的唯物论、辩证法升华了中国古代世界观和辩证思维，《实践论》《矛盾论》应运而生，指导中国革命在把握规律中摆脱困境、走向胜利。另一方面，马克思主义在中国的实践也极大地丰富、发展了马克思主义。中国的社会主义革命和建设是在马克思主义指导下进行的，是马克思主义中国化时代化的成功实践。中华优秀传统文化、中国社会主义革命和建设时期的文化，充实、激活了马克思主义的文化生命，为马克思主义中国化时代化提供了丰厚的历史文化滋养。改革开放以来的社会主义实践，更是夯实了马克思主义文化建设的基础，促进了社会主义文化在中国的大繁荣、大发展。

再次，培育和建设中国式现代化的文化形态，建设中华民族现代文明。中国式现代化是赓续古老文明的现代化，而不是消灭古老文明的现代化；是从中华大地生长出来的现代化，而不是照搬照抄西方国家的现代化；是文明更新的结果，而不是文明断裂的产物。培育和建设中国式现代化的文化形态，建设中华民族现代文明，必须坚持独立自主，坚持“走自己的路”，一味地模仿、盲目地追随是没有前途的；必须在秉持开放包容的基础上兼收并蓄，做到“古为今用，洋为中用”；必须在继承和发展中华优秀传统文化的基础上，通过守正创新进行创造性转化、创新性发展。中国式现代化赋予中华文明以现代力量，中华文明赋予中国式现代化以深厚底蕴，经由“结合”而形成的新文化就是中国式现代化的文化形态。

建设中国式现代化，培育和创造新时代中国特色社会主义文化，建设中华民族现代文明，都是以“中国”为主体展开的伟大实践。而有了“中国”这一文化主体性，就有了文化意义上坚定的自我，中国共产党就有了引领时代的强大文化力量，中华民族和中国人民就有了国家认同的坚实文化基础。中华民族现代文明是中国共产党带领中国人民在中国大地上创造的，中国共产党既是马克思主义的坚定信仰者和践行者，又是中华优秀传统文化的忠实继承者和弘扬者。正是在这个意义上，建设中国式现代化和中华民族现代文明，必须既立足于现实的中国，又植根于历史的中国，坚持把马克思主义基本原理同中国具体实际相结合、同中华优秀传统文化相结合，通过创造性实践培育和创造新时代中国特色社会主义文化，建设中华民族现代文明。

第一章

中华文化的起源与基础

中国式现代化需要中华文化作为精神给养，而中华文化，则奠基于中国独特的地理和人文环境。位于神秘东方的这片土地滋养了博大精深的中华文化。

中国是世界四大文明古国之一，有着悠久的历史。距今约 5000 年乃至更久以前，以中原地区为中心，东南西北各个地方均开始出现聚落组织，这些聚落组织通过长时间的交流、融合，逐渐形成共同的民族认同、文化认同和国家认同，并最终形成了政治和文化意义上的中国、民族意义上的中华民族。梁启超在《中国地理大势论》中曾赞叹："美哉中国之山河！美哉中国之山河！中国者，天然大一统之国也，人种一统、言语一统、文学一统、教义一统、风俗一统，而其根原莫不由于地势。"除了对中国山河大地与文化的赞叹，梁启超也是在强调，中国独特的地理环境对中华文化、历史的重要影响。正如孟德斯鸠较早提出的，地理环境对人类历史和文化发展有重要作用，而后来的社会人类学及马克思主义也都证明，自然地理条件确实是文化形成的重要基础。所以，要了解中华文化，就首先要从了解这片土地开始。

一、平原与季风，自然环境和地缘特质

中华文化形成于一片广袤的大地之上。中华民族自古生存的这片土地，平原、丘陵、河流、湖泊等构成了它的地理结构，而季风气候则构成了它的气候环境，这两者形成奠基中华文化的整个自然环境。

具体来讲，中国有东北平原、华北平原、长江中下游平原三大平原。而这三大平原，正是早期中国文明聚落兴起的地方。东北平原被称为“黑土地”，土地肥沃、气候适宜，是极佳的粮食产区。华北平原由黄河、淮河、海河等河流冲积而成，处于我国腹地，更是我国主要的温带地区，特别适宜农业发展。长江中下游平原由长江及其支流冲积而成，河网密布，水量充足，粮食产量更是无比丰富，素有“鱼米之乡”的美誉。同时，我国大多数地区属于亚热带、温带季风气候，一年中四季分明，冬冷夏热，冬干夏雨。这种雨热同期的气候特点对农业生产十分有利。冬季时，作物已收割，不需要太多水分；夏季作物生长旺盛时，则恰好有大量雨水。可见，我国农业的形成和发达与独特的季风气候带来的优越性关系很大。

根据考古学的发现，三万年前，生活在中国华北地区的山顶洞人已经过着氏族公社的生活。此后，长江流域的河姆渡氏族和黄河流域的半坡氏族代表了母系氏族公社的繁荣时期，而后的大汶口文化的中晚期反映了父系氏族公社的状况。据古史记载，4500 多年前，生活在黄河中游地区的原始部落联盟首领是黄帝，他大力发展农业和畜牧业，并打败了黄河上游的炎帝部落和南方的蚩尤部落。而后，黄河流域的部落联盟陆续出现了尧、舜、禹等杰出首领。南方长江流域的原始部族也继续发展，逐渐成了楚的前身。

自然环境对民族文明有着巨大影响，尤其是在民族文明发源时，自然环境会影响人们的生产、生活方式及对自然事物的认识，进而就会令各民族及其文明呈现出不同的特色。习近平总书记曾提到，“中华民族向来尊重自然、热爱自然，绵延五千多年的中华文明孕育着丰富的生态文化”①，而其他具有高度文明的民族的自然环境和中国都非常不同。例如，埃及地处非洲东北部，热带气候、尼罗河、沙漠构成了其独特的自

① 习近平：《论坚持人与自然和谐共生》，中央文献出版社，2022 年，第 1 页。

然基础，使他们的文明别具特色；又如希腊，地处爱琴海，地中海气候、多海岛结构，使其文明具有海洋文明的特色。

对此，钱穆先生曾有过深刻的论述，他在《中国文化史导论》中指出："古代中国文化环境，实与埃及、巴比伦、印度诸邦绝然不同。埃及、巴比伦、印度诸邦，有的只藉一个河流，和一个水系，如埃及的尼罗河。有的是两条小水合成一流，如巴比伦之底格里斯与阿付腊底河，但其实仍只算一个水系，而且又都是很小的。只有印度算有印度河与恒河两流域，但两河均不算甚大，其水系亦甚简单，没有许多支流。只有中国，同时有许多河流与许多水系，而且都是极大和极复杂的。……中国文化，开始便在一个复杂而广大的地面上展开。"[①] 所以一方面，因着河流提供了水源，因着冲积平原提供了农耕的条件，于是不同的文化便在各个不同的小水系中诞生了；而另一方面，随着各个小水系文化团体的发展，他们逐渐走出这个小水系，于是和同属一个大水系的其他小水系文化相遇，进而和整个这片土地上的其他文化相遇。因此"中国文化开始便易走进一个大局面"。这一地理环境局面对中华民族诸多观念如"大一统"等有很大影响。

的确，根据近现代以来考古研究的成果，中华民族的文化不是单一一地起源模式，而是满天星斗的模式，即多地点共同发展，最终经过相互交流、融合而形成。具体来说，有以河南、陕西、山西为中心的中原仰韶文化，以江浙为中心的良渚文化，以山东为中心的大汶口文化，以辽宁为中心的红山文化，以湖北为中心的屈家岭文化，以广东、广西为中心的骆越文化，等等。这些古文化星罗棋布地发展于早期中国的各个地区，它们共同的特征，是都在河流的冲积平原生成与发展，而所有这些河流与平原，又都被黄河、长江等大河及其流域中的平原所连通，于是这些文化先天就不是分裂的，而必将走向融合之路。它们的融合，最

---

① 刘梦溪主编《中国现代学术经典·钱宾四卷》，河北教育出版社，1999年，第712—713页。

终造就了中华民族，促进了中华民族精神的形成。

也正是因着中国这样一个以平原为主、受季风气候影响的地缘特色，中国人形成了一种中和态度与忧患意识并重的精神特质。一方面，中国人所在的平原和河流确实非常适宜生产，因此中国人讲求靠山吃山、靠水吃水，认为一切都从自然中来，因而人不应当奢求过分的东西，而只要与自然相合、自然而然就好，所以中国人特别重视恰到好处、中庸中和的人生态度；但另一方面，中国人受季风气候的影响，又经常会遭遇水旱之灾而影响生产生活，所以中国人更知道天公不作美是时有发生的事情，因此中国人有很强的忧患意识，讲究未雨绸缪，进而艰苦奋斗、自强不息。这两种精神看似相反，但却很好地在中国人身上统一成一体，它们共同成为中华文化的核心精神，而这也就是后来中国文化形成了儒家和道家双向互动格局的原因，其中儒家精神更多的是忧患和进取，道家精神更多的是中和和自然。

二、农耕文明，传统文化的经济基础

独特的地理、气候、自然环境，使中华民族数千年来都以农业为基础，形成了独特的农耕文明。中国是世界农业的起源中心之一，而它繁荣的农业生产可以用八个字来概括：多元交会，精耕细作。这两点造就了中国古代农业的强大生命力，而这种强大的生命力，正是中华文化得以持续发展的深厚根基，也是中华文明之光恒久延续的秘密之一。

中国农业有着悠久的历史。我国有神农氏的古史传说：据说在神农氏带领人们进行农业生产之前，人们靠采摘和狩猎为生，但人口的增加造成食物不足，为此，神农氏先遍尝百草选择出可供人们食用的谷物，接着又观察天时地利、创制斧斤耒耜，于是真正的农业开始出现。当然这只是传说，根据现有考古成果，我国已经发现了非常多的新石器时代原始农业的遗址，从岭南到漠北、从东海之滨到青藏高原，以黄河流域和长江流域的分布最为密集。其中黄河流域是以种粟为主，而长江流域则以种稻为主。可以说，我国农业起源可以追溯到距今一万年以前，而到距今七八千年的时候，已经相当发达了。

正如钱穆先生所说："中国文化是自始到今建筑在农业上面的……是彻头彻尾的农业文化……中国人认为人类生活，永远仰赖农业为基础，因此人类文化也永远应该不脱离农业文化的境界，只有在农业文化的根本上再加绵延展扩而附上一个工业，更加绵延展扩而又附上一个商业，但文化还是一线相承，它的根本却依然是一个农业。"① 希腊、罗马、埃及等地空间较为狭小，农业很容易饱和，因而工商业发达，"中国则有无限的农耕区域可资发展，因此全世界人类的农业文化，只有在中国得到一个继长增荣不断发展的机会"。

长期的农耕生活方式形成了中华民族的独特文化，因为农耕的生活方式及农业文化是自给自足的，所以农耕生活和农业文化不会有太强的向外追求，不会像海洋文明那样过分依赖海外市场，而是内外一体，只要求温饱安定即可。因此我们可以看到，农业文化的古代中国不追求所谓的富国强兵，它追求的是平和、稳定与延续。中国历史绵延五千年，和这一文化追求、国家目标有巨大关系。另外，农耕生活带给中国人的这种自给自足的体验，使得中国人在文化上也走向了内在化，即他不会向外看，而是向内看。因为在他看来，外在和内在是统一的，人和外在世界不是主客分离的，整个人类社会和自然界也不是分裂的，所有的内在和外在、社会与自然都是统一的、一体的。所以中国人自然就形成了"天人合一"的理念——个体的小我和最终极的那个根本性的天，不是分裂和无法沟通联系的，而是从根本上浑然一体的。

---

① 刘梦溪主编《中国现代学术经典·钱宾四卷》，河北教育出版社，1999 年，第 720—721 页。

如果把其他生产方式形成的不同文化来和中国文化对比，我们就更容易发现中国文化的特色。比如古代希腊是以工商业为主的社会，航海和交换是人们生活的基本方式，这就使他们的主客二分观念特别强烈，而在这一观念下，天人相分、形而上与形而下相分就成了他们的核心观念。而且，由于农耕的生活方式是小家庭自给自足的生活方式，它不需要大规模的流动，因此中国人的家庭观念也特别强烈。这和同时期的古希腊、古印度人的观念都不相同。

对于这些差异，许倬云先生从经济角度所作的解释非常有力。他指出，"中国的经济形态……长期发展的是精耕细作的农业经济。精耕细作的小农经济必须有市场配合发展。……乡村市集与市镇的交换网纵横交错遍布全国，构成一个笼罩全国的巨大网络"[①]，而"因为中国幅员广大，各地的气候及自然资源均各有特色，农业生产限于自然条件有不同的生产季节。气候与自然条件的差异使南北各有地方特产，地方性的交换网，整合为全国性的巨大网络"，这个网络是中国经济形态的巨大特色，并且中国人对这个市场网络的重大需要，也在经济上促使中国走向大一统、多民族融合，追求天人合一，而不是各种现实和理念上的分裂。

另外，因为农耕是以家庭为基本单位的生产方式，所以长此以往便形成了中华民族重视血缘亲情和乡土关系的精神特质，而西方工商业主要依靠陆路贸易及航海贸易，更多地需要在陌生人之间结成公共性的契约组织，这就使得他们更加重视陌生人之间的公共空间。中国的农耕文明，基本上是以一个一个的家庭为单位进行日常的生产生活，在大的生产生活中也是依靠家族以及邻里街坊来进行，所以中国人主要生活范围不是陌生人的圈子，而是熟人社会。这样一个以血缘和乡土为基础的熟人社会，就使中国人一方面重视家族亲情和邻里关系——到现在，我们仍特别尊重父母和老年人，特别重视邻里关系的和谐；另一方面，也使

① 许倬云：《历史分光镜》，上海文艺出版社，1998 年，第 141 页。

中国人安土重迁，不愿意迁徙到远方，即使迁徙了，仍有叶落归根的意识，这在现代的华侨身上还能看到。可以说，农耕文明至今仍无时无刻不在影响着中华民族。

三、敬天畏命，神圣感与敬畏意识

古代人生活在自然力强于个人的时代，人们的生活需要依赖很多外在力量的帮助，所以很自然的会有一种冥冥的神圣感，这种神圣感就会让古人产生神的观念。但各个文明、民族因为地缘等的差异，导致神的观念也很不同，有的地方是多神论，有的地方则是一神论。中国古代也是如此，上古社会在很大程度上是受宗教支配的，而这以殷商时代为最。殷商时代是宗教信仰强烈的社会，其宗教是以上帝信仰为核心的融合了自然和祖先崇拜的复合型宗教。中国古代的宗教信仰是中国文化、中华民族精神的重要源泉，尤其是其中的敬畏意识。需要注意的是，中国的上帝，不同于西方基督教中的上帝，西方的上帝是会随时“降临”到人身边，直接和人交流的，而中国的上帝则不然。对殷商人来讲，主宰一切的、具有人格意志的至上神是上帝，如何了解上帝的旨意是其生活的核心，如何与上帝沟通是殷商人生活的核心问题。而殷商人认为通过占卜可以了解上帝的旨意，这样，殷商人的上帝实际上是不直接与人说话的，人对于上帝的旨意需要通过媒介来进行认知，这个媒介就是占卜。也就是说，上帝的旨意只能间接地“降临”于人们，而对上帝意志的解读权实际上在人的手中。由此，我们认为这在中国古代宗教中埋下了中国人人文理性的基因。

这一基因随着殷商末年政治上的巨大变化而彻底地被激活了，其结果，就是殷商上帝宗教的彻底动摇。据《尚书·商书·西伯戡黎》记载，周文王灭黎国后，殷商的祖伊十分恐惧，于是跑去找纣王："天子，天既讫我殷命。格人元龟，罔敢知吉。非先王不相我后人，惟王淫戏用自绝。故天弃我，不有康食。不虞天性，不迪率典。"祖伊的"天既讫我殷命"中有一个重大问题：上帝到底是所有人民的神呢，还是只是殷商人自己的神？在殷商人的认识中，上帝是血缘性的至上神，所谓"帝立子生商"（《诗经·商颂·长发》），这意味着公共的世界被统一于一个血缘民族之下。但现在殷商的统治权岌岌可危了，于是原来的血缘性至上神也就无法再统一世界了，殷人旧有的上帝定义行不通了。这逼迫着当时的人们重新给上帝下定义。而纣王在回答祖伊时则提出："我生不有命在天？"这句话一般被认为是一种绝对的命定论，但这恰从另一个角度显示了人文性的发展。我们知道，殷商人对占卜的吉凶结果是相当看重的，这意味着上帝时时刻刻影响人，在这种情况下，人的自由仅在于对上帝意旨之解读。而纣王的这句话，虽在表面上承认了上帝授命，但却对当时一系列显示出恶兆的占卜结果置之不论，也就是说，他只承认原初的上帝意旨，而他在具有了原初的帝命后就完全自由了。显然，这是一种绝对命定论和绝对自由论的奇妙结合，它是人的自我意识膨胀到一定程度的产物，所以说，纣王实际上是在个人意志膨胀下形成了新的上帝观念，这是人文性一个负面的发展。

当然，也有人从人文性的正面探讨了上帝定义的问题。《尚书·商书·微子》记载了父师对微子的教导。他指出殷商败亡的原因：一是"天毒降灾荒殷邦，方兴沈酗于酒，乃罔畏畏，咈其耇长旧有位人"，纣王及其宠臣无视上帝的威命，而继续沉湎于酒，这表明纣王等在当时形成了一种自我意识极度膨胀的负面的人文思想；二是"今殷民乃攘窃神祇之牺牷牲，用以容，将食无灾"，殷朝的很多贵族们也不敬上帝，甚至偷盗祭品，这表明殷商的贵族们对上帝之不敬达到了相当的程度；三是"降监殷民，用乂仇敛，召敌仇不怠。罪合于一，多瘠罔诏"，上帝看到统治者没有德行地滥杀无辜、聚敛钱财，而民众对纣王的暴政残刑无处倾诉，所以上帝是决心要灭绝殷商了。父师的上帝是德性化了的上帝，上帝的判断标准就是重德和利民。以上所述三条原因，前两条可看作对纣王等人无德行为的总结，第三条则突出了利民这一因素。因此说，父师的上帝是一个以重德利民为价值标准的上帝。

而经过武王伐纣的殷周之际的巨变后，从武王到周公，周人逐渐形成了以德配天的思想。周人的这一对上帝宗教的转化是个温和的转化，即他们仍旧保持了至上神旨意常变的思想，这从他们十分重视卜筮可以看出；但是他们的天意常变，是“皇天无亲，惟德是辅”（《尚书·周书·蔡仲之命》）的，也就是这个“变”中有个规律和标准，即人是否有德。所以在周人的思想世界中，尽管天的主宰意义还是非常强烈的，但是这个天已经变成了一个以有德与否为判断标准的、超越了族群界限的公共之天。因此，在周人的思维中，天实际上已经有了一定义理之天的意味。周人正是以这个“天”来解释殷周之变的，同时，周王朝的很多制度行为也都围绕这个解释而展开。正如王国维先生指出的，周人立制“其旨则在纳上下于道德，而合天子、诸侯、卿、大夫、士、庶民以成一道德之团体。周公制作之本意，实在于此”（《殷周制度论》）。

周人以蕞尔小国的“小邦周”战胜了据有天下的“大邦殷”，这无疑给周人、殷人都带来了巨大的心理冲击，逼迫着他们去反思这一事件发生的原因。所以，西周刚一建立，武王就向殷商遗民箕子询问治国大道，而箕子的回答，既有对中华固有治道的归纳，也有对殷商失败的总结，而其中尤其重视德的问题。这一对话出自《尚书·周书·洪范》，箕子对武王演说的据说是传自大禹的“洪范九畴”，其中的第二是“五事：一曰貌，二曰言，三曰视，四曰听，五曰思”，这“五事”实际上讲的是统治者需要在五个方面重视自己的道德品质和人格修养，即“貌曰恭，言曰从，视曰明，听曰聪，思曰睿。恭作肃，从作乂，明作哲，聪作谋，睿作圣”。这种观点，显示了箕子乃至他所继承的文化传统对道德的重视。第五是“皇极”，所谓皇极，就是君王的准则，它明确提出了统治者的政治准则是赐福于民、选用贤才、直道而行。这段话是箕子对殷周之变的一个反思，他认识到：利民和重德是君主的统治原则，君主必须是不偏不倚、行正道的，也必须是宽容而爱护百姓的，只有这样才能“作民父母，以为天下王”。第六是“三德”，此处之“德”当为“得”，指的是人的三种禀赋——正直、刚克、柔克，即将人的性格归类为平正、刚强、柔顺三者，并因之就君主如何治理这三种性格的人提出一些方法。第七是“稽疑”，就是在用卜筮来决定行为中遇到的难题时，要衡量五个方面的因素——“汝”“龟”“筮”“卿士”“庶民”，而其中有三个人为的因素，可见卜筮系统也越来越具有人文的意义。第九是“五福”“六极”，人有五种福和六种恶，需要注意的是，箕子将“攸好德”视为人幸福的一个条目，表明道德和幸福是一致的，这已经成了箕子的一个认识。可以说，“洪范九畴”是一个贯通天人、普泛君民的思想系统，在其中，道德和天命被联系了起来，超越的天和人世的道德贯通了。

周武王的思想，也很重视德行和天命的统一。《逸周书·商誓解》是武王对商旧臣的一篇诰辞，它重点阐释了周能战胜商的原因。武王认为，他灭商并不是自己肆意妄为，而是“予言非敢顾天命，予来致上帝之威命明罚”，他是代上帝而行其意旨来惩罚殷商。而上帝之所以由原来的眷顾殷商改变为要惩罚殷商，是因为“今在商纣，昏忧天下，弗显上帝，昏虐百姓”“今纣弃成汤之典”，纣王上不敬上帝，下不爱黎民，更对不起成汤的典型——成汤是“保生商民，克用三德”的，商纣之行完全背离了成汤的德行，所以天命发生了变化，上帝“命我小国曰：‘革商国！’”。可见，在武王的思想中，一方面至上神是以重德利民为价值判断标准的；另一方面，作为君主，也要常常修养自己，使自己能做到敬天、保民、有德，以保证天命时时在自己这一边。事实上，周人正是用自己是有德的这一点来论证其取代殷商的合理性的，比如《诗经·周颂·维天之命》记载：“维天之命，於穆不已。於乎不显，文王之德之纯。”诗的作者以周文王作为周人的杰出代表，认为他的德行与天相配，所以天命是“穆”，而文王是“纯”。这样，天和人之间就因为德行而联系了起来。

当然，对周人以德配天思想的形成影响最大的，是周公。因为周武王在克商后不久即去世，而此时成王尚年幼，所以扶持王室、维护周朝的任务落在了周公的肩上。《尚书·周书·大诰》是周公讨伐管蔡之乱时的一篇文献，周公在这里强调了天意和德行的关系，他指出：“弗造哲迪民康，矧曰其有能格知天命？”周公将能否知晓天命和贤人的指引、使百姓安康联系在一起。当然，周公在这篇文献里还十分重视占卜的意义，他的东征据说也是得到了吉兆的，但是，周公指出东征的重要原因还在于“肆予冲人永思艰”，他通过忧患意识推进了自身的理性思考后，认识到即使东征会扰攘百姓，但为了长治久安，仍必须“肆朕诞以尔东征”。东征成功后，周公分封康叔到当地去做诸侯，训词即《尚书·周书·康诰》，文中将文王和周得上帝之命的原因全归在德上面：“惟乃丕显考文王，克明德慎罚，不敢侮鳏寡，庸庸，祗祗，威威，显民。用肇造我区夏，越我一二邦，以修我西土。惟时怙冒闻于上帝，帝休，天乃大命文王殪戎殷，诞受厥命越厥邦厥民。”天命来之不易，因而持守也很艰难，因此周公嘱咐康叔道：“呜呼！小子封，恫瘝乃身。敬哉！天畏棐忱，民情大可见。小人难保，往尽乃心，无康好逸豫，乃其乂民。”谨慎地恭敬天命，自身不放纵享乐，要体察民情并保护百姓，只有这样才可能得到天命的眷顾，因为“惟命不于常”，天命不是恒常不变的，必须“勿替敬”才能保持住。对德行的重视，是此时期周朝思想家的共识，召公也在《尚书·周书·召诰》中指出：“天亦哀于四方民，其眷命用懋，王其疾敬德。”天命因着百姓而改变，而百姓是随着有德无德而变的，因而“王敬作所，不可不敬德。我不可不监于有夏，亦不可不监于有殷。……今天其命哲，命吉凶，命历年。知今我初服，宅新邑，肆惟王其疾敬德。王其德之用，祈天永命”。召公通过总结历史经验，得出了德与天命之间的联系，有德者天必从之，无德者天必灭之，因而周王必须修德，只有修德才能安定百姓，百姓安定则天命常在。

总之，经过殷商之变后，武王、周公以及周朝的一大批思想者都得出了天命不可恃，必须敬德保民才能使天命眷顾的观点。这使得中国人一方面特别重视道德，另一方面又保有适当的超越观念。于是，中国的即内在即超越的宗教特色正式形成。对道德的关切渗透到了中华文化的各个层面，及至被视为人生信仰、至上宗教——当从这个层面进行理解。这样一种宗教特色，是中国人和西方人宗教意识的根本差别。西方的基督教、犹太教等都是一神教的外在超越的宗教，上帝外在于这个世界而存在，人只能虔敬和信仰上帝，却不能内在地理解上帝。中华民族的宗教精神则不同，我们的天命既是一个必须去敬畏的对象，因为你如果不敬天、法天，就必然失败；同时我们的天命又是以德为标准的，所以只要人切实地依照道德去做，那么虽然还会有贫富寿夭的差异，但在根本上人就实现了天命，不再和天绝对隔绝，而达到了天人合一。

四、礼乐文明，儒家伦理的核心特质

如果说西周思想的核心是以德配天的话，那么西周生活的核心就是礼乐文明。这里之所以使用“文明”一语，是因为它包含了政治制度和社会文化两个方面，而西周时期的政治和社会生活，都以礼乐为贯穿、为主轴，张广志先生曾指出：“在西周（夏、商也一样），‘礼’基本涵括了典章制度、礼节仪式、道德规范等三个方面。”[①] 西周礼乐文明的形成，与周公有着重要的关系，所谓周公“制礼作乐”，虽不见得是完全的

① 张广志：《西周》，上海科学技术文献出版社，2020 年，第 266 页。

事实，但的确反映了经过周公建立宗法制和分封制后，礼乐文明成了西周政治和社会生活的主体。在《尚书·周书·洛诰》周成王与周公的对话中，成王赞赏了周公之德的高尚，并希望周公辅佐自己进一步安定天下，而其中的一个重要步骤就是将周公所定之礼推行完成。可见，德行和礼乐的确是西周初年政治家的共识，而其中尤以周公之贡献为大。而且，因为周公在礼乐文明中贯注的是“以德配天”的精神，所以事实上周公对德治的提倡和他制定的这一套礼乐规范，其实质是创立一种伦理型的宗教。

礼乐文明的目的，在于通过礼乐的不同作用，来规范人们的行为、调节人们的心理，进而营造虽有差异但却和谐的政治、生活秩序，因为西周宗法制本身贯穿的精神就是异与和。宗法中的“大宗”“小宗”，是有嫡庶之差别的，但是其作为同一血脉则是“和”的；封建中的国野之分是差异，但其作为周王朝下的同属邦国，则是“和”的。因此，在差异与和谐间求得平衡，不仅是西周政治制度建构的精神，还是其政治和社会生活的精神，而达成它的手段，就在于礼乐文明。陈来先生指出，“中国古人早就意识到必须有一种方式缓解等级制度的内在紧张，这样一种方式必须以与‘礼’不同的特性来补充礼，必须是一种能够增益亲和关系的东西，他们认为这个东西就是‘乐’”①。正如《礼记·乐记》记载：“乐者为同，礼者为异。同则相亲，异则相敬。乐胜则流，礼胜则离。合情饰貌者，礼乐之事也。礼义立，则贵贱等矣。乐文同，则上下和矣……乐至则无怨，礼至则不争。揖让而治天下者，礼乐之谓也。”所以正如陈来先生所说，乐所代表的是“和谐原则”，礼所代表的是“秩序原则”，礼乐互补所体现的价值取向，即注重秩序与和谐的统一，才是礼乐文化的精华。

在礼乐文明中真正受益的，是作为政治生活和社会生活主体的人，

---

① 陈来：《古代宗教与伦理——儒家思想的根源》，生活·读书·新知三联书店，2017年，第303页。

因为礼的作用是规范人的行为、培植人的意识，而乐的作用是调节人的情感、陶冶人的情操，所以，礼乐文明事实上是要通过人的养成来实现最终政治社会生活的秩序与平衡。因此，在礼乐文明中，天然地蕴含了内在化的倾向，即以人的养成为关键点，始终关注人的培养和教育问题。而礼乐文明自身的内容，实际上也对后来的中华文化偏重内在化有着巨大影响。

首先，礼乐文明关注人格的养成，这种人格是一种道德的人格，而不是勇士或智者的人格，这规范了日后中华民族的基本目标，即修养成为道德高尚的人。祭公谋父在劝谏好战的周穆王时，就指出："先王耀德不观兵。……昔我先王世后稷，以服事虞、夏。及夏之衰也，弃稷不务，我先王不窋用失其官，而自窜于戎、狄之间，不敢怠业，时序其德，纂修其绪，修其训典，朝夕恪勤，守以敦笃，奉以忠信，奕世载德，不忝前人。至于武王，昭前之光明而加之以慈和，事神保民，莫弗欣喜。"（《国语·周语上》）这里指出了勇武的不足用和战争的不当用，而认为周之所以能王天下就在于代代君王能自修德行，进而使天下之人皆心向往之。所以，在周人的思想中，道德人格是最高的人格，礼乐文明就是为了更好地培养道德人格而设计的。

其次，礼乐文明注重外在行为规范和内在心理情感的协和，这就规定了后世中华民族内在化倾向中身心并重的基本理路。礼乐文明在当时的情况下，主要是针对士大夫以上的统治阶层，按照周代的认识，一个合格的统治者必须是有德的人，而德和礼之间有天然的联系，礼是德的节文，古代有德者的一切正当的行为方式汇集下来便成为后代的礼。因此一个统治者，外在的行为和仪止应当是遵循、符合礼制规范的，内在的心灵则应当是敬天、崇德、爱民而寡欲的，也就是说，一个统治者必须内外、身心都是优良的。

再次，礼乐文明作为"以德配天"思维下的具体方法，实际上具有超越的指向，即通过礼乐文明养成的人、始终依照礼乐文明生活的人，就是有德的人、至德的人，而这样的人就可以向上通达于天。因此，正如余敦康先生指出的，在周人的思想中“天与人是可以合一的，只要发挥人的主观能动性，遵守制度化的交通规则，通过理性认识和品德修养的双重努力，就能把人的世界提升到神的世界”①。

礼乐文明在春秋时期得到了进一步的推进，尤其是当时代的现实变为“礼崩乐坏”之后，礼乐的有效性、正当性、合理性何在，成了人们探讨的最主要问题。针对礼乐文明的有效性问题，曹刿指出：“夫礼，所以整民也。”（《左传·庄公二十三年》）礼乐对于政治和社会生活有着重要的作用，因为它是用来协调民众、使生活和谐的最佳方法。因此，当时的士大夫阶层都认为，要想改变春秋之衰世的现状，就需要恢复礼乐之治，但他们也大都认识到，简单地从典章制度上恢复周礼是不可能的，因为这样的恢复只是徒有其表、无有其实的。因此，必须重新为礼乐文明赋予内涵与深意，并重新在人心中建立起礼乐文明的根基。应当说，这条思路对后来孔子的以仁统礼进而达到仁礼双彰的思想，有着重要影响。

内史过认为：“礼，国之干也；敬，礼之舆也。不敬，则礼不行，礼不行，则上下昏，何以长世？”（《左传·僖公十一年》）没有内心的敬意，礼就无以施行，所以要先建立内心的敬意，礼才能真正扎根。与此相应，叔齐将礼仪和礼义进行了区分：“礼，所以守其国，行其政令，无失其民者也。……礼之本末将于此乎在，而屑屑焉习仪以亟。言善于礼，不亦远乎？”（《左传·昭公五年》）即外在的具体礼仪末节并不是最重要的，最重要的是要知晓礼的根本之义，这就是曹刿所说的“整民”，即使各个阶层能够各司其职、各安其所、各得其乐，倘若他们不知晓礼乐文明的这一深刻内涵，就不能从这里入手去学习和践行礼乐文明，就只会离真正的礼越来越远。礼义与礼仪之分是当时的贤士大夫的共同看法，

① 余敦康：《中国宗教与中国文化（卷二）宗教·哲学·伦理》，中国社会科学出版社，2005年，第51页。

子大叔也认为，“揖让、周旋之礼”“是仪也，非礼也”（《左传・昭公二十五年》）。

对于礼乐来源的合理性，季文子认为：“礼以顺天，天之道也。”（《左传・文公十五年》）礼乐是依从天道而建立的，有其本源，因而具有永恒的价值和意义，不因一时一事的变化而无效。子大叔就曾援引子产的话指出：“‘夫礼，天之经也，地之义也，民之行也。’天地之经，而民实则之。则天之明，因地之性，生其六气，用其五行。气为五味，发为五色，章为五声，淫则昏乱，民失其性。是故为礼以奉之。”“礼，上下之纪，天地之经纬也，民之所以生也，是以先王尚之。故人之能自曲直以赴礼者，谓之成人。大，不亦宜乎？”（《左传・昭公二十五年》）这里对礼乐文明的合法性、合理性予以了详尽的解释，认为礼乐是天地之道的产物，是根据人的天性而形成的大规律、大法则，它的范围至广至大，它的条例精微细致，人的一切心理活动、言谈举止和伦理关系，莫不包含于礼乐文明之中。因此，礼乐具有时空上普遍、永恒的价值，所以应当恢复礼乐文明。

另外，在礼乐文明中，还有一点特别需要提到，就是中华民族自古就特别重视教育，这是中国文化的一个重要特色。中国的教育制度和教育思想由来已久，从目前文献来看，可能在尧舜时期就已经萌芽，至殷商时期已形成了一定规模，而到了西周，则因着宗法制、分封制的建立，真正建立起了一套系统。

杨宽先生研究认为：“西周初期的中央政权，十分明显，是以太保和太师作为首脑的。太保和太师掌握着朝廷的军政大权，并成为年少国君的监护者。这种政治上的长老监护制度，是从贵族家内幼儿保育和监护的礼制发展起来的。”① 而《大戴礼记・保傅》记载：“昔者，周成王幼，在襁褓之中，召公为太保，周公为太傅，太公为太师。保，保其身体；

① 杨宽：《西周史》，上海人民出版社，2019 年，第 337 页。

傅，傅其德义；师，导之教顺。此三公之职也。”可见，西周立国之制的设计本身就蕴含了极强的教育意味。

在西周的官员制度中，还有专门负责教育的官职，同时西周的学校分国学与乡学两种。这表明，西周的教育制度分中央和地方两级，而负责教育的官员，也因而有中央和地方的不同。根据《周礼·地官司徒》的记载，大司徒、小司徒等官职，负责中央的教育工作，而乡师、乡大夫、州长、党正等官职，则负责地方的教育工作。具体来看，“大司徒之职……施十有二教焉。一曰以祀礼教敬，则民不苟。二曰以阳礼教让，则民不争。三曰以阴礼教亲，则民不怨。四曰以乐礼教和，则民不乖。五曰以仪辨等，则民不越。六曰以俗教安，则民不偷。七曰以刑教中，则民不暴。八曰以誓教恤，则民不怠。九曰以度教节，则民知足。十曰以世事教能，则民不失职。十有一曰以贤制爵，则民慎德。十有二曰以庸制禄，则民兴功。……以乡三物教万民，而宾兴之。一曰六德：知、仁、圣、义、忠、和。二曰六行：孝、友、睦、姻、任、恤。三曰六艺：礼、乐、射、御、书、数”。可见，西周的教育最重视三点：礼乐文化、德行养成和实践能力。这与后世儒家工夫论的修养范围基本相同。而在地方层面上，“乡师之职，各掌其所治乡之教，而听其治”“乡大夫之职，各掌其乡之政教禁令。正月之吉，受教法于司徒，退而颁之于其乡吏，使各以教其所治，以考其德行，察其道艺”“州长各掌其州之教、治、政、令之法。正月之吉，各属其州之民而读法，以考其德行、道艺而劝之，以纠其过恶而戒之”。可见，地方层面上的教育与中央的有同有异，同的方面是仍旧非常重视德行和礼乐的教育，异的方面则是地方层面还重视政令法规的教诲，德治与法治并举，这显示了西周统治者的政治智慧。

具体到教育制度本身来看，商代时已有贵族的学校教育，而西周教育贵族子弟的学校更加完备，有小学和大学的区别。大学和小学，实际上是两个学习阶段。所谓小学，是指“六年，教之数与方名。七年，男女不同席，不共食。八年，出入门户及即席饮食，必后长者，始教之让。

九年，教之数日。十年，出就外傅，居宿于外，学书计，衣不帛襦袴，礼帅初，朝夕学幼仪，请肄简谅。十有三年，学乐，诵诗，舞《勺》。成童，舞《象》，学射御”（《礼记·内则》）。在未成年的时候，学习的内容主要以基本的洒扫应对的礼制规矩为主，随着年龄的增长，开始学一些礼乐文化知识和生活实践事宜。

所谓大学，是指“束发而就大学，学大艺焉，履大节焉”（《大戴礼记·保傅》）。“二十而冠，始学礼，可以衣裘帛，舞《大夏》，惇行孝弟，博学不教，内而不出”（《礼记·内则》），在这一阶段，学习的主要内容是礼乐文明的精华——“六经”。而具体的学习过程则要“一年视离经辨志，三年视敬业乐群，五年视博习亲师，七年视论学取友，谓之小成；九年知类通达，强立而不反，谓之大成。夫然后足以化民易俗，近者说服而远者怀之，此大学之道也”（《礼记·学记》）。显然，以“六经”为代表的礼乐文化是很难学习的，所以事实上，古人学习的道路是很漫长的，可能要到十余年后才能有成，因此古人是要求人在四十岁左右才可以出仕的，因为只有在这个年龄才能学有所成。

可见，西周时期形成了一套在中央和地方有国学、乡学之分，在年龄阶段有小学、大学之分的成熟教育制度。这套教育制度，偏重行为和能力的训练、养成，目的是把学生培养成合格的统治者。西周不仅有从小到大的阶段性的教育制度，在政治体制中也融入了教养思维的教育构想，这都表明，人的养成是一个不能间断的过程。而且，在具体的教育内容上，既注重具体的德目之养成，也重视外在礼乐文明的规范。这都表明，礼乐文明不是简单的外在规范，而是内在的成就人格、修养人品的制度文明。

第二章

中华文化的伦理支点

在河流与平原的环境及农耕生活方式的影响下，中国人在“日出而作，日入而息”的日常劳作之中便可获得充足的生活资料与安宁的生活环境，这直接造就了中国人“安土重迁”的思想观念，因此很容易形成庞大的家族和稳固的家庭关系，这与西方工业革命打破了以家庭为本位的生产社会化特征是非常不同的。与此同时，中华民族礼乐文明的兴盛，也内在地要求中国人要从家庭开始践行礼乐文明，从而形成了父慈子孝、嫡庶有别、长幼有序、夫唱妇随的和谐家庭关系，以及传统的风教礼俗。这种从家庭内部延展开的伦理观念与礼仪制度，正是中国伦理社会的源头与起点。一般而言，中国先民都有着深厚的本根意识，非常重视家庭、家族成员之间的血缘情感，个人参与社会合作都是以家庭、家族为单位的，反过来说，也只有修身、齐家都做得比较好的家族成员才能被整个家族认可，并被推荐为本家族的代表，走向社会。所谓“君子之道，造端乎夫妇”，如果一个人不重视家庭伦理，他便无从更进一步地去治国、平天下。

中国式现代化的文化基因中，家庭伦理是不可或缺的一部分，正如习近平总书记在 2015 年春节团拜会上所说：“家庭是社会的基本细胞，是人生的第一所学校。不论时代发生多大变化，不论生活格局发生多大变化，我们都要重视家庭建设，注重家庭、注重家教、注重家风，……发扬光大中华民族传统家庭美德，促进家庭和睦，促进亲人相亲相爱，促进下一代健康成长，促进老年人老有所养，使千千万万个家庭成为国家发展、民族进步、社会和谐的重要基点。”①

---

① 习近平：《在 2015 年春节团拜会上的讲话》，《人民日报》，2015 年 2 月 18 日，第 2 版。

“家”是如何演变的？从古文字学的观点来看，“家”的本义是一个屋子下面养了一头猪，猪是温顺、繁殖力旺盛的动物，由此衍生出多口之家和平共处的“居所”之义，《尚书》《易经》里面的“家”多为此义，并且已经在向着现代意义上“家庭”的内涵转变。“家”一开始是指由配偶或血亲关系组成的小家庭，由于农业社会聚族而居，“小家庭”逐渐发展为“大家族”（族群、部落）的概念，随着华夏民族的迁徙、强大以及与少数民族交往的频繁，“家”的内涵又延伸出了文化意象很强烈的“家乡”“国家”等概念。相应的，家庭伦理也就由简单的家庭成员和谐相处之道上升为教化天下、移风易俗的治国之道了。

一、血缘，中华文化的情感基础

人一旦降生，便处于特定的家庭关系中，注定是某些人的儿女或兄弟姐妹，而且这种关系在此后的一生之中都无法摆脱，这就是所谓“人伦”。而在先天性的血缘牵系之中，我们与自己的亲人血脉相连、骨肉相连，自然而然会产生许多情感，这便是中国人的“情理”。家庭关系主要是以血缘关系为纽带而建立起来的，这种先天性的血缘关系是我们每个中国人都忘却不掉、割舍不下的内在情感。各种“千里寻亲”的故事之所以催人泪下，就是因为血浓于水的血缘亲情的重聚或相认，能够产生让我们每个人都为之感动的神秘力量。

从社会学的角度来讲，生育是社会持续所必需的，任何社会都一样，然而，中国人因为生活环境、农耕生活方式的影响，缺乏变动，因此，以生育所发生的社会关系来规定人的社会地位，是中国社会的最大特点。依靠血缘，中国社会的稳定和延续找到了一个最强有力的基础，因为这是一个超越个体、超越有限生命的永续链条，它将变动的、不稳定的力量置放到了一个稳定、静止的结构和生命中——这个结构、这个生命持续了数千年，直到现在。正如费孝通先生在《乡土中国》中所说："血缘社会就是想用生物上的新陈代谢作用——生育，去维持社会结构的稳定。父死子继：农人之子恒为农，商人之子恒为商——那是职业的血缘继替；贵人之子依旧贵——那是身份的血缘继替；富人之子依旧富——那是财富的血缘继替。……血缘所决定的社会地位不容个人选择。世界上最用不上意志，同时在生活上又是影响最大的决定，就是谁是你的父母。谁当你的父母，在你说，完全是机会，且是你存在之前的既存事实。社会用这个无法竞争，又不易藏没、歪曲的事实来作分配各人的职业、身份、财产的标准，似乎是最没有理由的了；如果有理由的话，那是因为这是安稳既存秩序的最基本的办法。只要你接受了这原则，（我们有谁曾认真地怀疑过这事实？我们又有谁曾想为这原则探讨过存在的理由？）社会里很多可能引起的纠纷也随着不发生了。"① 在这样的社会里，地缘也成了血缘的投影，区位成了文化了的、社会化了的空间，中国人活在"摇摇摇，摇到外婆桥"的美好童谣世界里。也正因如此，我们的民族才特别强调各种家庭伦理关系的重要性，"亲亲"就是人之所以为人的根本，中国文化的所有道德观念与精神创造，实际上都是以之为内核才得以成立的。

中国的家庭伦理重视血缘关系，其源头甚至可以追溯到原始社会。出于采集、狩猎、捕捞特别是农耕的需要，中国先民都聚族而居，血缘关系就显得极为重要，原始社会也因此被称为氏族社会。其中旧石器时代（距今约 300 万—1 万年），主要是以母系血缘为纽带来分配权力与财产，被称为母系氏族社会；其后的新石器时代（距今约 1 万—2000 年）过渡到以父系血缘为纽带来分配权力与财产的父系氏族社会。在旧石器时代晚期，随着人口的增长，各地血缘相近的宗族、氏族开始聚居在一

---

① 费孝通：《乡土中国》，人民出版社，2015 年，第 87 页。

起，形成了各种具有一定地域特色、语言习俗、宗教信仰、政治结构、军事力量的民族部落，而且不同血缘的部族还通过婚姻、战略发展等关系结成部落联盟，这样血缘关系就成了政治权力、族群伦理的基础。夏朝建立以后，便逐渐发展了一套贵族按血缘关系分配国家权力、建立世袭统治的宗法制度，这套制度到周朝时形成一个以嫡长子继承制为核心、以父系血缘关系亲疏为准绳的“遗产”（包括统治权力、财富、封地）继承法。这种宗法制，按照血缘关系严格区别嫡庶关系、“大宗”、“小宗”。例如，天子世世相传，每世天子都是正妻所生长子，即“嫡长子”，其继承父位而为第二代天子，是为“大宗”，其同母弟与庶兄弟封为诸侯，是为“小宗”。每世的诸侯也是由嫡长子继父位为第二代诸侯，奉始祖为“大宗”，他的诸弟封为卿大夫，是为“小宗”。每世的卿大夫也是嫡长子继父位为第二代卿大夫，奉始祖为“大宗”，他的诸弟为“士”，是“小宗”。士的嫡长子仍为士，其余诸子为庶人。诸侯相对于天子为“小宗”，但在其本国为“大宗”；卿大夫相对于诸侯为“小宗”，但在其本族为“大宗”。这种关系看似复杂，其实结构非常简单，可以直观图示如下：

天子 —嫡长子→ 天子
↓诸子
诸侯 —嫡长子→ 诸侯
↓诸子
卿大夫 —嫡长子→ 卿大夫
↓诸子
士 —嫡长子→ 士
↓诸子
平民 —嫡长子→ 平民
↓诸子

可以看出，西周宗法制因其对血缘关系的认定，而可以被称作奠基于一种纯天然的亲属制度之上的社会政治制度，王国维先生指出的“其旨则在纳上下于道德，而合天子、诸侯、卿、大夫、士、庶民以成一道德之团体”，堪称地地道道的中国式的伦理道德制度。一如《尚书·尧典》所谓“克明俊德，以亲九族”，这种伦理道德与西式的唯理式的伦理道德不同，它并非超然于血缘之外，而恰恰相反地内在于血缘之中。中国早期“德”的概念与生、性、姓、族、类相联系，同德即同类即其明证。王国维先生指出，由传子之制而嫡庶之制生，又由嫡庶之制而宗法生，以及服务于宗法的服术和祭法生。所有这一切，作为一种制度的保障，不仅使“父子相传”之制得以进一步贯彻，而且也使宗亲系统的人伦秩序和传承谱系更为有条不紊地得以明晰和确定，并最终使“大宗百世不迁”在有周一代成为真正的历史可能。当然，尽管宗法制因为种种问题在东周时代已经维持不了正常的统治，但在以后的中国历史长河之中，不仅最高权力的转移与让渡实际上并没有超出嫡长子继承制的范围，整个社会的生活状况也仍然是以之为轴心而运行的。产生于清代的《红楼梦》便给我们呈现出一种以血缘为基础的大家族的兴衰起落的状况，从中我们可以很清楚地看出血缘是如何影响一个人的社会地位，以及如何影响社会的运作过程的。也就是说，中国人的生活，一向倚重血缘亲情与家庭亲族。梁漱溟先生将人的社会生活划分为集体、家庭、个人三个部分，并认为西方人重在集体和个人，唯独中国人特别重视家庭，这的确是一个很敏锐的观察。在今天，许多学者对中国的血缘伦理观念有很多严厉的批判，或者认为这是滋生腐败的温床，或者认为它阻碍了社会的经济进步，虽然他们的批判都有一定的道理，我们的确要从血缘伦理所导致的种种弊端之中走出，但同时也要看到这种伦理观念对社会之团结、和谐与进步产生的巨大作用。

即便是在当今社会，我们实际上也主要是生活在以血缘为基础的亲情纽带之中，亲戚之间几乎有着一种无条件的责任与信任。而在这种互帮互助的关系之中，那种源自血缘的关系又不断被强化为更加浓厚的情感，因此我们的确可以说中国是一个“人情社会”。与这种依靠血缘、情感的人际关系相比，西方人的人际关系主要是靠外在的法律规范和契约来维系的。西方人可以不像中国人那样欠下很多的“人情债”，但他们可能也难以体会到来自亲朋好友的那种无微不至的温暖。“人情社会”实际上是从情感出发、以情感为内核而建立各种社会关系的，“契约社会”则是从理性出发、以利益为内核而建立各种社会关系的。中国人重视血缘亲情的优点在于，一个人从来不会是以“一个人”的身份孤独地生活在这个世界上，而是以人为本、以情为本、以德为本，并以此来建构自己的人脉系统与社会网络。

这种重视血缘人情的特点直接影响了我们的民族性格，那就是义务先于权利、群体先于个体。以血缘情感为基础而形成的社会关系之中，首先强调的便是义务，中国人和人的关系以义务为先，互相承担义务，这是我们亲情伦理的一个特色。我们今天讲中国人的伦理，还是特别强调义务感。也就是说，当我们中国人去做某一件事情的时候，首先想到的不是个人利益，而是这样做到底能不能对亲朋好友，甚至他人产生利好。这种义务感当然具有开放性，不仅仅指一个人的家庭义务。在中国文化观念之中，家庭义务是必须承担的，义务还可以从家庭放大到社区、民族、国家乃至天下。西方的人本主义更多的是以个人为本，但是我们中国的以人为本的内涵，不是讲以个人为本，而是以群体为本，这也与中国人重视血缘情感的特征息息相关。在西方以利益为本位的社会中，人们实际上都是“为己谋”而非“为人谋”的。而在中国文化中，所谓“四海之内皆兄弟”“以天下为一家”，这种将血缘情感放大、扩展的说法，实际上是以家庭血缘为模型而建构了一个群体性的“大家庭”。中国人对人的定位，不重视个体的人、个别的人，而更重在讲人伦。人伦必然是在相互关系、群体生活之中才能形成的，只有这样才能形成义不容辞的责任感和义务感，这就是人生的公道、大道。

在中华民族的民族精神与性格之中，如果说血缘是我们每个中国人的第一天性，由血缘培育的情感性则可谓我们的第二天性。在血缘与情感的作用之下，中国人重视自己的义务与责任，并对群体观念更为关心，由此便形成了仁爱、诚敬、忠恕、孝悌、信义等基本的道德观念。“孝”是中国家庭中情感与伦理的起点。现代中国由于城镇化建设高速发展，造成了大量的人口流动，但中国人一贯重视的血缘亲情仍然为奔波忙碌中的人们所高度重视。

二、孝为本，中华文化的亲亲观念

中华文化在某一意义上可谓“孝的文化”。孝在中华文化中作用至大，地位至高，所以古人说“孝弟也者，其为仁之本与”“士有百行，孝敬为先”“百善孝为先”。孝在中华文化中是一个根源性、综合性的核心观念，是中华文化的显著特征，也是中国一切人际与社会关系得以形成的精神基础，对中国的哲学、伦理、政治、法律、艺术、民俗及国民性均有重要影响，可谓中华文化逻辑网上的纽结，以及中华文化精神的源头和出发点。因此，中国不仅有着以《孝经》为代表的深刻的孝文化与孝思想，更有着诸如“二十四孝”之类典型的孝事迹。

《孝经》说“夫孝，天之经也，地之义也，民之行也”，意即人们最高尚的行为就是孝，孝亲就像天上的日月星辰那样有规律地运行，像大地的江河那样永不枯竭，这是人的行为规范和做人的准则。中国传统注重以“孝”为起点建构价值体系，有其独特的思想性：一方面，在儒家看来，人出生后即在父母的关爱抚养中成长，孝是人最初的道德情感，为呵护培养这最初的也是最珍贵的情感，古人极为注重抓住这个初心进行启发教育，这成了古人道德实践的起点；另一方面，孝作为不学而知、生而有之的道德情感，并非观念空谈，并非理论预设，而是实在的、可感觉的、客观呈现的情感，最好体会，最好用力。这两点对儒家而言极为重要，由此，儒家说“孝，德之始也”“孝弟也者，其为仁之本与”，认为孝是践行仁义、实践道德的起始处，是伦理道德的基础。基于这个共同认识，中国文化逐渐对孝道文化进行了丰富、扩充、推广。孟子认为对父母的尊敬和奉养是孝的基本内容，要求用“孝悌”来教化百姓，使百姓懂得孝顺父母、尊敬兄长的伦理道德。荀子强调“兴孝悌”是达到安民、安政的措施之一。从西汉初期开始，中国历代君主大多主张“以孝治天下”，因此，孝文化深深地影响了中华民族的方方面面。那么，“孝”到底包含哪些内容与精神呢？

《论语·为政》载孟懿子问孝，孔子回答说“无违”，然后又解释说：“生，事之以礼；死，葬之以礼，祭之以礼。”由此可见，儒家孝道的基本内涵，是在父母活着的时候殷勤侍奉，在他们去世之后按照礼俗规定埋葬、祭祀。古人讲求事死如事生，因此“死，葬之以礼，祭之以礼”乃是“生，事之以礼”的继续，古人称前者为“孝养”，称后者为“追孝”，正说明它们在本质上是相通的。可以说，“孝”实际上是一个终生的志业，必须念念在心而不可须臾离，因为这代表着人对其父母赋予自己生命的终极尊重。“孝”最基本、最直接的内涵就是父母健在时很好地奉养父母，包括物质生活上的“养体”与精神生活上的“养志”两个层面。

“养体”就是从衣、食、住、行等各个方面全方位地照顾好父母日常的生活起居，让父母过上健康、舒适的生活。《论语·为政》说：“有事，弟子服其劳；有酒食，先生馔。”即一方面尽可能地给父母提供好的生活物资，另一方面，尽可能地替父母做辛苦的日常劳动。由于每个人的性情与喜好有所不同，有时候自己认为好的，并不是父母最喜欢的，自己主观上想要尽孝，但客观上却招致父母的不满。《弟子规》说：“亲所好，力为具。亲所恶，谨为去。”就父母的性情而言，其所好、所恶的都有哪些？在一些具体的、特殊的场合中，父母的所好、所恶又有哪些？这要求我们时时刻刻都必须非常细致地观察父母的言谈举止，必须非常体贴地了解父母的内心需求，才能真正做好一个孝子。《礼记·曲礼上》说：

“凡为人子之礼，冬温而夏清，昏定而晨省。”《礼记·内则》云：“子事父母，鸡初鸣，咸盥漱，栉、縰、笄、緫，拂髦，冠、緌、缨、端、韠、绅，搢笏。左右佩用，左佩纷帨、刀、砺、小觿、金燧，右佩玦、捍、管、遰、大觿、木燧。偪，屦著綦。”这是说子女在日常生活中应当从早到晚随时做好准备，以便照料父母，这是作为子女无可逃避的义务。

除了赡养和照料之外，孝道也要求子女在对待父母的态度方面下气怡色、恭敬有加。《论语·为政》载子游问孝，孔子的回答是：“今之孝者，是谓能养。至于犬马，皆能有养；不敬，何以别乎？”如果一个人仅仅是给父母提供好的生活条件，而没有最起码的尊敬的话，那养父母就与养狗马没有什么区别了。可见，侍奉父母不仅需要一系列的物质条件，更要从内心生发出“敬”的根本性情感。只有这样，才能做到《礼记·祭义》中所说的“孝子之有深爱者必有和气。有和气者必有愉色，有愉色者必有婉容。孝子如执玉，如奉盈，洞洞属属然如弗胜，如将失之”。可以说，“养志”就是奉养父母时要了解并顺从父母的意志，尽可能让父母保持精神愉悦、身心舒畅的状态。孔子的学生曾子是中国著名的孝子之一，《孟子·离娄上》记载：“曾子养曾皙，必有酒肉；将彻，必请所与；问有余，必曰‘有’。曾皙死，曾元养曾子，必有酒肉；将彻，不请所与；问有余，曰‘亡矣’——将以复进也。此所谓养口体者也。若曾子，则可谓养志也。事亲若曾子者，可也。”也就是说，曾子孝敬自己的父亲，不仅能够让父亲吃得很好，而且还能点点滴滴地考虑到父亲的意愿，满怀诚心、满怀敬意地去实现。在这种生活中，曾子与父亲培养出了深厚的感情，他的父亲曾皙非常喜欢吃羊枣，父亲去世以后，曾子终生都不忍吃羊枣，因为一吃就想起父亲而情难自禁。

这些今天看来很难做到的事情，对于中国古代的圣贤来说，却都是家常便饭。《二十四孝》记载，老莱子孝顺父母就非常体贴入微，不仅在饮食上每天都挑选父母嗜好的美味来奉养父母，而且到了 70 岁，还经常用穿五色彩衣，手持拨浪鼓如小孩子般戏耍，或假装摔倒，躺在地上学小孩子哭等天真无邪的方法，来使父母开怀大笑。另外，《孟子》记载，大舜生性至孝，他的父亲瞽叟是个盲人，母亲很早就去世了。瞽叟续娶的妻子生了个儿子叫象。父亲心术不正，继母两面三刀，弟弟桀骜不驯，几个人串通一气，常常欲置舜于死地而后快。舜依靠自己的智慧每次都能死里逃生，但对父亲、继母和弟弟都没有丝毫怨恨，对于他们对自己的种种恶行从来没有放在心上，除了更加小心谨慎外，还是一如既往地孝顺父母、友于兄弟，正所谓“亲爱我，孝何难。亲憎我，孝方贤”。然而，如果舜的父亲、继母和弟弟想要谋害的是他人，那舜该怎么办呢？要做好一个真正的孝子，不只需要“养色”，如果父母有过错，还要想办法对父母进行劝谏，助其改正，避免父母陷于大不义的境地，酿成大错，否则即便自己想要尽孝，也没有机会了。

孔子认为，除了仁孝之外，也应该按照礼法来奉养父母：“生，事之以礼；死，葬之以礼，祭之以礼。”就是说“孝”要合乎“礼”才行，如果父母健在时提出“食人肉”或“弱肉强食”等要求，也盲目地去顺从，显然不合“礼”，乃是陷父母于不义、成人之恶的“大不孝”之举，当然不是“孝”；父母去世了，子女要“葬之以礼，祭之以礼”，结合《中庸》的说法，应该是“父为大夫，子为士，葬以大夫，祭以士；父为士，子为大夫，葬以士，祭以大夫”。如果“父为大夫，子为士”却葬以大夫，祭以大夫，“父为士，子为大夫”也葬以大夫，祭以大夫，那么这看似是孝顺和给予父亲尊荣，实则都是不符合“礼”的，也是陷父母于不义、成人之恶的“大不孝”之举。面对父母不合理的性情与行为，作为孝子，孔子认为应该“事父母几谏，见志不从，又敬不违，劳而不怨”，这就是说要在敬爱父母的基础之上抓住或者创造一切好的机会、好的条件对父母和颜悦色地进行劝谏与规约，如果父母不同意、不改变，自己应仍然一如既往心存敬意、毫无怨恨地奉养好父母，等条件成熟再次进行劝谏。如《弟子规》中所言：“亲有过，谏使更，怡吾色，柔吾声。谏不入，悦复谏，号泣随，挞无怨。”

子女对父母的孝还体现为“承志”，也就是要尊重、继承并设法完成父母合理的志愿。孔子说：“父在，观其志；父没，观其行；三年无改于父之道，可谓孝矣。”（《论语·学而》）父母健在时，应该努力帮助父母实现他们的志愿。古代很多优秀的知识分子出仕为官，或者是为了让父母在物质生活上能够有所改善，或者是为了满足父母望子成龙之心，即便官职卑微，也毫不嫌弃。即便父母去世了好多年，他们都还不忍心为了自己的真实意愿而违背父母遗志，比如，中国强调“传宗接代”“望子成龙”“光宗耀祖”等观念，作为孝子，不管父母健在还是已经去世，都要想方设法在不违背礼法的前提下，去实现父母这些愿望，终生为之不懈努力。当然，绝大多数父母，还是最希望子女能够有健康的身体与良好的品行，这样他们就能够欣慰了。孔子说：“父母唯其疾之忧。”既然父母最担心的是孩子的身体与品行上是否有疾病，那么，作为孝子，首先就要保养好自己的身体，不要生病而使父母忧虑，也不要结交品行不好的朋友、做有违礼法的事情，从而使自己甚至整个家庭都陷入艰难、危险的境地，让自己的父母乃至宗族、祖宗蒙羞。如《弟子规》所言：“身有伤，贻亲忧；德有伤，贻亲羞。”因此，《孟子》说：“事，孰为大？事亲为大；守，孰为大？守身为大。不失其身而能事其亲者，吾闻之矣；失其身而能事其亲者，吾未之闻也。孰不为事？事亲，事之本也；孰不为守？守身，守之本也。”孟子强调孝子应该守好自己的身体、守好自己的操守，日常行为上都不要失身、失足而陷入不义的境地。可以说，“守身”乃是一个普通的人孝敬父母最简捷最中正的方式，后来孝文化中就逐渐形成了“守身即孝亲”的基本精神。

中国的农耕文明一开始就崇尚天人合一，因此，随着孝文化的内涵逐渐丰富、义理逐渐成熟，中国文化对孝道的极为重视，“孝”的精神也慢慢提升到了天人合一的高度。家庭、家族内部对长辈的孝逐渐扩充为一个父天母地的宇宙大家庭中对天地的孝，而要系统深刻地理解这个天人合一的宇宙大家庭，又需要对历代圣贤“本天道以立人道，立人德以合天德”等“天人合一”的观念有比较亲切的体认。因此，“孝父母”的内涵逐渐扩充到“孝祖先”“孝圣贤”“孝天地”的高度与广度。从纵向的时间观念上来说，“孝历代祖先与圣贤”，就要求我们很好地继承祖先、圣贤遗留下来的优秀文化，努力实现祖先、圣贤对我们的殷切期盼。用张载的话来说，就是要以“为往圣继绝学”的方式去谋求“为万世开太平”。从横向的空间观念来说，“孝天地”，就要求我们把天地间的万事万物都当成自己的兄弟姐妹乃至身体发肤，荣辱与共；在自己完成天地所赋予的独特人生价值的同时，也帮助他人按照其本性实现人生的幸福与美满。做到极致，用张载的话来说，就是要以“为天地立心”的方式去实现“为生民立命”，让每个人都找到一个适合自己的安身立命之所，不辜负天地生养的一番厚望与美意。当然，在这个宇宙大家庭中，真正要实现万民的幸福，在很大程度上还是必须借助政治权力与制度才行。汉初以来，历代帝王中很多都崇尚“以孝治天下”，主要出于两个方面的考虑。一个是孟子“人人亲其亲、长其长，而天下平”（《孟子·离娄上》）的观念，一个是有子“其为人也孝弟，而好犯上者，鲜矣；不好犯上，而好作乱者，未之有也”（《论语·学而》）的观念。前者是一种“以德治国”以至于“无为而治”的治国理念，后者则是出于一种稳定社会秩序、尽可能减少以下犯上政治叛乱的功利需求，两者可操作性都很强，效果也非常好。这种“以孝治天下”的思想也同样扩充了孝文化的内涵。

在新的时代背景之下，在坚持“孝”的恒常价值的同时，我们的孝文化也必须与时俱进，切合当今的实际而发展出新的意味与形式。我们看到，古代的“二十四孝”虽然能够感天动地，让人无不为之动容，然而却客观存在着一些腐朽、封建的内容在其中，正如鲁迅先生所说，这里面的有些故事可以勉强效仿，有些照着做则会有丢掉性命的危险，还有的会让人非常反感。对待这样的故事和文化，最合理的做法无疑就是“取其精华，弃其糟粕”。“孝”之精神的发扬光大对维系社会秩序的良好和人们内心的安定而言，都有着不可低估的作用。今天，社会倡导“新二十四孝”之说，就是将这种发自本心、出于自然的“孝”与实际生活结合起来的一种努力，其目的就是呼吁人们常回家看看父母、常与父母交流、常为父母的身心健康着想等。这些倡导对于作为子女的中国人来说，虽然不宜宣传为教条，但毕竟不失为一种必要的提醒，对于孝文化的重建来说也不失为一种可喜的进步。

习近平总书记在2019年春节团拜会上说：“古人讲，‘夫孝，德之本也’。自古以来，中国人就提倡孝老爱亲，倡导老吾老以及人之老、幼吾幼以及人之幼。我国已经进入老龄化社会。让老年人老有所养、老有所依、老有所乐、老有所安，关系社会和谐稳定。我们要在全社会大力提倡尊敬老人，关爱老人、赡养老人，大力发展老龄事业，让所有老年人都能有一个幸福美满的晚年。”① 因此，要实现中国式现代化，就必须重视继承发展中国传统中孝敬老人的文化基因。在主流价值观引导与国家基础制度建设两个层面，充分尊重、全面保障每一个为实现中国式现代化而奋斗终生的中国人高质量的老年生活。

三、互尊互爱，中华文化的家庭伦理

如果说“孝”观念是古代中国家庭伦理的核心价值，是家庭伦理的起点，那么，在家庭关系所关涉的父子（父母子女）、夫妇、兄弟（兄弟姐妹）三种伦常关系之中，尚且有着其他多种各自不同的伦理要求，如相对于子孝的父慈、兄弟关系中的兄友弟恭、夫妻关系之中的夫义妻顺等。在中国传统的家庭伦理之中，父子、兄弟、夫妻任何一伦都是不可或缺的，每个人在其中承担各自的道德责任与社会义务，才能使家庭和

① 习近平：《在二〇一九年春节团拜会上的讲话》，《人民日报》2019年2月4日第1版。

睦。所谓“家和万事兴”，家庭成员恪尽已责、关系融洽，家庭就会其乐融融，家庭的经济状况与社会地位也会随之得到改善或提高。在以家庭为本位的中国人看来，家庭关系的和睦与否直接关系着生活的幸福与否，一个父慈子孝、兄良弟悌、夫唱妇随的和谐家庭是让人称赞不已的。与此同时，对于持家国一体观念的中国人而言，家庭治理构成了国家社会治理的基础，齐家还构成了治国、平天下的必要步骤，据说尧治理天下就有一个“克明俊德，以亲九族。九族既睦，平章百姓。百姓昭明，协和万邦”（《尚书·尧典》）的过程。

中国传统文化之中的家庭关系都是一种“对位”的关系，比如子孝所对应的就是父慈，两者同时实现，才能形成良性互动、相辅相成的父子关系。中国文化对子之孝有着近乎严苛的要求，甚至在某种条件下，讲求子女对父母绝对的恭顺与服从，这样子女的孝行才越发显得诚恳、真切。例如前面举过的例子中，舜的父亲瞽叟就是一个不合格的父亲，他经常联合舜的继母通过各种方式折磨甚至伤害舜，但舜在这种境况之下依然遵从作为儿子的孝道，尊敬并满足瞽叟的志愿与欲望，从而获得了大孝的名声。但是，这并不是理想的父子关系。在中国文化中，父子之间的关系是双重的，既体现家族成员之间的“亲亲”原则，同时又体现家族成员之间的“尊尊”原则。也就是说，一方面父子具有先天性的亲缘关系，子女对父亲具有亲之爱之的自然情感，另一方面父子毕竟又是属于两种分位，需要子女敬畏甚至服从父亲。如果我们一味地强调“严父”的形象，要求子女必须遵从父母的权威，那就只是强调了“尊尊”，而忘掉了父子关系中最本色、最天然的“亲亲”。而且，一旦父子关系完全成为“尊尊”原则的象征，就不仅意味着一种严格意义上的父权制家庭的诞生，而且意味着父子关系成为社会的一切统治性、权力性关系的生命原型，这样的社会无疑是缺乏情感的浸润与柔化的。在中国文化中，理想的父子关系尽管不排斥“尊尊”原则，但更强调“亲亲”原则的基础性与根源性。在“亲亲”范围中的父子关系应该是一种“父慈子孝”的关系，而并非对子女尽孝的单方面规定甚至压制。《颜氏家训》甚至说：“夫风化者，自上而行于下者也，自先而施于后者也。是以父不慈则子不孝，兄不友则弟不恭，夫不义则妇不顺矣。”作为比儿女更成熟的个体，父亲理应更重视或懂得修养自己的德行，这样才能对儿女形成好的影响与引导。如果一个父亲做不到对自己的儿女慈爱，那么他的儿女就很难与之维系良好的情感，也就很难做到“孝”的要求了。对一个父亲而言，重要的是要懂得理解、呵护自己的儿女，而不是以自己的权威去控制自己的儿女，这样才有理由要求儿女尽到孝顺的伦理义务。也可以说，父母对儿女不能只看到自己生养他们的“恩”，更应该有发自内心的对儿女的“爱”，这样的父母才能像鲁迅说的那样“将这天性的爱，更加扩张，更加醇化”，从而在理解的基础上指导孩子的所思所想、所作所为，以使他们成长为独立的人，这便是父母对儿女之“慈”的真正内涵。

儒家文化所说的“孝道”主要是针对长者特别是父母而言的，但人的社会关系不仅仅有老幼之别，还有同辈之分。《礼记·祭义》云：“行父母之遗体，敢不敬乎？”身体是父母所赠给我们的最大礼物，理应谨慎地对待与爱惜。然而，父母不仅仅只赠给自己身体，还赠给了兄弟姊妹以身体。因此，我们如果要做到对父母完全的孝，就必须连带兄弟姊妹一起爱，让父母放心，使父母高兴，这就是悌道所要求的内容。孟子也说：“仁之实，事亲是也；义之实，从兄是也。”“事亲”即孝，“从兄”即悌；换言之，孝敬父母就是仁，尊重兄长就是义。因此，孝悌和仁义是相邻而又相通的德行。

在周人确立宗法制度之前，商人更注重悌道，并由之形成了一时的政治制度，这突出地表现在“兄终弟及”的王位继承制上面，这一制度与后来流行的“父终子及”有着巨大的差异。据说，太丁、外丙、仲壬都是商朝开创者汤的儿子，而太丁是太子。汤死时，太丁已死，就立次子外丙为王；外丙死后，又立三子仲壬为王；仲壬死后，无弟可立，乃立太丁之子太甲为王。在商代，除了一些政变篡权的个案，后世天子多是按这个秩序拥立的。殷三公之一的微子，不立嫡孙腯而立次子衍，也是这一制度的产物。这是“兄友”的特别体现，也是悌道在政权交替中的表现。周代初期偶尔也会使用这一制度，如周太伯有三子，他不立长子太伯、次子仲虞，而立幼子昌，即周文王。文王也有三子，他不立长子伯邑考，而立次子发，即武王；武王死后，他的弟弟姬旦也就是周公也曾一度掌控着天子之位，只是周公后来“制礼作乐”，改变了这一传统，而实行嫡长子继承制，并最终还政于武王的儿子也就是周成王。此后，周人的王位都是嫡长子继承，也就是说君王死后，不管他有没有兄弟，都由他的儿子继承，儿子中又以嫡长子居首。如果嫡长子不在世了，便由嫡长子的儿子（太孙）继承。在这种制度下，兄弟之间除了亲情，更多的是君臣关系，弟弟只有服从的份，不能觊觎君位，否则就是非分，就是不忠，这是后世通行的“弟恭”的最高表现，也是属于悌道的内容。孔子认为，处理好兄弟关系是善政的出发点，他说：“《书》云：‘孝乎惟孝，友于兄弟，施于有政。’是亦为政，奚其为为政？”（《论语·为政》）按照《尚书》所言，恭行孝道，搞好兄弟关系，就可以真切影响到政治，自己在家里修身齐家，也正是一种参与政治或者说实现政治价值的表现。

当然，兄弟关系并不主要是一种政治关系，而是一种伦理关系，在这种双向的伦理之中，兄长必须具备“良”的德性，对弟妹爱护、宽容。自兄言之，要友爱胞弟，是谓“友于兄弟”；自弟言之，则是尊敬兄长，是谓“恭顺兄长”。手足情深，骨肉相亲，兄友弟恭，然后悌道可成、孝道可全。

如果将对兄长的恭顺之情再推而广之，就可以形成顺长敬上的普遍法则，这就是仁义之道的“义”。《孝经》说：“教以孝，所以敬天下之为人父者也。教以悌，所以敬天下之为人兄者也。”又说：“君子之事亲孝，故忠可移于君；事兄悌，故顺可移于长。”不仅普通人如此，君王在自己的政治生活中也在推广悌道，《孝经》说："故虽天子，必有尊也，言有父也；必有先也，言有兄也。"天子敬天祭祖，严事国老，都是对"父"尽孝道的表现；天子在国学中设三老五更、礼敬贤者，也是对"兄"尽悌道的表现。"孝"是对长辈的爱，"悌"是对同辈的爱，再将"孝悌"之情推广到天下国家各个领域，然后朋友、夫妇、君臣等关系也可以讲明，"五伦"之义既明，则社会秩序就自然理顺了。

除了具有血缘亲情的父子、兄弟关系，在家庭中也有着虽然没有血缘关系但却非常根本的夫妇关系。中国文化对夫妇关系的重要地位有着非常多的论述，《周易》说："有天地然后有万物，有万物然后有男女。有男女然后有夫妇，有夫妇然后有父子。有父子然后有君臣，有君臣然后有上下，有上下然后礼义有所错。"认为先有夫妇之道，然后才有父子之道、兄弟之道、朋友之道、君臣之道，将夫妇之道作为五伦之首，放在至高无上的地位。不仅如此，《诗经》也为我们描绘了在周人那里，"之子于归"（女子出嫁）是如何盛况空前地"百两御之"，是如何善莫大焉地"宜其家室"，以至于夫妇之间可以臻至"执子之手，与子偕老""德音莫违，及尔同死"的人生化境，以至于男子的"二三其德"以其"之子无良"、以其"士也罔极"而备受周人的讥讽。在《春秋》《左传》中，我们也能读到周人如何地"讥不亲迎"，周代的国君如何地"好舅甥，修昏姻，娶元妃以奉粢盛"，如何地"申之以盟誓，重之以昏姻"，把"联姻"视为维系和扩大其宗法版图的最重要的手段，视为从事其身体外交活动的最不可或缺的语言。除此之外，这种对夫妇一伦的强调还在周人的"礼数"中得到充分体现。周人的婚礼按《仪礼・士昏礼》的记载，有纳采、问名、纳吉、纳徵、请期、亲迎这六个步骤，其"礼之用，唯婚姻为兢兢"，其在婚娶中对女性的尊重可见一斑。周人的丧礼坚持"夫妻一体也""资于事父以事母，而爱同""为妻何以期也？妻至亲也"，而主张之于母、妻服制与之于父、夫的服制几乎相同，亦以一种"事亡如事存"的方式，使我们见证了周人夫妇之间生前地位相对的对等。

在中华民族精神之中，“一阴一阳之谓道”，“阳”代表男性开拓进取、自强不息的刚健之德，“阴”代表女性稳健守成、厚德载物的柔顺之德。落实到家庭之中，就是男主外，立德修业，女主内，勤俭持家。阳动阴随、阳开阴合，因此在中国传统的夫妇之道中，丈夫占据主动地位，以夫唱妇随为最理想的家庭组合。但是，夫唱妇随并不意味着妻子没有任何的主体性，也不意味着丈夫可以毫无道德意识。《左传》说：“夫和而义，妻柔而正。”在某种程度上，丈夫的宽和、仁义，直接决定了妻子的柔顺、品正。只有相敬如宾、琴瑟合鸣，才能有和谐美满、天长地久的婚姻与夫妻关系。

可以说，在中华民族的家庭伦理之中，无论是父子、兄弟还是夫妻，都必须遵循互敬互爱的基本原则，才能在此基础之上构建父慈子孝、兄良弟悌、夫义妻顺的和谐关系。实际上，这种家庭伦理的纲常化和名教化，常导致父权、兄权、夫权的无限扩张与膨胀，而使子、弟、妻处于弱势一方。然而，真正的传统精神从来都反对无条件服从，我们必须回到传统之互敬互爱的家庭伦理之中，才能在此基础之上建构我们的社会道德与伦理观念。在今天的社会之中，我们仍然重视家庭伦理、血缘情感，不过由于西方一些观念的传入，以及经济社会发展过程中产生的一些弊端，父子、兄弟、夫妻关系也常陷入利益的纷争与无情的泥淖之中。因此，中国传统讲责任、讲爱敬的家庭伦理观念尤其富有现代意义，值得大力提倡，而这也正是以家庭为本位的中国传统文化能够为现代社会提供的一大笔宝贵的财富。当然，正如没有孤立的个人，孤立的家庭也不存在，在中国传统的价值观念之中，必须从个人走向家庭，从家庭走向社会、国家、天下。由此，互尊互爱的家庭伦理观念也注定要进一步体现为“泛爱众，而亲仁”的群己理念。

四、泛爱众，中华文化的群己理念

在中国的价值谱系中，生而有之的血缘亲情作为一个稳定的根本和出发点，奠定了家庭伦理的基础，中国传统文化尤其是儒家思想依据这一坚定的家庭伦理基础，进一步讲求“老吾老，以及人之老；幼吾幼，以及人之幼”“亲亲而仁民”，要求以此扩充延伸以至“泛爱众”，将家庭伦理有效实施于社会，建立起一个一以贯之的家国天下和谐一体的体系，这就是儒家强调的天理、国法、人情的和谐统一。它基于血缘亲情，同时也超越血缘亲情，它的落脚点既是家庭的温情与和睦，也是社会公共秩序的长治久安，这就是《大学》所谓修身、齐家、治国、平天下生命逻辑的展开。也就是说，中国人不是以“个体”而是以“能群”的身份生活在这个世界上的，在讲求血缘亲情、互敬互爱的“小家”之外，还有“国”“天下”这种“大家”，同样是人存活于其中的重要境域。不唯如此，“小家”之中的逻辑同样也能推扩到“大家”之中，从而成为中国人处理群己关系的基本理念与准则。儒家经典《尚书》《周易》《周礼》《礼记》等著作，都明确认为人类都生活在同一个“父天母地”的大家庭，所有的他人都是自己同声、同气的兄弟姐妹（手足），彼此浑然一体、血脉相连、荣辱与共。在“父天母地”的“亲亲”之中，“尊尊”的对象当然是乾坤（代表天理、国法、人情的和谐统一，外在表现为符合天地正义的社会公德与法律法规），而“贤贤”的对象当然是最能代表乾坤之道的“仁者”。在儒家的视野中，家国天下一体并建，理法情和谐统一，逻辑上无所谓轻重主次，然而在具体的国家、社会治理中，就出现了先后和轻重，即在宇宙大家庭中，最有德行、最有智慧的人也应该地位最为尊崇，因此“尊尊”才是最可亲的（亲近享有尊位的仁者），其次可亲的是“贤贤”（亲近普通的仁者），最后才是狭义的“亲亲”（亲近有血缘关系的亲人）。因为只有这样，才能保障社会上的每一个人都最大限度地实现上天赋予他的人生使命与社会价值。

在儒家看来，论先后，依次是“亲亲—尊尊—贤贤”，正如《荀子·礼论》所言：“礼有三本：天地者，生之本也；先祖者，类之本也；君师者，治之本也。无天地恶生？无先祖恶出？无君师恶治？三者偏亡焉，无安人。故礼上事天，下事地，尊先祖而隆君师，是礼之三本也。”人生于天地之间，首先最亲的当然是代表天地的父母，然而，人类都过着有组织、有规模的群居生活，父母的哺育、家庭的成长都是在一定的社会规范之中的，换言之，人生下来之后首先面临的是“父子之道”（亲亲），紧接而来的才是群居生活要守规则的“君臣之道”（尊尊），再进一步随着年龄的增长，有了个人的自我意识之后，生活中常常会与父母、他人发生矛盾，因此需要老师按照圣贤之道去教育他如何面对、如何处理自身与外界的社会关系（主要是情感方面的“亲亲”与理性方面的“尊尊”），由此开始认识到人行走于天地之间，有贤与不肖之分，从而自然萌发了“贤贤”的观念。孔子说：“弟子，入则孝，出则悌，谨而信，泛爱众，而亲仁。”（《论语·学而》）这句话就很清楚地描述了这三个阶段的先后过程。然而，在实际生活中，人情与国法也常出现矛盾，“亲亲”原则常与“尊尊”原则冲突（如《论语》中出现的“父攘羊”，儿子是否为父亲隐瞒的问题），儒家作为一种成熟的伦理思想，当然并不是按照这种自然成长或自然情感发生的先后顺序去处理所有问题，也绝不是把“亲亲”看得至高无上，要求当“亲亲”与“尊尊”“贤贤”发生矛盾时后二者对前者无条件服从。事实上，我们从孔子这句话最后收结为“泛爱众，而亲仁”以及整部《论语》最核心的思想“仁”来看，孔子最重视的乃是“贤贤”，比如他最重视、最赞美、最亲近的好学生并不是跟自己有亲戚关系的公冶长、南宫适，当然也不是自己的儿子伯鱼（过庭之训，可见君子远其子），而是最贤能的颜渊。

因此也可以说，论轻重，儒家的顺序是“贤贤—尊尊—亲亲”。不管发生任何问题，“贤贤”才是至高无上的标准，因为只有“贤贤”才最符合“正德、利用、厚生”的天道。这个道理同样也可以从发生学的角度找到依据。比如，蒙童在严师的教育下，慢慢学会了用“贤与不肖”的价值观去判断人与事，自然也就能发现不仅同学之间、平辈之间有贤与不肖之分，同学、平辈的长辈们也同样如此，不仅古代贵为天子、宰相的人有贤与不肖之分，自己身处的时代与国家中许多贵处尊位的人也一样有贤与不肖之分。事实上，天地之间的万事万物从不同的角度来看，都有优劣之别，于是在追求最高“贤德”的过程中自然也就萌发了更亲近、更尊敬“贤者”的情感与理性，“贤贤”也就成了衡量如何“亲亲”、如何“尊尊”的标准。众所周知，儒家最理想的追求就是尧、舜、禹的内圣外王之道，尧、舜的禅让之治本质上就是“贤贤—尊尊—亲亲”的“公天下”，而后世所谓的“文景之治”“贞观之治”等再好，其本质还是“亲亲—尊尊—贤贤”的“家天下”。尧、舜禅让而不传子，是“贤贤”高于“亲亲”，百姓归往也是“之贤”而不是“之尊”，有德者居高位、有德者最可亲最可敬的道理中所展现的“贤贤—尊尊—亲亲”轻重顺序真是再明朗不过了。

在儒家伦理思想的大宇宙生命共同体中，“亲亲”（人情）、“尊尊”（国法）、“贤贤”（天理）可以看作是三个相切的圆，在“切点”上天理、国法、人情完全融为一体，这就是儒家最为崇尚的内圣外王之道在理想设定中的最佳效果。而在普通人的生活中，虽然“亲亲”（人情）最为凸显，看似最为重要，但其实承载“亲亲”的乃是“尊尊”（国法），如果没有国法对社会公共秩序的基本保障，人们都将寸步难行，更不用说实现自身的人生价值与生活幸福了。因此，每个人在重视人情的同时，都应该遵循国法，否则，国将不国，人将非人，任何人都很难活得有尊严、有价值。而国法的确立又必须以天理为基础，如果一个国家的立法违背天理（天地万事万物生长、运行的基本规律），那么这种国法既无益于人，又无益于世，自然也不可能长久。在父天母地的大家庭中，不管出现什么矛盾，都要让在这方面最为贤能的人来处理，这是说“亲亲”（人情）、“尊尊”（国法）都要为“贤贤”（天理）让路，一切都要服从“贤者”所彰显的天理。

儒家主张“亲亲相隐”，并不是主张为了人情牺牲国法，而是从国家的角度，主张人情要以国法为基础，国法则必须以天理为基础，而所谓天理，则是要追求一个天理、国法、人情的和谐统一。因此，确切地说，儒家认为不管是国法还是人情，都应该以天理、国法、人情的和谐统一为基础。因此，儒家的家庭伦理，虽然一开始是基于小家庭的血缘亲情，但正式定型的时候则是基于宇宙大家庭的天地人三才之道。《中庸》的开篇就说“天命之谓性，率性之谓道，修道之谓教”。这句话可以作为儒家伦理思想在形式上的纵向纲领，即认为每一个人的本性中都秉承着上天赋予的神圣使命，都应该去成就自身与他人共通的生命价值与独特的性情，为了实现这个目标，我们需要通过古圣先贤的教导来学习为人处世之道，最终实现自身的最大潜能，与天地相通。另外，《大学》开篇的第一句话说：“大学之道，在明明德，在亲民，在止于至善。”这可以作为儒家伦理思想在形式上的横向纲领，即认为我们在以天命之性实现天地之道的过程中，最大的学问就是要让自己的德行变得越来越光明，让自己所生活的群体活得越来越幸福，通过自己与他人（自己的兄弟姐妹）一起，终生努力奋斗，让二者不断臻于至善的境界。

儒家伦理思想的内容，即追求天理、国法与人情的和谐统一。一个普通的人，追求的基本方式除了在形式上根据《中庸》《大学》开篇第一句话所概括出来的纵向纲领与横向纲领之外，在内容上则是通过“亲亲—仁民—爱物”的方式逐渐推己及人、推己及物地向外扩充，从“小我”变成“大我”，最终完全生活在一个天理、国法与人情和谐统一的宇宙大家庭之中。《孟子》里面说“老吾老，以及人之老；幼吾幼，以及人之幼。……推恩足以保四海，不推恩无以保妻子”“人人亲其亲、长其长，而天下平”，就是说每个人都应该本着爱亲之心、待亲之道去对待天下所有人，这样整个天下就会自然呈现为一个充满了和谐与温情的宜居世界。

儒家的伦理思想可以用“同心圆”来表示，以圆心为原点，纵轴为《中庸》“天命之谓性，率性之谓道，修道之谓教”这句总纲所表达的观念，横轴为“大学之道，在明明德，在亲民，在止于至善”这句总纲所表达的观念，原点即圆心就是天理、国法与人情的和谐统一。儒家基于这个“圆心”，逐渐向外推拓，这个逐步推拓的过程，用孔子的话来说，是“修己以敬—修己以安人—修己以安百姓”；用孟子的话来说，是“老吾老，以及人之老；幼吾幼，以及人之幼。……人人亲其亲、长其长，而天下平”；用《大学》中的话来说是修身、齐家、治国、平天下，其中修身是离“原点”最亲近的第一个同心圆，“身修而后家齐，家齐而后国治，国治而后天下平。自天子以至于庶人，壹是皆以修身为本。其本乱而末治者，否矣。其所厚者薄，而其所薄者厚，未之有也”。

这里的关键是作为圆心的“亲亲”，应该理解为“父天母地”这个宇宙大家庭中的“亲亲”，即以父母亲人为最亲，但同时也要以最能体现天地之道的仁者为最亲，亲近仁者，就是亲近“父天母地”。亲近仁者的原因是透过仁者来亲近天地，尽可能地与自强不息、厚德载物的天地之道融合为一；亲近仁者的目的是“就有道而正焉”，即透过仁者的教化，学习仁者的德行与智慧，在天地之间实现自己顶天立地做一个人的最大价值，不辜负天地造化的美意与父母生养的隆恩。由于仁者最能代表天地之道，而天地之道就是要让天地之间万事万物都各遂其性、各得其所，欣欣向荣地发展，因此仁者的目标也是成就他人之美、成全万物之性。孟子之所以会说“老吾老，以及人之老；幼吾幼，以及人之幼”，就是本着“万物皆备于我”的仁者情怀，对天下所有人都有着怜爱的恻隐之心。因此，在人类自然的血缘情感的基础上，按照儒家“亲亲”“尊尊”“贤贤”和谐统一的伦理思想，“亲亲”本身就包含着“仁民”的内容，“亲仁”是内核，“泛爱众”是“亲仁”的进一步扩充。由于人总是生活在一个社会的群体之中，因此，更多地成就他人，就能更好地改善自己所处的社会环境，从而更好地成就自己。同样，再进一步扩充开来，按照自然规律仁爱天下万物、成就万物之性，也能更好地为社会营造一个和谐、美丽的自然环境，从而更好地促进人类社会的发展与美满。

第三章

树德立人的人格追求

在悠久的中国历史中，产生过无数使人感动、令人震撼的历史人物，他们或坚守着高洁的操守，或建立了彪炳千秋的功业，或贡献出洞彻世道人心的思想与言论，伯夷叔齐、孔孟老庄、唐宗宋祖，张良、岳飞、文天祥……他们立德、立功、立言，“高山仰止，景行行止”，成为中国式人格理想的典范。在榜样的引导、师长的教诲下通过自身的进德修业工夫健全自我人格、提高个体境界，从而成为一个“圣贤”，一个挺立于天地之间的“大丈夫”，是大多数优秀中华儿女的终生志业。而且，在独特的中国传统文化中，人格修养不仅意味着自我的实现和成就，也是齐家、治国、平天下的基础。直到今天，它仍然彰显着中华民族的精、气、神，构成了物质文明和精神文明相协调的中国式现代化的必由之路，也是中国人能够以崭新而自信的面貌挺立于世界民族之林的精神之源。

《中庸》云：“天命之谓性，率性之谓道，修道之谓教。”在第一章中，我们看到，超越的天、道能够通过人的道德下贯而内化于人，仁义道德意味着超越性的天道在人身上的具体呈现，这是天、道自上而下的“下贯路线”，也就是“天命之谓性”的层面；而在具体实际生活中，人为了不遮蔽天道的呈现，就只有一生“上下求索”，通过自己“尽心知性”的道德实践来体认和展露这种超越性之天道的使命，这种使命就是通过道德的修养工夫以“成圣成贤”——成就一个人格完整、道德通透的完美的人，一个与天合一、内在而又超越的人，而这也就是“率性之谓道”与“修道之谓教”的自下而上的“上达路线”。

在对人格的要求上，中国传统与西方有着非常大的区别。西方认为天赋人权，人生而平等、生而自由，也因此承认人生而不完美，人“一半是魔鬼一半是天使”，这实际上是将对人格修养的要求放到最低，然而，在欲望、利益等世俗的考量之外，人总有对超越、无限、完满的内在要求，正因如此，西方文化有着强烈的基于人之“原罪”的宗教诉求，这种宗教诉求实际上意味着对世俗人生的一种不满乃至否定。与之相比，中华文明中的“成圣成贤”是一种基于世俗生活的极高的人格修养，这种人格修养可谓是中国人通过德性修养以完善自己的圣贤人格，在挺立、成就自己的同时获得超越、接近无限的过程。

一、君子，中华文化的人格定位

追求成为一个圣贤或君子，是重视道德修养的中国人的普遍向往，如何通过立志、好学以及躬行将自己从一个凡人提升为君子、贤人以至圣人，是中国人安身立命的最重要的生命动力。正是出于这种对“人人皆可以为尧舜”的人格理想的承认与追求，才有了中国历史上那些彪炳千秋、灿若星辰的圣贤群像，他们也成为后代中国人所仰望、钦慕的对象。

北宋儒者周敦颐有着如莲花般高洁的君子情操、光风霁月般的洒落胸怀，他在自己的代表作《通书》中，将儒家乃至中国士人的人格理想凝练成了言简意赅的九个字——“圣希天，贤希圣，士希贤”，意即圣人的目标是与天道合而为一，贤人欲努力进境而为圣人，士人追求的则是成为贤人。后人将周敦颐的这句格言简称为“三希修炼”，并与道教的“三炼实功”（精炼气、气炼神、神炼虚）及佛教的“三皈大戒”（皈依僧、皈依法、皈依佛）相提并论，成为中国文化中鼎足而立的三种人格修炼模式。毫无疑问，在儒、道、佛三家的人格追求之中，以儒家的“士希贤，贤希圣，圣希天”最为平实而高明、充实而饱满、切实而美善，这句话完整地表达出一个士人在日常生活中所应致力的人生目标与价值方向，贤、圣、天以其层级性的节节拔高为人生提供了境界不同却又息息相通的心灵境界，从而让人们在一以贯之的价值指引之下去完善自我、提升自我。

中国的圣贤人格形象，多是以德性为根本判定标准的。或者说，在“立德、立功、立言”的三不朽事业之中，“立德”是基础与本质，若无之，“立功”即便堪称彪炳千古、“立言”即便弘如黄钟大吕，终究是黯淡无光的。中国古人之所以讲求以“德”为核心而经营自己的心灵与生活世界，就是因为“德”乃意味着超越了利益与时空的永恒精神，能够成就一个真正的自我、一个大写的自我。伯夷与叔齐之所以受到后人敬仰，正是因为他们能够以仁、孝、悌等道德观念为标准来指导自己的人生，从而能够在权力或利益之外选择一条独立而富于德性的生活道路，哪怕这种道路最后通向的是因物质贫乏而导致的死亡；孔子的一生也是郁郁不得志，但他并不因此而气馁，而是秉持着仁德、仁政的理想观念，并试图以此改变自己、改变现实世界，这种不依外界生存境遇的优劣而改变自己本心的“为仁由己”的精神，也让孔子成为后世士人心目中的圣人典范。

与道教纯粹关注一己的身心修炼相比，“士希贤，贤希圣，圣希天”的人格理想更为宏阔，它超出了一己之私，而要求士人必须具备朝向他人、社会、家国乃至宇宙的道德担当。与佛教在尘世生活之外求得皈依的目的不同，“士希贤，贤希圣，圣希天”的人格理想更为切实，它不抛却这滚滚红尘、大千世界，而是坚持认为日常生活之中本来就充实着饱满的生命意义，士人、贤人、圣人所要做的无非就是发现并呈现那些富于人情味、烟火味的生命之本有价值，比如仁、礼、忠、孝、诚等。对于生活于平凡之中的我们而言，没有什么比平凡的生活更为生动而真实了。生活就如一杯有益于生命健康的淡淡的水，我们无须再向其中添加或抽离任何元素，而只需将之澄清再澄清，清澈、甘醇就是这杯水所应具备的最完美的品质。“士希贤，贤希圣，圣希天”也正是这样的一个生命之澄明的过程，在此过程之中，我们所应做的无非是祛除杂质、保持平淡、挽留真纯。由此而言，儒家的人格理想对于中华民族而言不仅是主流，而且属于平流，它切合每个人的实际生活的理想，而非悬空于生活之外的身心修炼或精神皈依。

儒家有着颇为细致的圣贤谱系，如果我们参观一下山东曲阜的孔庙，就会对此产生颇为直观的认识。在孔庙的主体建筑大成殿里面，供奉着儒家的“圣人”孔子及“复圣”颜回、“述圣”子思、“宗圣”曾参、“亚圣”孟子；大成殿东西侧的两庑之中，则供奉着诸如子路、子贡、董仲舒、诸葛亮、周敦颐、朱熹、文天祥、王阳明、顾炎武等近150位历朝历代的贤人、圣人。那么，儒家为什么要树立或标榜如此之多的圣贤？毫无疑问，儒家建立圣贤谱系的最主要目的就是要为人们树立榜样与楷模。每一位圣贤所代表的都是一种人格魅力的张扬，都是一种道德光辉的朗照，都是一种人文精神的呈现。在儒家的思想视野之中，每个人都是通过不断地希慕并效仿榜样来完善并完成自我的，即便是被后人视为天纵之圣人的孔子也不例外。对于孔子自己而言，他并不认为自己是天生的圣人，因为自己并没有生而知之的智慧或生而完美的德性；正是因为智慧与德性的这种不完美，孔子才有着发愤忘食、好学不已的后天努力；而他所有的思想与行为，都是朝自己的偶像周公及尧、舜而努力的。孟子也是如此，尽管他有着“如欲平治天下，当今之世，舍我其谁也”（《孟子·公孙丑下》）的狂傲气度，他给自己设定的目标则是“乃所愿，则学孔子也”（《孟子·公孙丑上》），孔子是他的道德楷模与生命导师。可以说，一代一代的圣人与贤者，都在具体而微的层面成了后代士人的学习榜样，这不仅是道德传承的内在需要，更是一种道德经验与体验的薪火相传。圣贤榜样以具象的表现告示我们：只要你主观愿意、客观进取，你就不仅仅是一个学习者，你最终也可以成为这个谱系之中的光荣一员。圣人不是基督教中的超越性上帝那样只能跟随、信仰，而是可以在日常生活之中通过切实的道德践履学而致之的。

形象伟岸的圣贤对后人有着自然而然的道德感召力，而这种从心底油然而生的希慕之情，正是儒家树立这么多道德楷模的内在动因。也就是说，我们之所以会受到往圣先贤的道德感召，或许并不在于他们有着多么辉煌的丰功伟业，而是由于我们每个人心性之中本有之善端的交流感应，人同此心、心同此理，这就是希圣希贤之人格理想的心性基础。所谓“人皆可以为尧舜”（《孟子·告子下》）、“涂之人可以为禹”（《荀子·性恶》）并非意味着每个人都会成就尧、舜、禹那样经营天下、博施济众的外王事业，而是说明：不管是圣人还是凡人，我们共享着先天本有的共同之良善心性，圣人不过是能够自觉达到这种心性并将之推至极致的凡人，凡人也不过是并未觉察到自己的良善心性而忽视了进德修业的圣人，这是儒家学者所普遍认同并加以发扬的基本观念。也就是说，判定一个人是否是圣人的标准不在于其智商、地位或功业，而在于德性的进境程度。明代大儒王阳明将人生比喻为金子，好的金子不在于其分量的轻重，而在于其精纯的程度如何。尽管每个人的才智、性情、际遇各不相同，但只要能在生命过程之中不断冶炼，最终使自己的心性像纯金一样，便可谓熠熠生辉的圣人了。

冯友兰先生将人的生命境界分为自然境界、功利境界、道德境界和天地境界四种。在他看来，一个人如果只是顺着他的本能或风俗习惯做事而无道德觉解的话，他就处于自然境界之中；功利境界中的人只是为自己做事，虽然其后果可能会有利于他人，但因为其动机是利己的，所以他所做的事只有针对自己的功利意义；处于道德境界之中的人，能了解到社会的存在，了解到自己是社会的一员，并且这社会是一个整体，自己是整体中的一部分，这样他就会主动为社会的利益做各种事，这就是所谓有道德的人，他所做的都是符合道德意义的道德行为；天地境界是说一个人能了解到超乎社会之上还有一个更大的整体即宇宙，他不仅是社会的一员，同时还是宇宙的一员，他是社会组织的公民，同时还是孟子所说的“天民”，有了这种觉解，他就会为宇宙的利益而做各种事，这种觉解构成了最高的人生境界。[①] 实际上，冯友兰的“四境界”也是以道德来进行分类和判定的——对道德毫无认知的便是自然境界，知道道德的存在但漠视之的是功利境界，知道道德的存在并践行之的是道德境界，而能够将自己的德性与天道建立起深切之关联的则为天地境界。对于士人、贤人、圣人而言，士人处于功利境界与道德境界之间，贤人、圣人处于道德境界之内。对于绝大多数儒者来说，功利境界和道德境界便是他们的两个核心道场，摆脱功利的束缚而跃入道德的自由之境，即他们终生的奋斗目标。因此也可以说，“士希贤，贤希圣”的实质就是一个人如何通过对圣贤的模仿而实现对功利境界的超越，最终通过立志、好学、躬行等方法将生命推升至道德的境域。

“希贤希圣”的“希”即“希冀”“希求”之意，这也意味着成圣、成贤的首要任务是确立志向。一个人的志向必须高远、明确、坚定，才有将生命提携出功利境界的可能。在中国古人看来，志向就是心灵的朝向，关涉人对现状的体认程度，更关涉人对未来的筹划，因此是决定人生航向的重要标杆。王阳明在十一二岁时询问塾师何为“第一等事”，塾师的答案是“读书登第”，阳明则不以为然，说“登第恐未为第一等事，或读书学圣贤耳”。“志当存高远”，非如此则不能摆脱自己有限的智慧、知识等因素的限制，从而不能看到生命的全部可能与终极价值。志念决定了一个人人生的基本品质，志高则品高，志低则品低。一个只知道功名利禄的人，哪怕尊为王侯或富可敌国，终究算不得第一等人。按照周敦颐的说法，士人要“志伊尹之所志”，也即必须具备伊尹那样的志向方能成圣、成贤。伊尹是商汤的贤相，本为一介草民，最终通过自己的努力辅佐商汤灭夏建商，从而建立了不朽的功业；伊尹上匡国君、下救万民，伊尹之志即以正道平治天下。也就是说，作为一个儒者，必须有着胸怀天下的气度以及平治天下的志向，乃至万物一体的宇宙意识，才能

① 冯友兰：《三松堂全集》第四卷，河南人民出版社，2001 年，第 498—500 页。

将自己的生命气象与潜能全然发挥，才能摆脱一己、私我的束缚而进入鸢飞鱼跃的阔大之域。

“立志”是确立生命的航向与目标，“好学”则是生命之舟的船桨，如欲真正地实现目标，舍此之外别无他法，而且，“好学”也正是避免“立志”成为空头幻想甚至他人笑柄的不二法门。中国历史上囊萤映雪、凿壁借光的故事，都显示了中国人的好学品格。中华民族是一个拥有着广博胸怀的民族，也是一个能经常“师夷长技”的民族，对于别人的优点和长处，从来都是以谦卑的学生姿态去学习，正因如此，中国文化才能在不断地学习之中延续下去、进步下去。在中国历史上，孔门的贤弟子之一颜回可谓好学的最佳代表，周敦颐便有“学颜子之所学”的说法。颜回一生悦服并追随孔子，孔子认为他是门下弟子中最为好学的一个。颜回之“好学”，并非修习强兵近利、名辩修辞之术，而是究心于对德性的不懈砥砺，如“不迁怒，不贰过”“在陋巷不改其乐”之类。“好学”在真正的儒者那里实际上并非一个苦差事，不是“头悬梁，锥刺股”以考科举的功利算计，而是充满了欣悦之情的成德之旅。“寻孔颜乐处”之所以在宋明理学家那里成为一个津津乐道的话题，正是出自孔子因好学而“乐以忘忧”、颜回因好学而“不改其乐”的典型事例。荀子的开篇即为《劝学》，云“学不可以已”，并认为学的要义在于“始乎为士，终乎为圣人”。而荀子对于“学”的强调，实为成圣之路上至为关键的大问题。“好学”的目的毕竟是为了“成圣”，而非考取功名、获得利禄。按照儒家的术语来说，“道问学”的最终目的是成就“尊德性”，是获得“德性之知”，如此之“学”才是儒家真正认可的。当然，科学在当今时代早已成为一个极为重要的知识领域，我们每个人必须掌握必备的科学知识，才能顺利地生活与工作，但这仍然对“德性之知”的核心价值构不成任何冲击，因为即便是一个科技工作者或物理学家，也必须在科学研究之中、之外坚持基本的伦理与操守，这样才能使生命更为独立而无愧、整全而自得。

除了“立志”与“好学”，“躬行”也是实现希圣希贤的人格理想的必要工夫。在孔门的教导之中，“行”有着比“言”更为重要的地位，孔子最讨厌巧言令色、只知空言之人。对于一种道德哲学来说，“君子耻其言而过其行”是很自然的，空谈心性于事无补，道德必须落实于视、听、言、动的每一个生活细节之中方可谓得其所哉。如果一个人每天只是高谈志向，如果一个人的好学无法滋润生命，那么这种志向与学识对于其生命而言就不过是空中楼阁或附庸赘余。每一个贤人或圣人都是植根于生活之中，充分展现各种德性而渐积渐成的，只有付诸躬行的志向才是平实的而非虚浮的志向，只有付诸躬行的好学才是活泼的而非僵硬的好学。在王阳明看来，如果一个人知道孝而不能做到孝，哪怕他能够将《孝经》倒背如流，这个人实际上也根本不知道孝为何物，此即所谓“知而不行，只是未知”。由此而言，在实现圣贤之人格理想的道路上，知、行从来不是分离的。“人须在事上磨，方立得住”（《传习录》），阳明此语，确为见道之言。《中庸》也说：“博学之，审问之，慎思之，明辨之，笃行之。”博学、审问、慎思、明辨等“学”的工夫必须落实在笃行之上，才可谓学问与知识的恰切归宿。

可见，只有通过“立志”“好学”“躬行”等工夫，圣贤的人格理想才不再是纸上谈兵，而能够在宏观与微观、知识与行为的结合之中一步一步展现德性。当然，希圣希贤还需要更多其他的修为，比如克己、静坐、居敬、尽性等。除了在儒家思想之中有着希圣的人格理想，道家和佛家的人格理想在某种程度上同样也可以被表述为希圣，只不过它们关于“圣”的内涵定位有所不同罢了。比较来看，道家和佛家终究偏向于虚静、高明一路，致力于在人伦、社会生活之外建构冲、灵的精神境界，因此在圆融与平实上逊儒家的人格理念一筹。在中国历史上，能够青史留名的多是具备着良好的道德情操，致力于人格之不断完善的人物。正是由于这些人的存在，我们的民族精神才能呈现出爽朗高明、廓然大公的特性，这种希圣希贤的人格追求必将进一步为我们民族在当代的发展提供来自个体的强大推动力，因为中国文化与民族精神不在别处，而正体现在每个活生生的中国人身上。

二、尊师重道，中华文化的教化观念

在希圣希贤的道路上前行，如果仅仅依靠对古圣先贤的遥想追慕及与他们的心灵相契，我们很容易陷入孤独与彷徨的境地之中。圣贤已经逝去，他们所给予我们的不过是一些精神的感召与历史的榜样，而在实际生活之中，我们还需要一些人的指引与教导，才能避免事倍功半的心神耗费，才能走出朝三暮四的情志迷乱。这些人，便是师者。我们的民族向来有尊师重道的传统，如何通过教育来改变观念、完善德性，也是历代读书人不断探求的关键问题。所谓“薪火相传”，正是在这种师生传承的脉络之中，知识、智慧与德性才得以延续。

孔子在历史上有很多封号或称号，但最为颠扑不破的一个便是“先师”或“万世师表”。唐太宗下诏州县皆立孔庙，这标志着全国性祭祀孔子的开始，此后在中央到地方的各级官方学校旁边立孔庙便逐渐成为定制；宋徽宗时，孔子成为学校中“释奠礼”的中心。这些都表明了孔子在教育、教化领域无与伦比的崇高地位。可以说，在哲学家、政治家、思想家、社会活动家之外，孔子在本质上是一个教育家，用冯友兰先生的话说，孔子是中国第一个使学术民众化的、以教育为职业的教授老儒。[①] 我们看到，生在“礼崩乐坏”的古典文明衰败之时代，孔子不仅总结古典文明而成“六经”，更进一步开办教育，并以此教育弟子，以期培养塑造新式的君子来承续古典文明精神。在孔子以前，诗书礼乐等经

① 冯友兰：《三松堂全集》第十一卷，河南人民出版社，2001年，第143页。

典都是贵族子弟才能学习的课程，孔子抱定“有教无类”的宗旨，“自行束脩以上，吾未尝无诲焉”，只要象征性地交一点贽礼，便可进入孔子门下进行经典的修习，这在中国教育史上实在是一个伟大的解放。据司马迁《史记》记载，孔子以诗书礼乐教化的弟子达到了三千人的规模，其中“身通六艺”的优秀弟子便有七十二人。孔门的三千弟子几乎涵盖了当时所有的社会阶层与职业，有王公子弟也有平民子弟，有农民也有商人。但不论其身份、职业为何，孔子的教育目的是一律将他们都培养为君子，即有德行的人，力求学生的人格之完善。

由此，孔子创造并实践了诸多伟大的教育理念，比如“有教无类”“因材施教”“教学相长”等。学术乃天下之公器，道德乃天下之通则，学术与道德是对所有人开放的，成为圣贤也是每个人通过自己的努力修为而最终能够实现的，这是孔子提倡“有教无类”之观念的理由。在教育过程中，孔子采取“因材施教”的教学方式，依顺着学生的禀赋与才能进行启发式、针对性的言传身教，好勇斗狠者祛其暴躁之气，巧言令色者则敦其躬身力行。而且，孔子始终平等对待学生，坚持“教学相长”的原则，在与学生的交流之中实事求是、率真无隐，孔子之所以有“起予者商也”之叹，就是因为子夏对《诗经》的理解已经在某些方面超出了自己并对自己产生了很大启发。

总而言之，可以说孔子的教育理念具有平等、开放、人文等特点。通读《论语》便可以发现，孔子是一个怀抱崇高理想、胸藏深厚学识的教师，他所创制的“有教无类”“因材施教”“教学相长”等教育实践和理想，既是古典的，又非常具有现代性，也是今天被普遍认可的教学理念。正是受孔子教育理念和实践的影响，此后中国文明的最大特点就是始终以人文的、平等的、开放的教育体系为核心。正是依靠这样的文教体系，中国文明维持其生命力而不坠，且得以持续地扩展，蔓延至周边地区乃至世界各地。

可以说，在孔子及其弟子那里，中华民族尊师重道的传统精神已经成熟地建立起来了。师者之尊，不在于其年龄，不在于其经验，不在于其权威，甚至不在于其学识，而主要在于他与“道”的关联。孔子之所以受到其弟子及后人的敬仰与赞叹，正是因为他以其毕生之力在一个“天下无道”的社会传达着“道”，以使社会归于有道，并使斯文不至于坠地。这个“道”，是人文化成之道，是天下大同之道，是成圣成贤之道。韩愈《师说》说“师者，所以传道、授业、解惑也”，旨在说明老师不只是简单的教书匠，更担负着“育人”的重大职责。“传道”，表明老师的核心任务应该是提升学生的人格品质与道德水平，指导他们树立崇高的志向。如何在情感、态度、价值观上对学生进行激励、鼓舞，在平时用自己的良好品质与精神气质去感化学生，逐渐培养学生的独立人格，是教师应通过自己的切身修养去实现的终生志业。当然，“传道”并不意味着教师是“道”的化身或代言人，也不意味着学生必须完全以教师为榜样而去言说行事。即便是孔子，也不会自高自大地认为自己就是“道”的人格化呈现。毋宁说，“传道”的确切内涵即为价值指引，教师以其对先贤、大道的认知、理解与体验而为学生指明一条道路，树立一个方向，以使学生不至于误入歧途或劳而无功。当然，除了“传道”，“授业”与“解惑”也是非常基础性的工作。身为老师，当然要学富五车，具备丰富的知识储备，并采用恰当的方法将之传授给学生，使学生能够有效地接受、吸收与利用。如果孔子缺乏对“六经”之学的真切体认，他就无法在教学过程之中熟练地引用经典的内容，说教就会缺乏必要的力量。一言以蔽之，中国人之所以尊师重道，根本关窍就在于“道之所存，师之所存”，老师向学生“传道”，以期他们能够成长为大写的人，成长为君子、贤人、圣人。

那么，一个令人尊敬的老师应该具备什么样的品质？《尚书》有“天降下民，作之君，作之师”的说法，似乎“师”与君主一样，都是秉承着天意的教化者，这种出自维护伦常体系的理由当然已经不能令人信服了。郑玄注“师”字说：“教人以道之称也。”老师就是一个模范或榜样，在传统儒家的视野里面，这个模范必须由贤人或圣人来担任。也就是说，一个令人尊敬的老师至少是一个贤人。贤人的养成当然需要知识的积累，但更需要德性的培养，方能将个人品德与社会公义的大道呈现出来。理想的老师应该是这样的：他有着渊深的知识、广博的素养、宽容的态度、有效的方法、优秀的德性、崇高的境界。知识的传播是老师的基本任务，态度与方法是否得当则决定了知识的传播过程是否流畅而完备，道德素养与德性水准的高低则决定了一个老师到底是“经师”还是“人师”。实际上，“师”似乎不必是自己的同时代人，也不必是职业的教师。通过诸如“尚友古人”那样的精神交流，现在的我们完全可以尊孔子为师，孟子就认为自己是孔子的“私淑弟子”；孔子之所以说“三人行，必有我师焉”，正是瞩目于每个人都可能会拥有良好的技能、德性与品行，只有抱持着“学无常师”的理念，才能最大程度地学习别人的优长。师者，文明之代表，知识之化身，德性之表征，理应通过其自由思想、独立精神而成为影响社会、培育英才的社会中坚。

中华民族尊师重道，是因为教师大多是“道”的象征或载体，人们只有通过他们才能迅速找到求“道”的道路与获得知识的良方。《礼记·学记》说：“凡学之道，严师为难。师严然后道尊，道尊然后民知敬学。”这里的“严师”不是“严师出高徒”的“严师”，“严”是“尊敬”之意，只有知道尊敬老师，才能够对“道”产生虔诚的敬畏，这样才能够从根本上有利于学生的学习。换言之，尊师是展开学习过程的第一步，对老师的尊敬体现着对知识与德性的尊敬，态度端正方能真正进入知识的殿堂，从而能够在最大程度上增强个人的学习效果，以最快的速度成长为一个有知识、有理想、有道德的人。按照荀子的看法，我们每个人的人性都是恶的，争夺、残害、淫乱等都是性恶的鲜明体现，只有通过对“师法”的学习，人性才能化恶为善，否则就会在任性之中走向万劫不复，从而变成盗、贼、乱、怪、诞而非君子、贤人、圣人。总结而言，尊师对于学生而言至少有着如下好处：有利于端正学习的态度，有利于知识的获得，有利于人格的养成。

在古代，所谓“天地君亲师”，“师”是非常权威性的存在，本身就是“道”的化身；汉代更有所谓的“师法”，师门之尊是不可亵渎的。《礼记·学记》中说君主的老师在君主面前也不是臣子，可见古代对“师”是尊崇之至的了。由这种对老师的尊敬，古代中国甚至发展出了一整套行为规范与礼制。比如，每逢学校落成或新的学年开始，都要举行隆重而俭朴的开学典礼，其内容就是学生们在学校里的水池中采集萍蘩、芹藻等各种水生植物，祭祀先师孔子；入学的新生应向老师敬献贽仪，依照自己的家庭经济状况，“无论薄厚”，借此表示对老师的尊敬之意；听老师讲课的时候，哪怕是皇帝，也要“出入恭敬，如见宾客”；在明清时代，只要是州县的官学来了新的老师，地方官“必躬率士子迎礼”，绝对不许有轻视老师或其他傲慢放肆的行为发生；在日常生活之中，也有“先生将食，弟子馔馈”“先生已食，弟子乃彻”等种种仪节。以上这些并不意味着对老师的绝对服从或偶像崇拜，而是借此表达对老师的崇敬之情，从而在心理上树立对智慧与德性的渴慕，更有利于学生一心向学。在现代，“尊师”之义当然应该超脱对老师权威的绝对服从，而更应该在人格与学问上对老师崇敬。一个学生只有对老师、对真理充满了敬畏感，才会对“学习”这一“事业”充满敬意。尊师的方式不是送礼，不是唯唯诺诺，不是阳奉阴违，而是与教师理性地交流，在对知识与德性的共同敬畏之中教学相长、共同进步，以成就自我的人格、推动社会的进步。

正如习近平总书记所说：“教育是提高人民综合素质、促进人的全面发展的重要途径，是民族振兴、社会进步的重要基石，是对中华民族伟大复兴具有决定性意义的事业。”[①] 在中华民族的人文传承与伟大复兴之路上，教师应发挥出更为巨大的作用，这是我们所深深冀望的，而这需要两方面的努力：一方面，教师自身必须对自己所承担的“教书育人”

---

① 习近平：《做党和人民满意的好老师——同北京师范大学师生代表座谈时的讲话》，《人民日报》2014 年 9 月 10 日第 2 版。

的社会职责深切领会，方能不断提升自己的道德水平与知识能力，成为一个有理想信念、道德情操、扎实学识、仁爱之心的好老师；另一方面，全社会要更加重视尊师重道的观念，坚持把教育放在优先发展的战略位置，继续大力推动教育改革发展，使我国教育越办越好、越办越强。

三、为仁由己，中华文化的主体精神

对于有志于提升自己人格的人来说，老师所能做的不过是传授知识与技能、指点方向与方法、示范境界与修为而已，这仅仅是自己“成己”之路的外缘性、辅助性力量，而非决定性的根本因素。对于孔门七十二贤之外的弟子来说，他们的成就比不上七十二子，并非孔子的私心或偏爱使然。作为一个伟大的教师，孔子秉持的是有教无类、一视同仁的平等教育观念，如此而言，七十二子之所以能够在三千弟子之中出类拔萃，其最根本的原因还是在于自己。这里的“自己”蕴含着非常多的因素，比如先天的智商与禀赋，比如后天的努力与付出，比如志向的坚毅与信心的恒定，等等。在中国传统文化之中，如欲实现高贵的人格理想，就必须强调主体性的努力。主体性是人在一定活动中作为主体所具有的能动属性。在道德领域，主体性表现为在道德实践活动中主体完善自身、履行道德义务、对道德行为负责的主动性，以及在对道德的探索、追求过程中的主动选择性。孔子所说的“为仁由己”，即说明了行为主体“求诸己”的道德修养方法和道德自律意识，表明了道德实践活动中主体的地位和价值之所在。

那么，什么是“为仁由己”？在孔子的思想之中，“仁”是人之所以为人的价值本体、道德准则与理想境界，它的基本内涵是情感性的“爱人”，或者说是一种在伦理关系中表现的真情实感。既然是真情实感，就只能出自一己的恻隐之心，只能源于内在的道德自觉。也就是说，“为仁由己”强调的是道德修养活动要依靠行为主体自身来进行，其对象应该是自己，而不应该怨天尤人。一个人能否成为有仁德的圣人或者君子，关键在于个人是否愿意向“仁”努力。所谓“我欲仁，斯仁至矣”并非意味着“仁”的实现是特别容易的一件事情，或者说想当然的事情，这句话所强调的与“为仁由己”一样，旨在说明仁德的实现必须以“我”的道德自觉与自由意志为基础才能达致。孔子说：“克己复礼为仁。一日克己复礼，天下归仁焉。为仁由己，而由人乎哉?”（《论语·颜渊》）这句话说明“克己”也即约束自己的指向在于符合礼制的要求。在这里，虽然具有普遍规范形式的礼对于行为主体来说是一种外在的规制，但是当主体能够意识到礼的作用和价值的时候，遵礼而行就是主体的内在要求和自觉需要了。在这一过程中，自觉使得“复礼”的活动具备了内在的道德价值。可见，无论是在内在的情感还是外在的礼俗层面，“仁”的两个层面的指向实际上都要求主体必须自觉、主动、积极地去思与行。

只有发自内心、源出自性的成仁之路才是适意与快乐的。孔子之所以能够做到“饭疏食饮水，曲肱而枕之，乐亦在其中矣”（《论语·述而》），颜回之所以能够“一箪食，一瓢饮，在陋巷，人不堪其忧，回也不改其乐”（《论语·雍也》），就是因为这样的快乐并非出于物质性的山珍海味或者富丽堂皇，而是因为孔子和颜回对于道德理想的坚定和执着，或者说由“为仁由己”“我欲仁”而产生的一种自足而充盈的精神状态。“仁者不忧”（《论语·子罕》）、“求仁而得仁，又何怨”（《论语·述而》），一个追求成为君子、贤人或圣人的人不会因为外在的得失与荣辱而改变自己内心的快乐。在这个层面上，将中国文化称为“乐感文化”是非常恰当的。“为仁由己”这种“依自不依他”的主体性原则，一经孔子确立，就成为历代儒家都会特别强调的基本理念，尤其是在孟子和宋明理学家那里，这种主体性原则得到了更进一步的强化。

“仁”具有鲜明的内在性和内向性特征，这一点在孔子那里是早已被揭示的，但对于“义”而言，在孟子之前的儒家传统中，“义外”的说法似乎更为流行普遍。对于什么是“仁内义外”，《孟子·告子上》记载了孟子的论敌告子的观点：我的弟弟我会爱他，别人的弟弟我就不爱，这说明爱他人与否是以他人与自己的关系远近而确定的，这就是“以我为悦”，所以说爱弟弟这种“仁”系属于内，但是，我尊敬自己的长辈，也尊敬别人的长辈，这说明尊敬他人与否是不以他人与自己的关系远近为转移的，只与他人是否年长有关，这就是“以长为悦”，所以说尊敬长者这种“义”系属于外，对于“敬长”这种情感和行为来说，纯粹源生于长者这一外在的事实。但在孟子看来，告子关于“仁内”的说法毫无问题，而“义外”则是他无法接受的观念。告子所欲强调的是在“义”的行为之中，“我”完全是被动的，并不构成这种行为的积极的依据。的确，从任何一个具体的关乎人与人的道德行动而言，每一个人的行动都要朝向他人并遵循所有人必须遵循的规范，就此而言，“义”是外在的。并且，行动的具体展开，总是随着对象与具体环境的变化而需要改变，这些情景的变化具有外在性。然而，具体的行动总是携带着行动者自身的内在意识力量，喜悦并自主选择具有普遍性的规范，总是内在的行为。同时，根据具体情景的变化而采取适宜的具体行动，这种对于具体情境的权衡，也是内在的行为。孟子指出了更为根本的原则，那就是所谓道德意识能动性、普遍原则性、具体情境性及其权衡等，无不内在于一个具体而真实的道德行动本身，这就是孟子所称的“本心”或“良知”。如果一个人内心没有恻隐、羞恶、辞让、是非等善端，就无从产生自然而然的道德行为。

可以说，孟子关于人性的讨论，是从人的道德情感、道德直觉、道德担当出发而立论的，没有任何功利性的目的和世俗性的考量，比如我们见到一个孩子落水而去施救的时候，并不会想到我认不认识这个孩子或他的父母，并不会想到救了孩子之后会得到什么回报或声誉，这就是良心的不容已的一念发动。在我们每个人的心中，都会有这种无条件的道德要求和“绝对律令”，使我们不假思索地去展开义无反顾的行动。在以孟子为代表的儒家看来，人作为道德主体，自己为自己下命令，自己支配自己，自己成就自己。作为道德主体的人是意志主体，是价值主体，也是实践的主体。可惜的是，我们经常会将这种富于主体性的良心忘掉或丢失，孟子曾非常痛心地说，我们丢了鸡丢了狗会知道去找回来，但良心走失了却常常无动于衷，这实在是本末倒置的生活态度与行为。正是因为仁、义、礼、智等德行的这种内在性、主体性与“由己性”，每个人都要对自己的非道德的行为负责，或者说必然会承受非道德的行为所导致的恶果，所谓“贼仁者谓之贼，贼义者谓之残，残贼之人谓之一夫。闻诛一夫纣矣，未闻弑君也”（《孟子・梁惠王下》），商纣王被周武王讨伐纯属自作自受，这样的独夫民贼理应丧失天下乃至性命；相反，一个能够将自己的良心发扬光大的人则属于“天民”“大人”，是不愧于天、无怍于人的，是“反身而诚，乐莫大焉”（《孟子・尽心上》）的。孟子的“浩然之气”之所以有着鼓舞人心的巨大力量，就是因为这种性善的底子。“浩然之气”就是道德主体的高扬之气，是“虽千万人，吾往矣”的孤往精神，这直接造就了中华民族昂扬奋发、积极有为、刚健进取、自强不息的民族性格。

在宋明理学家那里，孟子的哲学思想得到了更多的认同与高扬，与之相反或相悖的告子、荀子的观点则招致了严厉的批判。孟子被列入儒家“道统”的圣人传承谱系之中而被视为儒门正宗，荀子则因为主张性恶而“大本已失”，故被视为儒家的旁门左道甚至千古罪人。在理学的奠基者之一程颢那里，孟子“万物皆备于我”的主体精神得到了认同与发展，程颢在《识仁篇》中说：“仁者，以天地万物为一体，莫非己也。”意在阐明天地万物即一个“大我”，万物是共生共在、息息相关的一个整体，仁者必须有这样的体悟与精神境界，他人与外物才不会以“地狱”或阻碍的形象呈现在“我”的面前，与此同时，“我”的主体性在这种宏大宽阔而又平等齐一的宇宙气象之中更显高明爽朗，“我”所担负的社会道义与宇宙责任也便更为重大而有价值了。陆九渊更是直接秉承了孔子“为仁由己”之自觉、孟子“舍我其谁”之气概以及“大丈夫”之人格，对“自我”“本心”的标举使他的工夫论满溢着自我的主体性光辉。他不仅提出了“收拾精神，自做主宰”的观点，以砥砺学者当“轩昂奋发”，自得、自成、自道、自立、自重，把自己心中完具的仁义本心光畅、显发，从“卑陋凡下”中挺立出自我之德性，而且，“六经注我”的观念更是振聋发聩、石破天惊。“六经”本为儒学之中地位、价值最为高卓的经典，历代的读书人无不将之奉为圭臬，进行着音韵训诂、寻章摘句、阐发微言大义的工作，丝毫不敢越雷池一步而提出异于“六经”之言的言论与思想。陆九渊认为这种“我注六经”解经方式是奴仆式的，作为道德主体的自我在这种言听计从的态度之下丧失了自性，从而无法将自己的主体性挺立出来；如果一个人知道什么是自己的本心，什么是自己的道德责任，那么，“六经”就只不过是辅助个体完成成圣成贤之人生理想的因素，而不是可以主导人生或淹没人生的因素。一个人能成为圣贤，不是依靠经典或经师，而是依靠自己的德性与本心。至此，“为仁由己”的主体性思想在儒学史上得到了最为淋漓尽致的阐述，而哲学史上所谓的“心学”一派也最终浮出了历史的水面。

如果说陆九渊是心学的发轫，那么王阳明则可谓这种高扬主体性的学问的集大成者。王阳明认为，如果没有主体的“灵明”也即心灵与智慧的观照，天之高、地之厚等看似崇高的存在就陷入了玄暗之中而缺乏意义，渺小如山中的一棵花树同样也会因为与“我”的照面与否而变换其存在价值。当然，王阳明不会天真到认为天、地，以及岩中花、树等物质性东西的存在缺乏客观性，他的本意只不过是在强调，只有与“我”的生命密切相关的事物对“我”而言才是明白无误的，每个人都有他自己的天地与世界，都有他自己的花朵与树木，我们每个人都注定要按照自己的本心与本质去生活，去寻找生命的价值与意义，去求得生命的饱满与美丽。正所谓“吾性自足，不假外求”，每个人的本性都是完足的，都有可能依靠自己而将本性全然地释放出来，这就要求我们要珍惜生命、珍惜时间，在有限的人生之中不断地完善自己的修养、提升自己的境界，如此才不枉来这世间一趟，如此才不枉自己作为一个人的尊严与价值。

四、知天，中华文化的超越性

如果说希圣希贤的人格诉求为人生设立了航向与目标，那么尊师重道的文化传统能够让我们行驶在正确的航道上。通过“为仁由己”的主体之努力，我们的人生旅程的目标实际上是“尽心知天”的内在超越，只有达到了“知天”或“超越”的层面，我们才能在精神上摆脱现实的拘束而进入自由之境，才可谓圆融的、饱满的，也才意味着“天命”“率性”“修道”的上下之路贯通了，从而实现理想的人格。在任何一种文化传统中，如果缺乏超越性的观念或主张，就无法从根本上对现实世界形成真正的价值提升，也就构不成理想人生的终极关怀。儒家思想虽然不离日用常行，主张在现世的生活中追求道德的圆满，而不去追求彼岸世界或天国理想，但其中却不乏超越性的或者说宗教性的维度。对于儒家思想而言，如果一个人的成圣成贤之路只能现实地依靠自身的努力，那么就一定会有超越现实的东西是值得他全身心投入其中的。在孔子以及儒家那里，对现世精神的注重虽然否认了来生或彼世，但这丝毫无损于他们的宗教情怀，这就是儒家的道德形而上学。对于儒学到底是不是宗教这一问题，尽管人们有着各种不同的看法，但它具有鲜明的宗教性这一点是毋庸置疑的。以人文理性、现世关怀、道德尊严为普遍特征的儒家既具有精神性宗教的属性，也不乏制度化、组织性宗教的形式，但就中华民族的核心价值而言，精神性的一面更具有积极意义和现代价值，因此更值得我们去关注与体悟。

在中国传统文化之中，天道是超越性的问题，性命是内在性的问题，这两个问题都是中国文化的形而上学。而且，天道不仅是超越的而且是与人的性命息息相关的，或者说根本就是内在于人的心性之中的。牟宗三先生在《中国哲学的特质》中说："天道高高在上，有超越的意义。天道贯注于人身之时，又内在于人而为人的性，这时天道又是内在的。因此，我们可以康德喜用的字眼，说天道一方面是超越的，另一方面又是内在的。天道既超越又内在，此时可谓兼具宗教与道德的意味，宗教重超越义，而道德重内在义。"① 这是中国哲学家关于"内在超越"问题的最经典论述。《中庸》说"天命之谓性，率性之谓道"，人道就是依靠自己的心性将天命最大程度地开显的过程。孟子的"尽心、知性、知天"观念，更为清楚明白地将中国文化的超越性特征叙说了出来。宋明理学所说的"性即理""心即理"虽然着眼点不同，但都是在解决"内在超越"的问题，"性即理"是从天理的超越性推向人性的内在性，"心即理"则是从人性的内在性推向天理的超越性。现在，不少学者都将中国文化中这种以心性为起点的超越方式称为"内向超越"，意即虽然超越的价值源头在内心而不在外界，在个人而不在他者，但这种本心或善性又超越了一己与精神的限度，而能够通于他人乃至天地万物。比较而言，在以中世纪神学为代表的西方一神论宗教中，"超越"的世界意味着人之外的神或上帝的世界，而"内在"的世界则是人自身的世界。因此，既然是内在的，就不可能是超越的，超越境界和人的世界相分离。但在中国文化之中，超越性是内在的，或者说，既是内在的，又能够实现超越，超越的境界和人的世界不分离，超越和内在形成了相反相成的统一性。这种"内在超越"不仅在根本上为中国文化奠定了"向里用力""为仁由己"的基调，也为世界提供了关于超越性的另一种路向，这种路向无疑是独特的，富于精神的魅力。接下来，我们将结合先哲的相关论述，对

① 牟宗三：《中国哲学的特质》，上海古籍出版社，1997年，第65页。

中国文化“内向超越”展开简单的论述。

孔子虽然在日常的教学之中不太与弟子叙说关于“性与天道”的形而上问题，但其思想观念已经为中国文化的内向超越或理性信仰的特征奠定了基调。孔子也从来不会去和学生讨论关于怪异或神异的事情，当学生询问关于鬼神或死亡的问题的时候，孔子的回答是“未能事人，焉能事鬼”“未知生，焉知死”（《论语·先进》）——你连如何与人打交道、如何好好生活都没有处理好，何暇去关心关于鬼神及死后的问题呢？当然，因为儒家对礼乐制度颇为关心，祭礼的实质就是向神灵献祭、祷告，孔子当然不反对祭礼本身，但他对于神灵的态度仍然是“敬鬼神而远之”，只是在人文的层面承认鬼神存在的伦理价值与道德意义。以上所述充分说明了孔子对于外向型的超越世界的态度：神灵或许是存在的，但他们的存在仅仅是一种人文的表现形式，而非实际存在的主宰世界者。孔子相信每个人都有其理性与德行，这才是人们可以最终依赖、相信的东西，这才是生命生发或建构其意义的最终依据。当然，孔子经常会提到“天”或“天命”，但这里的“天”不是商周时代的那种人格神或自然神，“天命”也不是来自神灵的命令。孔子的“天”只不过是一种道德之天，或者说是一种终极性的道德原则与律令，这种“天”是人的德性的来源。虽然“吾谁欺？欺天乎”“予所否者，天厌之”等语句里面的“天”不无宗教性、人格性的意味，但在孔子的真正思想之中，人格神必然是不存在的，这些语句只不过是在向人诉说自己的德性是多么的诚信无伪、无愧于心。作为一种道德原则的“天”具有一定的超越性，但这种“天”因为其道德性也必然会与人的内心有所关联，因为我们所有的道德行为都是出于心中的道德意识和道德自觉。由此而言，梁漱溟所说的中国文化具有“以道德代宗教”的特征是可以成立的。因为道德乃理性之事，存在于每个人的自觉自律之中；宗教乃信仰之事，存在于教徒对教规的恪守。儒家思想以道德代宗教，对中国文化影响深远，这与宗教舍人自信而信他、弃其自力而靠他力的特征是恰恰相反的。

孟子将孔子未能言明的心性问题充分揭示了出来，这是中国文化内在化过程中极为关键的一环。孟子说："尽其心者，知其性也。知其性，则知天矣。存其心，养其性，所以事天也。"（《孟子·尽心上》）在这里，"尽心"的意思是充分体现或实现心灵内部的善端，或者说将心灵内部所潜藏的恻隐、羞恶、辞让、是非等情感或理性萌芽充分抒发出来。由此可见，孟子所谓的"心"不是生理学上的心脏器官或心理学上的心理过程，而是自发、自律、内在、固有的道德本心；"尽心"便能"知性"，"知性"的意思是对人的内在的道德性知晓明白，这里的"性"作为最为珍贵的部分而承载着人之为人的所有尊严，因此根本不同于"牛性"或"马性"，不是作为动物的一般特征，而是作为人的道德创造性；"知性"则"知天"，是因为只有当一个人明白自己的道德真性之所在的时候，他才会领悟作为生生不息的人文化成之"天"，才能领悟"天生人成"的道理，以及人生所能获得的最崇高的境界。"存心—养性—事天"说的也是如此，只不过比"尽心—知性—知天"的逻辑进程低一个档次。或者可以说，"存心"是君子或贤人的工夫，而"尽心"是只有圣人才能够做到的境界；"存心"是意识到本心之存在的客观性，而"尽心"则是通过主观的修为将这种固有的本心推向极致。可以说，无论是君子还是贤人，通过自己的道德修养最后总能够与"天"照面而获得超越性的体验，这种体验不乏神秘性，但总体而言是能够感受到自身与万物的浑然一体的；但是，由于这种体验是从"心"开始的，因此就会产生宇宙万物皆在"我"一心之中的感觉，这个时候，"心体"便朗现了出来，时间和空间都收凝于一心之内。由此可见，儒家的超越体验的确具有统合了内在性与超越性的特征。这种内在超越的精神诉求可谓是中华民族的普遍诉求，我们每个人都会在日常生活中不断觉察到自己德性的存在，并试图以之为基础而获得超越性的体验。

中国文化之所以讲"内在超越"而不讲基督教那样的"外在超越"，其原因可以陈述为如下两点：首先，中国人的人格理想是成为圣贤，而圣贤是通过自己的努力可以达到的，可以在真实的生活之中实现的，它不像佛教所讲的成佛或道教所讲的成仙，都要到一个彼岸或仙境世界，所以不需要一个外在超越的生命空间；其次，中国人认为通过“为仁由己”的主体性自觉与行为，便可以走向成圣成贤的道路，在这条道路上或许需要老师的指引，但主要还是靠自己的道德自觉意识与自由意志，因此不需要一个引领或启发生命的外在的神灵。由此，中国人一方面向自己的内心寻求，将心性诠释为良善的源泉，另一方面则将超越性的“天”视为道德的形上依据，而完全依赖人类自己的自觉自律，走出了一条以道德代宗教的道路。与西方将内在与超越割裂开来的宗教文化相比，中国的超越之路在显得更为积极、有为的同时，又充满了道德的克己与理性的约束，因此更为稳健而合理，不易于陷入西方宗教传统所导致的盲目狂热、排斥异端等种种流弊。

如果说儒家主要是以道德理想的提升而达到超越自我和世俗的限制，以实现其超凡入圣的天人合一的境界，那么道家、佛家则是以其精神的净化而达到超越自我和世俗的限制，以实现其对自由的精神境界的追求。如果说儒家采取的是一种积极肯定人生、提高道德学养的方法来实现其超越，那么道家与佛家则是以消极否定人欲、减损人为的方法来实现其超越。虽然儒、道、佛三家的超越路向和方式不相同，但基本上都是以“内在超越”为特征的。

追求内在超越的中国文化的价值，正在于把人看成是具有超越自我和世俗限制能力的主体，要求人们向内反求诸己以实现超凡入圣之理想，而不要求依靠超越性的外力。正因人具有超凡入圣的内在本质，所以人自己应是自己的主宰，人的一切思想行为全靠自己的自觉性而达到理想的人生境界。也就是说，人虽然在性命、智慧等维度上呈现出必然的有限性，但在进德修业、生生创造等方面却具备着无限的品质与天然的能力。在儒家看来，这种品质和能力来自“本心”“良知”，在此基础上不断提高精神修养、进行道德实践，最终即可达到“同天”的境界。在道家看来，人的这种品质和能力来自顺应自然，无为无我，而达到精神自由的境界。在禅宗看来，人的这种品质和能力来自佛性和顿悟，而达到涅槃的境界。对于一味追求金钱、权力、名位等无止境的外欲的社会弊病而言，这种重视人的内在价值的哲学无论如何是有其正面的积极意义的。在中国传统文化中，金钱、权力、名位和物欲等在内在人格面前都是外在的，对这些外物的贪婪攫取，必会引起人与人之间的争夺，而这也正是目前世界动荡不宁、战乱纷起的根源。如果这样发展下去，人类将无法获得真正的幸福和安宁。相反，如果我们立足于自身内在价值，反求诸己，进德修业，也许有望克服欲望的裹挟与社会的困境，迎来真正和平、安宁的人生与社会。

当然，人生包含着各种丰富而多元的向度，内在人格的追求只是其中的一个维度。在中国哲人看来，除了对“内圣”层面的关注，我们也要对“外王”事业有所追求。“内圣”即内在地纯洁自己、成就自己，实现个体人格由凡而圣的跃升与突破；“外王”就是在“内圣”的基础之上贡献自我、建功立业。两者合则两美，“内圣外王”之道便构成了中华民族的核心精神。下一章，我们将对“外王”进行阐述，以完整呈现中华文明的理论特色与实践力量。

第四章

经世致用的入世精神

中华文明区别于古希腊文明一个很重要的方面是它在根子上有着强烈的经时济世的入世精神。古希腊文明源于航海文明，重视探索发现，因而非常强调追求超越现实的纯粹理论知识、发现宇宙的奥秘，注重创造出一个全新的世界，比如精神世界的全新观念、物质世界的全新工具等。而中华文明源于农耕文明，重视安土敦仁，因而追求的是“知行合一”的生活智慧而不是超越现实的纯粹理论知识，是对“天人合一”的亲切体认而不是抛开人类去探索宇宙新知，注重将创造出来的世界与已有的世界有机结合起来，认为人类所有的创造发明都不过是对天道认识更加深刻、更加全面的结果，因而本是天道的应有内涵，没有所谓彻底全新的创造，一切都是在“返本”的基础上“开新”的。我们要做的就是不断地加强、加深自己对天道、对历史的认识，通过自强不息的思想与行为，将天道中更多、更好的东西发掘出来，尽最大努力来改善现实世界，获得人生幸福。

因此，严格来讲，中华文明的主流思想中，并没有纯粹的知识论、逻辑学、天文学、物理学等，或者说这些方面理论的系统性远远不如西方文明。中华文明对“天道”的理解与研究都深深地打上了“人道”的烙印，“人道”不仅是出发点与落脚点，而且整个过程中都渗透了“人道”的精神。比如，中国古代研究天体运行、自然规律，都不是像古希腊那样“为了学而学”“为了知而知”，而是为了更好地指导农业生产、更好地改善现实民生乃至为了更好地稳定既有的政治秩序。也就是说，“知”是为了指导“行”，并且需要由生活实践来证明所知的正确性和有效性。总之，不管是在“知”上，还是在“行”上，中华文明都带着强烈的经时济世、经世致用的目的，认为人们都应该以“返本开新”的方式自强不息，在“知行合一”的社会实践中创造出更好的物质世界与精神世界，与生生不息的天道运行相匹配，追求永无止境的人生理想，而当无限的理想、无限的真理与有限的现实人生发生矛盾之时，应该去追求一种将二者的损失都降到最低、实现价值最大化的中道智慧。这种“通经达权”的智慧至高无上，只有那些自强不息、勇于创造的大圣大贤才能获得，因为只有他们才懂得在为人处世时将天道与人道最为圆融地有机结合在一起，最为有效地通过经时济世改善现实世界。

一、返本开新，中华文化的进取精神

中华民族是一个重视在尊重传统的前提下进行创造的民族，在数千年的历史进程之中，中华文明经历了一次又一次的思想蜕变与制度革新，而在这种蜕变与革新的历史潮流之中，中国人也展现出了敏锐的理论创造力与自强不息的进取精神。在面对西方现代化挑战的今天，国家和社会越来越重视重新审视并吸取传统文化的精华，希求再建中华文化的主体性，重彰中华文化的价值性，并以刚健有为、意气风发的形象实现中华民族的伟大复兴。

中华文化具有融汇古今、贯通中西的博大气象，是既能“返本”又可“开新”的文化。所谓“返本”，是指在复兴传统文化的过程中始终坚持、传承优秀传统文化的基本精神和精髓；所谓“开新”，就是在坚持这些基本精神的前提下开拓创新。没有“本”的支持，“开新”就是罔顾事实、一厢情愿的空中楼阁；没有“新”的创造，“返本”就是顽固不化、故步自封的陈腐守旧。因此，两者是互为促进的关系，“返本”才能“开新”，“返本”的根本目的也是为了“开新”。“返本”必须对中华文化的源头有深刻的了悟，坚持中华文化的主体性；“开新”则要求我们立足传统并激发它的生命力，全面掌握当今世界的发展趋势，在对传统文化做出全新诠释的同时，面对新形势，解决新问题，开辟新事业。

“返本开新”的“本”字有多种内涵，天地、先祖、圣贤都涵括于其中。《荀子·礼论》中说：“礼有三本：天地者，生之本也；先祖者，类之本也；君师者，治之本也。无天地恶生？无先祖恶出？无君师恶治？三者偏亡焉，无安人。故礼上事天，下事地，尊先祖而隆君师，是礼之三本也。”所以，“返本开新”就是要在学习、因循天地之道、先祖之道、圣贤之道的基础之上，自强不息地将其进一步拓展、深化，在经时济世中更加致广大而尽精微地发挥作用。

“返本开新”首先是要返归天地之道，以培养参赞天地之化育的自强精神。《千字文》中说：“天地玄黄，宇宙洪荒。日月盈昃，辰宿列张。寒来暑往，秋收冬藏。”天高地阔，宇宙辽阔无边；太阳升落，月亮圆缺，星辰闪耀；寒暑交替，四季轮换，时间绵延；万物多姿多彩，色彩斑斓，而又各得其位，和谐有序，春生夏长秋收冬藏，欣欣向荣，永不断绝……所有这一切，都源自生生不息的天地之道。在我们的先人看来，这个天地之道是宇宙万事万物的最终根据，也是人的价值和行动力量的源泉。一方面，每一个人都应该效法这种生生不息的天地之道，积极有为，积极事功，成就一番事业；另一方面，生生不息的天地之道同时也内在于人，通过人的道德得以体现。所以古人说“天行健，君子以自强不息”（《周易·系辞》），每个人都应该在对天地生生之道、健行之道的效法之中领悟并实践自强不息之精神，成全这种天地之道。这又分为两个层次：最基本的层次是在不断地求知、实践的过程中，不断地开显、实现自身秉承的天地之性，通过立德修业、成就自己的方式来开显天地之道；更高的层次则是在不断拓展自身德性与智慧的同时，不断地开显、实现他人身上秉承的天地之性，通过成人之美、成物之用的方式来开显天地之道，最终达到天尽其时、地尽其宜、人尽其才、物尽其用的天下大治。通俗地说，做到前者，最高境界就是修成完美人格，实现“内圣”；做到后者，最高成就即在修成完美人格的同时也成功地治理好一个国家，实现“外王”。内圣外王合为一体的人最能体现天地之道，《诗经》中说：“维天之命，於穆不已。於乎不显，文王之德之纯。”就是赞美周文王的光明德行与丰功伟绩是在效法、因顺天地之道生生不息的同时自强不息地成就的，生生不息是“天地”之所以为天地的“本性”，而自强不息则是“文王”之所以为文王的“本性”，文王就是“返本开新”、经时济世达到“天人合一”境界的典范。另外，《尚书》里面记载中国最为理想的内圣外王的尧、舜、禹，他们的治国之道，也是通过敬畏、效法天时与地利的方式来平章百姓、协和万邦，实现君、臣、民、物都和谐一体地“正德、利用、厚生、惟和”的理想结果。在周公总结夏、商、周三代经世大法的《周礼》中，这种“本天道以立人道”的治国之道更加系统也更加具体。《周礼》全书分为天官、地官、春官、夏官、秋官、冬官六篇，以天官主管宫廷，地官主管民政，春官主管宗族，夏官主管军事，秋官主管刑罚，冬官主管营造，认为人世间这六个方面的一切制度的制定与执行都应该效法天、地、春、夏、秋、冬的自然规律，才能实现人与人、人与自然都和谐共荣的社会大治。这些思想对中国历朝历代的治理都影响深远。

同时，“返本开新”也是在效法“圣贤之道”的过程中砥砺品行、自强自立。如上所述，“天地之道”通过“内圣外王”才最为全面、最为深刻地光显于人世间。然而，“天地”是无限的，而不管是尧、舜、禹还是周文王这样的圣王，归根到底还都只是有限的“人”，具有一定的历史局限性。因此，要充分了解天地之道的内容，以便“返本开新”地自强不息、成己成人，还必须依靠对历代圣贤的思想与教导有一个较为全面的认识，来指导自己实现个人幸福与经时济世。历代儒者在这方面都有很强的意识，比如孔子虽然也非常佩服尧、舜、禹这种理想的君主，赞美说：“大哉尧之为君也！巍巍乎！唯天为大，唯尧则之。荡荡乎，民无能名焉。巍巍乎其有成功也，焕乎其有文章！”（《论语·泰伯》）但他其实最想效法的还是对夏商两朝政治扬长避短而制礼作乐的周文王与周公，他常常跟弟子们说："周监于二代，郁郁乎文哉！吾从周。"（《论语·八佾》）"甚矣吾衰也！久矣吾不复梦见周公！"并且他还明确以文王之道的继承者自居，认为："文王既没，文不在兹乎？"因此，孔子认为自己终其一生的文化成就都是在陈述文王、周公之道，而并非自己的创造发明，最多不过是"返本开新"而已，所以他对弟子们说自己是"述而不作，信而好古"。同样，孟子虽然也"言必称尧舜"，但实际上他却是明确以孔子的继承者自居的，还整理了一个自尧舜以来的传道谱系，也就是后来中唐韩愈所宣扬的道统说，认为中国有史以来内圣外王之道或天地之道传承的主干，是尧—舜—禹—汤—周文王、周武王、周公—孔子—孟子，到了北宋初期，孙复、石介等人进一步将这个道统谱系上溯下延为伏羲、神农、黄帝、少昊、颛顼、高辛、唐尧、虞舜、禹、汤、周文王、周武王、周公、孔子、孟子、荀卿、扬雄、王通、韩愈，将道统的源头从尧、舜追溯到了伏羲，构成了后来中华民族三皇五帝的初始模型。因此，按照这个主流的观念，要通过学习圣贤之道来自强不息，首先要学习道统谱系里面这些圣贤的思想与事迹，在他们的基础之上"返本开新"。《论语·里仁》云："见贤思齐焉，见不贤而内自省也。"圣贤就是我们的生活之本源、榜样与目标，只有通过对古圣先贤的学习，我们才能够成就自己的德性生命，才能够在前人思想与行为的砥砺与指引之中开拓出自己的生命道路。在现代化建设的今天，不忘本来才能开辟未来，我们学会"向里看""向后看"，在中华民族的优秀历史人物身上寻找生命的动能，才能更好地"向外看""向前看"，更理性地学习与运用西方先进的科学技术与思想文化，才能更好地获得契合自己心灵的精神力量，我们的社会发展也才能更为顺畅而迅捷。

最后，"返本开新"也不能离弃对先祖之道的重新整合。中华民族有着很强烈的本根意识，非常注重对先祖的祭祀与继承。对于一个家庭、家族而言，中国人非常注重修家谱，将家族中历代先祖的优秀事迹记录下来，供后辈学习，激励下一代奋发有为、无愧祖先，争取做一个光宗耀祖的人，而不是一个让先祖蒙羞受辱的不肖子孙。对于一个国家、民族而言，中国人非常注重修史，每次朝代更迭的时候，新建立的王朝都会给前一个朝代修一部断代史，从政治制度、经济发展、文化事业等各方面总结前人的成功经验与失败教训，在前人的基础上“返本开新”，根据本朝的实际情况有所损益，革故鼎新地进一步修改与完善，如此代代相传，就形成了我们今天所看到的二十五史或二十六史。这一点对于中华民族的传承有着非常重要的意义。放眼世界，也只有中华民族一如既往、持之以恒地做到了这一点。有人说，世界四大文明中，只有中华文明很好地延续至今并且还在与日常新，这跟中国历代王朝注重修史有很大关系。但其实，最根本的原因还是在于中华民族所注重的“对先祖之道返本开新的自强不息”这一精神，修谱、修史都不过是这种精神的具体表现而已。要继承、发扬这一精神，远远不是仅仅修谱、修史就足够了，而是要让社会各行各业、各个阶层、各个方面去继承、发扬历朝历代遗留下来的优秀遗产。

我们认为，圣贤之道是开显天地之道、成就先祖之道的关键所在，也可以说是两者之间的中介，因此，中华民族要“返本开新”，最为重要的还是要以“为往圣继绝学”的方式来为天地立心、为生民立命，从而实现“为当世开太平”以及“为万世开太平”的美好愿望。这种“返本开新”、经世致用的主体精神，塑造了中国人“自强不息”的民族性格和进取精神。孔子说：“朝闻道，夕死可矣。”（《论语·里仁》）要求人们勇于追求真理，并且要“发愤忘食，乐以忘忧，不知老之将至”（《论语·述而》）。在孔子的影响下，这种自强不息的精神深入中国人的内心，成为后世不断进取的信念和精神支柱。依靠这种精神，中华民族曾长期领先于世界；依靠这种精神，中华民族走出了长达一个世纪的谷底时期。

习近平总书记指出：“中华文明的创新性，从根本上决定了中华民族守正不守旧、尊古不复古的进取精神，决定了中华民族不惧新挑战、勇于接受新事物的无畏品格。”① 今天，正如我们一起见证的，改革开放四十多年来，全国各族人民艰苦奋斗，在中华民族进取精神的激励下，瞩目于未来和理想，解放思想，积极创新，我们的经济、政治、文化、社会建设都取得了举世瞩目的成就，谱写了当代中国快速发展的壮丽史诗，开创了中国特色社会主义事业新局面，拉开了中华民族伟大复兴的光辉序幕——这也正是中华民族进取精神的生动写照。

二、知行合一，中华文化的实践特色

中国的入世精神蕴含着对“知行合一”的内在要求。“知行合一”即理论与实践的结合，或者说理想与现实的融契。中国人向来认为“空谈误国，实干兴邦”，并说“非知之艰，行之惟艰”，都致力于将文化与思想中的理想性因素在实践中切实开展，以切实推动国家、社会、民族的进步。

中国古人认为“立德”“立功”“立言”是生命中三件不朽的大事，我们不妨先分别从这三个层面对“知行合一”进行论述。“立德”首先就是要对天地之道有比较全面、深刻而且亲切的体认，而要做到这一点，又必须借助历代圣贤对天地之道与天地之性的开显，通过学习圣贤的思想与行为来理解天地之道与天地之性。因此，要开显自己的德性、修养自己的德行，就要学习圣贤之道，这是“知”的层面，而学习圣贤之道最好的方式就是直接学习圣贤的行为即“学做圣贤”，只有在学做圣人的具体行为之中，才能对人的德性、德行有更为真切的认识与掌握，从而

① 习近平：《在文化传承发展座谈会上的讲话》，《求是》2023 年第 17 期。

自强不息地对其进行开拓、深化，而且历代圣贤大多为此提供了一整套的修养方法，“学做圣贤”当然就是“行”的层面。学习圣贤之道（“知”）与学做圣贤（“行”）乃是一体两面、不可分割的，因此，在“立德”方面也必须是“知行合一”。中国古人的“立功”观念主要表现为在政治上有一番好的作为，有利于“治国安民”。而中国古人最原始的政治观念就是“有德者居高位”，认为在理想状态中，只有像尧、舜、禹这样“内圣”的人才最有资格“外王”。《论语·颜渊》里面就明确界定说：“政者，正也，子帅以正，孰敢不正?”因此，通常一流的政治家，也都是一流的思想家甚至教育家，在“知”和“行”两方面都有比较和谐匹配的实践创造。受这种主流的观念影响，中国古代一流的商人、科学家，有很多也同时是思想家、教育家，其个人品行与生活作风也常常被传为佳话。因此，不管是立志从政、经商，还是想要成为优秀的科学家，在中国古代，都要求做到“知行合一”。在“立言”也即文化创造的方面，因为中国文化崇尚“正人先正己”“以身作则”的教育，在中国古代，像孔孟、程朱、陆王等绝大多数一流的思想家，也都是一流的教育家，他们不仅培养了很多非常优秀的人才，而且其自身的道德品行与生活作风也都非常值得人们学习。这一点与西方“知行分离”的情况有较大的不同，在西方，很多一流的思想家（大哲学家）并不是教育家，比如笛卡尔、康德、海德格尔、维特根斯坦等，而且人们（包括思想家自己）并不要求思想家一定要有很好的道德修养与生活作风。

正是因为“知行合一”在我们的为人处世上如此重要，中国古代很多的思想家都有相关的理论学说，系统阐发，教育后人。总结起来说，大致有朱熹、王夫之、王阳明等人发明的三种比较成熟且具有代表性的观点，虽然他们在根本上都是主张“知行合一”，但具体的侧重点有所不同。

朱熹在“知行合一”的基础上强调“知先行后”，他说“致知、力行，用功不可偏。偏过一边，则一边受病”“知行常相须，如目无足不行，足无目不见”（《朱子语类》）。可见，在根本上朱熹也是主张“知行合一”的，认为“致知”“力行”两个方面都不能偏废，只重视一方面，另一方面就会出问题，导致所重视的这一方面也不能得到理想的效果。“知”和“行”的关系就像人的“眼睛”和“脚”的关系一样：有一双明亮的眼睛，但没有脚，那也是寸步难行；而有一双发达的脚，如果眼睛看不见，那么即便前面是刀山火海、悬崖阴沟也都不能提前发现，不仅什么事也办不成，还很容易送了性命。所以朱熹主张“知”“行”两方面必须像两个心心相印的好伙伴一样肩并肩往前走。不过，在“往前走”的具体过程中，博极群书的朱熹更加强调“知”的作用，认为应该更加侧重求知，认为在二者发生矛盾时，“论先后，当以致知为先”（《朱子语类》），应该通过慎思明辨地学习理论知识来解决矛盾，而不是凭着一腔血气莽莽撞撞地从实践中杀出一条血路来。当然，如果询问朱熹日常生活中应该以学习理论为重还是以道德实践为重，朱熹也会说“论轻重，当以力行为重”（《朱子语类》）。总体来说，朱熹还是偏向于强调“知”对“行”的指导作用。

王夫之在“知行合一”的基础上强调“行先知后”，强调“行可兼知，而知不可兼行”（《船山遗书·尚书引义》）。和朱熹等绝大多数儒者一样，王夫之在根本上也是主张“知行合一”的，他说：“知行相资以为用。惟其各有致功，而亦各有其效，故相资以互用；则于其相互，益知其必分矣。同者不相为用，资于异者乃和同而起功，此定理也。”（《船山遗书·礼记章句》）王夫之明确提出了知行相资以为用，并进而有功这一著名的命题，认为“知”和“行”互相资助、互相促进才能让二者都发挥出各自应有的功用，合则双赢，分则两败。但既然能够互相资助、互相促进，肯定是二者之间在功效、先后上都有所不同才能做到，由于他看到了程朱后学“重知轻行”所产生的社会流弊，尤其是对明朝末年许多知识分子“无事袖手谈心性，临难一死报君王”的状况很是痛心，因此力主“行先知后”“行可兼知，而知不可兼行”，并且旁征博引地从古代经典中找到理论支撑，比如《尚书》明确说过“非知之艰，行之惟艰”，《论语·学而》也说：“弟子，入则悌，出则弟，谨而信，泛爱众，而亲仁。行有余力，则以学文。”因此，总结起来，王夫之认为，“行”比“知”更为重要，应该先进行道德实践，在还有余力的情况下再去求知，而且，不断提高自己、改善现实的道德实践过程，本来就是一个增长知识的过程，已经包含“求知”于其中了。换言之，王夫之的侧重点与朱熹相反，强调“行”对“知”的兼容作用，认为论先后，应该以力行为先，致知为后；论轻重，也应该以力行为重，致知为轻。按照王夫之的知行观，比如一个人想要学会下棋，就要实实在在地找个人去下，而不是终日抱着棋谱去学习、参悟，只有在实际对弈的过程中，才能真正参悟谱中谱外之玄机；再比如一个人只会背菜谱而不会做菜也没用，而学会了做菜，则菜谱自然烂熟于胸，只有在“做”和“吃”的过程中，才能真正理解食物的味道，否则就是空谈、胡说。

王阳明则在“知行合一”的基础上强调“知行本体”“真知即是行”。王阳明认为“知”“行”的本来面目（“知行本体”）就是“知行合一”，人的为人处世就是要恢复这个本来面目。王阳明的弟子徐爱认为有的人知道应该孝敬父亲但却做不到，说明“知”与“行”是两件事，王阳明的回答是：“知”“行”一分为二是被私欲隔断的结果，并非本体层面的“知”“行”；本体层面的“知”“行”从来是一个物事，比如见到美色我们会感到喜欢，如果说看见美色是“知”，喜欢美色是“行”，这个心理过程是同时自然发生的，在见到美色的同时我们会心生喜欢；这样，我们说某个人孝顺父母，也是因为他的实际行动已经如此才能说他知道什么是真正的孝。因此，如果人的良知良能自然地呈现出来，而不被私欲所污染或隔断，不管做任何事情，“知”和“行”的本来面目都是合在一起的。王阳明还认为，“知”是“行”的指导思想，而“行”是“知”的具体落实，古代圣贤之所以明明知道“知”“行”的本来面目是合为一体的，还要分开来专门说“知”和“行”，则是出于补偏救弊的现实需要。

因为有的人做事之前常常不怎么深思熟虑，就懵懵懂懂地胡乱作为，为了补救这种人的缺点，古代圣贤就说应该“知先行后”“知而后行无谬”，先有了正确的理论做指导思想，实践起来才不会出错；还有的人一天到晚都在冥思苦想，却从来不在实践中检验自己的知识，只是茫茫荡荡地胡乱揣摩，为了补救这种人的缺点，古代圣贤就说应该“行先知后”“行而后知始真”，强调通过实践检验的知识才是真知。古代圣贤这样分开来教育，本来就是不得已而为之的。如果单单以为“知先行后”“知而后行无谬”才是“知”“行”的本来面目，那么大家就会每天都只是努力去学习、讨论理论知识，而没完没了，结果讨论到老死都还不敢去实践；单单以为“行先知后”“行而后知始真”才是“知”“行”的本来面目，那么大家就会每天都在不断地忙着做事，而没有时间进行总结，并且适时地缓解下来去求学，结果也是劳作到老死也不知道自己的所作所为是否合适、是否值得。因此，我们一定要让大家都去恢复“知行合一”的本来面目，这样才不会出现以上两大弊端。显然，王阳明的“知行合一”学说兼具“知先行后”与“行先知后”两种学说的优长，同时在思维上也更加精微、更加高明，因此可以说是中国古代“知行合一”学说最典型的代表，是中国古代知行观的最高峰。也正是在这种“知行合一”观念的引导与影响之下，“具拨乱反正之才，展救世安民之略”的王阳明才能在事功的层面取得了非常大的成就，在思想之外的军事、政治上都建立了不朽的勋业。

中华文化中这种“知行合一”的实践取向，说明了我国的哲学思想实际上是一种生活的智慧学，是要在实际的人生之中切实发挥其效用的，中国历史上那些可歌可泣的历史人物，比如孔子、岳飞、文天祥、戚继光等，都是能将自己的所思所想、所知所信付诸实践之中的人。被称作“最后的儒家”的当代大儒梁漱溟即认为自己并非为学问而学问的思想家，而是切志于中国问题之解决的行动者和社会改造家，在二十世纪二三十年代，他便在山东开展了如火如荼的乡村建设运动。梁漱溟将旧社会构造崩溃的原因归咎为中国文化的失败，具体表现为缺乏科学技术和团体组织。所以，他在乡村建设运动中就着力于传播科学技术，并培养农民的团体精神，以儒家文化中的精义来塑造其心目中的“新农民”，希冀用传统文化拯救中国乡村、振兴中华民族。虽然乡村建设运动最终因抗日战争的全面爆发而被迫终止，但这种改造中国的实践依然为我们提供了弥足珍贵的样本和经验，而梁先生“知行合一”的精神和实践取向则更为后人所钦佩。

今天，我们的社会主义现代化建设之所以取得了辉煌的成就，与我们对实践之精义的挖掘与重视息息相关。毛泽东说：“真理只有一个，而究竟谁发现了真理，不依靠主观的夸张，而依靠客观的实践。只有千百万人民的革命实践，才是检验真理的尺度。”（《新民主主义论》）“真理的标准只能是社会的实践。”（《实践论》）检验真理的标准，不能到主观领域内去寻找，不能到理论领域内去寻找，思想、理论、自身不能成为检验自身是否符合客观实际的标准，正如在法律上原告所述是否属实，不能依他自己起诉的为标准一样。检验真理的标准，必须具有把人的思想和客观世界联系起来的特性，否则就无法检验。人的社会实践是改造客观世界的活动，是主观见之于客观的东西。实践具有把思想和客观实际联系起来的特性。因此，实践才是检验真理的唯一标准。也只有在坚持不懈的实践之中，中华民族的伟大复兴才不是镜花水月、空中楼阁。习近平总书记也说：“坚持学思用贯通、知信行统一，把新时代中国特色社会主义思想转化为坚定理想、锤炼党性和指导实践、推动工作的强大力量。”[①] 习近平总书记反复强调知行合一的重要性，要求广大干部特别是年轻干部要在常学常新中加强理论修养，在真学真信中坚定理想信念，在学思践悟中牢记初心使命，在细照笃行中不断修炼自我，在知行合一中主动担当作为。

---

① 习近平：《高举中国特色社会主义伟大旗帜　为全面建设社会主义现代化国家而团结奋斗》，《求是》2022 年第 21 期。

三、与时偕行，中华文化的变通智慧

不管是朱熹侧重的“知先行后”，还是王夫之强调的“行可兼知”，抑或是王阳明在本体上高扬的“知行合一”，说到底都只是一种理论，在社会实践的具体过程中，面对纷繁复杂、大大小小的各种矛盾，这种比较平面化的“知行合一”理论并不足以一以贯之地提供一套又一套可操作的解决方案。因此，中国古代圣贤在“返本开新”与“知行合一”思想的基础之上，还发展出了在理论上非常高妙、在实践中也非常有用的“通权达变”的中道智慧，尽管这种观念只有修行成圣人才能完全、彻底地掌握好，但是每个人都能在对它的学习过程中不断提高自己，从而能让自己在立德修业、经时济世的社会实践中变得更加富有成效。

对于中国文化中的经书或者经言，很多人倾向于将之阐释为万世不变、亘古不易之常典或常法。然而，中华民族却并非顽固守旧、一成不变之民族，这与中国传统中的“经”与“权”的辩证观念有着很大的关系。“经”的本义是编织物的纵线（与编织物的横线“纬”相对），引申为经纶、经纪、经理、经营之意等；“权”的本义是“秤锤”，引申为权衡、权宜、权且、权变（权谋权术）之意。“经”与“权”在理论精神上是“常”与“变”的关系，落实到人生中，就是为人处世的“方”（原则性）与“圆”（灵活性）的关系，只有能抵达最高境界的人，才能彻底做到“通权达变”、守常应变、内方外圆。而且，“经”是经天纬地的根本大法，而“权”则是权衡轻重缓急的权宜之计，只有彻底“通经”的人，才能真正“达权”，即所谓“君子居易以俟命”，不能“通经”的权谋权术，在本质上都不能叫作“权”，只能说是“小人行险以徼幸”而已。所以朱熹说，“经者，道之常也；权者，道之变也”，“经”和“权”分别是天道正常、变化的表现。

孔子教导门人弟子说："可与共学，未可与适道；可与适道，未可与立；可与立，未可与权。"（《论语·子罕》）所谓"（共）学—（适）道—（与）立"指的就是"通经""守经"，孔子将"权"放到思想发展与实践智慧的最高阶段。由此来看，"达权"似乎比"通经"更高级、更重要，实则不然，他要表明的是只有彻底"通经"了，才能真正"达权"。换言之，从实践上来说，"达权"是"通经"之后更高的要求，但从理论上来说，"达权"是"通经"后的必然结果与自然表现。孔子自述生平学问时说："吾十有五而志于学，三十而立，四十而不惑，五十而知天命，六十而耳顺，七十而从心所欲，不逾矩。"（《论语·为政》）志于学—而立—不惑指的是"通经"，耳顺—从心所欲不逾矩指的是"达权"，"通经"的制高点也就是"达权"的起点，即"知天命"，只有知天命的人，才能臻于化境，即《周易》中说的："与天地合其德，与日月合其明，与四时合其序，与鬼神合其吉凶。"修身成圣达到了这一圆熟境界之后，就自然能够"知至至之"（知道在什么情况下什么事情是应该做的，马上就去做）、"知终终之"（知道在什么情况下什么事情应该马上终止，就果断将其终止）、"居上位而不骄，在下位而不忧"（地位高或者人生春风得意的时候，应该一直都保持警醒，不骄不躁，预防不测；做下属或人生举步维艰的时候，从来也不会忧心如焚，潜心修炼，静待良机）、"知进退存亡而不失其正者，其唯圣人乎"（什么时候该进一步勇敢地开创局面，什么时候该退一步耐心地重整旗鼓，并且使这些行为既符合现实需要，又能满足理想诉求）。概括起来说，就是一种时行则行、时止则止的时中智慧。在先秦时代的诸多典籍之中，都有类似于"时中"的论述，而对此最为集中的论述依然是在《易传》之中。根据相关的统计，"时"在《周易》之中凡五十余处，其中相当部分是强调了与时偕行的时中精神。《易传》中有多处论说到"时行"。"与时偕行"不仅正是语出《易传》，而且在其中多见：如《乾·文言》的"终日乾乾，与时偕行"，《损·彖》的"损益盈虚，与时偕行"，《益·彖》的"凡益之道，与时偕行”，等等。其意指君子应当随时而动，根据“时”的变化而不断调整自己的行为。其目的则是为了做到“时中”即随时而中，亦即做到与时变相应的、随时随处的恰到好处。所谓“中”，则是指不偏不倚、不卑不亢的中正之道，为人处世时都能恰到好处。只有“通经达权”的人才能获得中道智慧。

孟子不仅认为孔子是中国文化的集大成者，还称赞其为“圣之时者”，即孔子能够做到在任何情境之下都能够选择适合的行为方式。接下来我们不妨以孔子的生平事业作为参照，来理解什么是“通权达变的中道智慧”。生在一个礼崩乐坏的时代，孔子将自己的整个人生事业定位为仿效文王、周公制礼作乐，通过“求仁得仁”“克己复礼”来重建社会和谐稳定。为了实现这个理想，一开始他诉诸政治建设，在鲁国做到了司寇那样的大官，首先就以“隳三都”的大作为来为君臣正名，虽然最终由于招致三桓的联合反对而以失败告终，但这种政治上的大手笔还是被齐国视为很大的威胁而使用离间计予以排斥，所谓“齐人归女乐，季桓子受之，三日不朝，孔子行”（《论语·微子》）。在这种复杂而荒唐的政治局面中，孔子并没有迂腐地死守所谓的君臣之义或以死劝谏，因为“君使臣以礼，臣事君以忠”（《论语·八佾》），君无礼而臣愚忠，只会自取其辱而又于事无补，所以他非常果断地离开了鲁国朝廷。鉴于“齐一变，至于鲁；鲁一变，至于道”（《论语·雍也》）的认定，孔子希望能够为齐国所用，来实现自己的人生理想，孔子并没有因为齐国曾经离间、谋害过自己而放弃他经时济世的一个好机会。他去了齐国后虽然得到齐景公的赏识，齐景公还明确告诉他“若季氏，则吾不能；以季、孟之间待之”（《论语·微子》），但最终受到晏婴等功利主义大臣的反对而未能实现诺言，以“吾老矣，不能用也”来敷衍搪塞。在一个深受姜子牙功利主义影响的国度，他并没有辩论、批判，因为那样也只会徒劳无益，所以他又果断地离开了齐国。同样，“卫灵公问陈于孔子。孔子对曰：‘俎豆之事，则尝闻之矣；军旅之事，未之学也。’明日遂行”（《论语·卫灵公》)。在霸道杀戮盛行之际，卫灵公希望孔子能够在行军布阵上帮助卫国变得强大，而在孔子看来，卫灵公向一个服膺王道、弘扬仁政的人咨询这些，乃是彻底的道不同不相为谋，跟这样的人多说无益，因此第二天就果断地离开卫国朝廷。在孔子游说诸侯实行仁政的十四年中，虽然也获得过未曾谋面的楚昭王的赏识，但由于令尹子西嫉妒孔子及其优秀门人，因此孔子未被起用。万般无奈之下，即便是常人眼中所谓的逆臣贼子，孔子也积极响应他们的召唤。虽然因为这种做法有着“行险以徼幸”的弊端而最终未能成行，但孔子在主观上认可了这种做法的合理性。可见，“守经”并不是死守某一部经中的某一观念，而是“以民为本”“天下为公”的“正大光明”之道。在将自己的人生理想诉诸政治事业的前、中、后期，特别是彻底无望以后，孔子更加侧重乃至于彻底投身他的文化事业，“删诗书、定礼乐、赞周易、修春秋”(《论语集注》)，也就是说在“以当世为土、为当世开太平”无望之后，他开始谋求“以万世为土、为万世开太平”。总体上来说，孔子一生的事业，不管是诉诸政治建设还是文化建设，其所作所为都是一个“通权达变”的典范。

但孔子毕竟还没有以理论的形式来比较系统地探讨什么是“通权达变”，直到《孟子》，才开始对“通权达变”展开学理的讨论。比如齐国著名辩士淳于髡想要劝孟子放低“非实行仁政不可”的高姿态，去那些并不实行仁政的国家做官，先想办法让尽可能多的老百姓免于困苦的局面，然后再去迂回地实现自己的仁政思想。为此，他与孟子展开了一段对话。淳于髡的意思是，既然“男女授受不亲”是儒家的一条礼制，那么，假如你的嫂子掉进了水里，你会用手去拉她吗？孟子的回应则是，如果嫂嫂掉在水里而不去救，简直是禽兽之行，如果说男女之间不亲手递接东西，这是礼的规定，那么在嫂嫂掉在水里的特殊情况下，小叔子用手去拉她，这就是不违背人道原则的“通权达变”。另外，孟子的学生陈代也出于同样原因和理由来劝老师折腰出仕，他劝老师“枉尺而直寻”，即以屈求伸，先委屈自己，顺着诸侯们的口味来，然后再慢慢实施自己的思想主张。面对淳于髡、陈代这种重视眼前功利的机会主义思想，孟子虽然很懂得“通权达变”的道理，但他还是坚守自己的道德原则，认为如果自己不正直，是不可能让别人正直的，更不用说让全天下的人都行为正直了。因此孟子认为必须完全不违背正直的品性，同时对方还必须是真正想要实行仁政的君主，自己才能出仕去辅佐他，原因有两个：一方面，孟子深信当时天下各国的君主都崇尚战争杀伐，如果有不爱杀人的仁君，天下的百姓都会像洪水下涌一样归附于他，那样的话就算他不想成为天下的王也很难；另一方面，孟子清醒地意识到合纵连横、翻云覆雨的战国时期，如果君主不想实行仁政，那么，自己再怎么以屈求伸也不可能有所成就，好比整个天下都掉在水里了，而自己妄想以一己之力把天下百姓都从洪水里拉出来，这是非常幼稚的，不仅徒劳无益，还会自取其辱。因此，他一直保持道德优先的高姿态与方正刚直的浩然之气，绝不违背自己的道德原则，心存侥幸、投机倒把地争权夺利。在孟子自己看来，当时坚持“发明仁政”“直道而行”，就是最“通经”的做法，选择“中道而立，能者从之”，即坚守高姿态、绝不卑躬屈膝也是最明智的“达权”之举。从两千多年之后的今天看来，孟子这种“直道而行”（“通经”）、“中道而立”（“达权”）的行为是在当时那种形势下最恰如其分的做法，他坚持了这种原则，他的学说虽然在当世没能大行其道，但他浩然之气的大丈夫气概与以民为本、仁者无敌的政治思想深深地影响了两千多年以来几乎所有优秀的知识分子，他也成为与孔子并称的“亚圣”而受到世代景仰。

孔子、孟子这种非常有原则性，同时又非常有灵活性的中道智慧对中国古代的知识分子影响深远，尤其是自西汉以来，以“时中”智慧为核心精神的《周易》成为全国想要出仕为官的知识分子的必读经典之后，“经”和“权”的相互关系逐渐发展成了一个几乎所有的大学者们都在思考或研究的哲学命题、人生问题。比如，董仲舒引《春秋公羊传》：“权者何？权者反于经，然后有善者也。权之所设，舍死亡无所设。行权有道：自贬损以行权，不害人以行权。杀人以自生，亡人以自存，君子不为也。”董仲舒认为虽然道有“经”“权”两种表现，但一方面“权”是不得已而为之的，另一方面，“行权宜之计”的时候最多只能委屈自己，绝不能做害人利己的事情，否则那就不是合理的“权”而是不合理的“诈”了，违背天道常理。因此，董仲舒的基本思想是以“经”为本、为重、为常，而以“权”为末、为轻、为变，为了更好地表达他这种思想，他还将“经”“权”分别比喻为“德治”与“刑治”，认为应该“显经隐权”“先经而后权”，因此治国之道应该“德主而刑辅”“前德而后刑”“任德而远刑”。董仲舒的这种思想对西汉之后的治国之道有比较深远的影响。

另外，程颐、朱熹等人对经权关系也都有比较深刻的论述，朱熹的高足陈淳编了一部从核心观念、字词来解释儒家义理的《北溪字义》，将“经权”收入其中，进行系统说明，认为：“经与权相对，经是日用常行道理，权也是正当道理，但非可以常行，与日用常行底异。”“经所不及，须用权以通之。然用权须是地位高方可，非理明义精便差，却到合用权处亦看不出。权虽经之所不及，实与经不相悖，经穷则须用权以通之。柳宗元谓‘权者，所以达经也’，说得亦好。盖经到那里行不去，非用权不可济。如君臣定位，经也。桀纣暴横，天下视之为独夫，此时君臣之义已穷，故汤武征伐以通之，所以行权也。男女授受不亲，此经也。嫂溺而不援，便是豺狼，故援之者，所以通乎经也。如危邦不入，乱邦不居，此经也。佛肸召，子欲往，则权也。然须圣人理明义精，方用得不差。”“天下事到经所不及处，实有碍，须是理明义精，方可用权。”《北溪字义》在当时与后世影响很大，被视为朱学入门教材，对经权关系的形象传播具有象征意义，从某种意义上可以说，“通权达变”的思想至此就已经基本定型了。

我们看到，中国文化中关于经与权的辩证思维既保证了道德价值的稳定性，也能让我们在具体的生活中灵活变通，从而体现出一种明智、通达、圆融的生活智慧。“通权达变”“与时偕行”的生活智慧使得中国人避免了古板、顽固、守旧的特点，而能够乐于接受新的事物，这为我们的民族精神注入了发展的可能与活力。

中华民族是一个能够与时代的脚步保持一致的民族，在我们民族文化未来发展道路上，这种与时偕行的智慧正是保持民族文化创造力的先决条件。在世情、国情和党情发生重大变化的今天，在充满机遇和挑战的新世纪，中国秉承的正是与时俱进的认知与魄力，保持着中华民族的进取性和开放性，时不我待，奋发有为，才走出百年低迷，再次跻身世界强国之列。而未来，也唯有坚持与时俱进，拥有更加深邃的历史眼光和更加宽广的世界视野，才能跟上社会的进步和时代的发展，才能认清并把握时代和世界发展的大趋势，不断研究新情况，解决新问题，形成新认识，开辟新境界。

四、修德圆善，中华文化的幸福观念

中国文化讲究“经世致用”“知行合一”“通权达变”，其目的不外是在行动中、现实中建功立业，入世就是为了救世，或者说让世界趋向于安宁、和谐，实现理想之中的大同社会，从而臻于德福圆满的理想境界。“德”指的是道德修养，“福”指的是世俗幸福。“德福一致”就是在德行上遵循“道义”、追求“止于至善”，同时在生活中也能实现世俗的人生价值，“道义”（德行）与“功利”（幸福）两全其美，从而在人生境界上获得圆满的善。显然，“圆善”的理想模型就是像尧、舜、禹这样的“内圣外王”，“内圣”是德性生命的极致，“外王”是世俗价值的极致。由于在“禹传子，家天下”的夏朝建立之后，原本“公天下”的禅让制变成了“私天下”的家族继承制，“内圣”与“外王”就已经不再像尧、舜、禹那样地合为一体了，也就是说，几乎所有朝代的“外王”都不是当时全国德行与智慧最高的“内圣”。这样，在君主专制的政体下，“德福一致”追求“内圣外王”的圆善就成了一种被专制权力架空的理想诉求，思想家们也不得不降低标准，开始退而求其次地在立志经时济世的现实生活中提倡通过“道义”去获得世俗的人生幸福，也就是说，追求“重义轻利”“先义后利”“见利思义”“以义为利”。

孔子一生以“修己以安人”为自己经时济世的人生目标，希望通过“发明仁道”“施行仁政”的方式来恢复周朝的礼乐之道，让天下百姓都能过上“老者安之，朋友信之，少者怀之”这种和谐有序的生活。可以说，孔子就是那个时代道德水平最高的“内圣”，但他终其一生游说诸侯施行仁政，也没能获得大国的重任来实现自己的政治主张，更不用说能“外王”了。但是，孔子的世俗人生价值并没有因此而受到很大的影响，他提出“仁”的学说，“删诗书、定礼乐、赞周易、修春秋”。他开创的儒家思想不仅成了之后两千多年中国主流的治国思想，而且成了两千多年来中国上至天子、下至平民百姓的日常伦理规范，历朝历代都深受优秀知识分子与从政者的景仰、学习与祭拜。因此，从汉代开始，知识分子们就已经称孔子为“素王”，认为他虽然在活着的时候有“内圣”之才而没有获得“外王”之机，但是死去以后却“外王”于中国人的精神世界。北宋初期的邵雍即认为每个朝代的天子拥有的不过是当时四海之内的国土，而孔子却拥有千秋万世、无穷无尽的教化空间，被历朝历代官方（主流社会）尊奉为“至圣先师”“万世师表”“千秋仁义之师”“万世人伦之表”“大成至圣文宣王”等。因此，从长远来看，孔子在世俗人生价值上获得了巨大的成功。孔子也很清楚自己的学问与主张确实能够成就自己、成就他人，所以他活着的时候虽然不算得志，但总体来说仍然活得很幸福。在十四年颠沛流离地游说诸侯施行仁政的过程中，孔子经常被一些隐者讽刺，说“孔子知其不可而为之”的做法是很幼稚的，对此，孔子并没有生气，反而常常跟门人弟子说“发愤忘食，乐以忘忧，不知老之将至”（《论语·述而》）。他还说：“饭疏食饮水，曲肱而枕之，乐亦在其中矣。不义而富且贵，于我如浮云。”（《论语·述而》）孔子认为，必须在遵循“道义”的基础之上去谋求人生幸福，要“重义轻利”“见利思义”，先修养好自己的德行、提高自己的智慧，然后才能追求世俗人生价值的实现。由此可见，孔子主张的“圆善”是在“修德”的基础之上实现的，最基本的底线是要保全自己的身家性命，而不是毫无理智地去做无谓的斗争与牺牲，同时，他对于自己世俗的人生价值是否能够实现，一直都保持一种平和、淡定的心态，更多地从修身、学道中去寻求满足感与快乐，获得自己的人生幸福。

孟子继承并发展了孔子的思想，在“德福一致的圆善境界”方面，有更加系统而清晰的论述。孔子说“古之学者为己，今之学者为人”，教导世人应该将人生目标放在完善自己的德行与智慧上，而不是放在片面追求出人头地的世俗功名之上。孟子也说，有天赐的爵位，有人授的爵位。仁义忠信，不厌倦地乐于行善，这是天赐的爵位；公卿大夫，这是人授的爵位。古代的人修养天赐的爵位，水到渠成地获得人授的爵位。现在的人修养天赐的爵位，其目的就在于得到人授的爵位；一旦得到人授的爵位，便抛弃了天赐的爵位。这可真是糊涂得很啊！最终连人授的爵位也必定会失去。所谓“天爵”，指的是道义；所谓“人爵”，指的是功利。“天爵”是获得“人爵”的基础，也就是说必须遵循道义去获取功利。淳于髡、陈代劝孟子折腰出仕，先委屈自己，然后再慢慢寻求机会来实施自己的仁政主张，孟子认为这种机会主义的苟且做法一开始就违背了正直的人性与仁义之道，因此坚定否决了，还告诫世人说，尊崇道德，喜爱仁义，就可以安详自得了。所以士人穷困时不失去仁义，显达时不背离道德。穷困时不失去仁义，所以安详自得；显达时不背离道德，所以老百姓不失望。古代的人，得志时恩惠施于百姓，不得志时修养自身以显现于世。穷困时独善其身，显达时兼善天下。因此，虽然他也像孔子一样，四处游说诸侯施行仁政都没有结果，可以说并不得志，但他并没有因此而终日忧愁，相反，活得也很幸福。孟子说：拥有广阔的土地、众多的人民，这是君子所想望的，但却不是他的快乐所在；立于天下的中央，安定天下的百姓，这是君子的快乐，但却不是他的本性所在。君子的本性，纵使他的抱负实现也不会增加，纵使他穷困也不会减少，因为他的本分已经固定。君子的本性，仁义礼智植根于内心，外表神色清和润泽，呈现于脸面，流溢于肩背，充实于四肢，四肢的动作，不用言语，别人也能理解。

孔子、孟子对德福问题的观点代表着中国知识分子的基本看法，对他们而言，“圆善境界”都是源于在谋求经时济世时的“通经达权”，用孔子的话来说是“用之则行，舍之则藏”（《论语·述而》），用孟子的话来说是“得志，泽加于民；不得志，修身见于世。穷则独善其身，达则兼善天下”（《孟子·尽心上》），用荀子的话来说是“儒者在本朝则美政，在下位则美俗”（《荀子·儒效》）。不管他们经时济世的理想有多么高远、心态有多么急切、形势有多么严峻，他们都绝不会因此而有丝毫违背自己的正直品性与仁义之道，也绝不会因此而终日郁郁寡欢、闷闷不乐，而必定是在“修德”的基础之上去寻求幸福，也必定能在“修德”的过程中就能获得“道充身安”的安详与快乐，活得很有德性，也很幸福。

古代圣贤对待德福问题的态度深刻影响了中国的文化传统，除了上面强调的整个民族对道德的关切和实践外，也形成了中国博大精深而独特的“福”文化。从古至今，逢年过节，总是随处可见人们在墙上、门上贴的大红“福”字，对于讲求现实生活的中国人而言，“有福”也常常是人们对一个人最好的称赞与恭维。《尚书》便认为人们有五种福报：一曰寿，二曰富，三曰康宁，四曰攸好德，五曰考终命。用现在的话来讲，“五福”就是指长寿、富足、安宁、良善、享天年。的确，普通的中国人总是希望“五福临门”，从而能够在一种和美的生活之中过完普通而又平凡的一生。“福”文化意味着中国人对于生命和现实生活的肯定，意味着对世俗生活的积极追求，因此，这种对“福”的强烈渴望实际上与我们所论述的“入世精神”密切相关。此外，中国“福”文化也关涉着中国人立足于现世生活的理性信仰。西方基督教传统认为人在死后还有一个超越的世界，人生的所有公平与正义都将在彼岸世界得到实现；中国人则缺乏这种外在的信仰与彼世的观念，而主张通过自己的德性、修为与努力而追求现世的福报。“德福一致”，这无疑是一种简单而平实的生活愿望，也是一种美好而安和的生活愿望。

在今天的现代化建设中，中国强调物质文明和精神文明建设，重视经济发展、社会进步对人们精神状态的影响，实际上也与“德福一致”观念息息相关。物质文明是社会存在和发展的起点，是人民群众过上富足生活的保证；精神文明致力于道德和精神的提升，同时也是物质文明发展的精神动力和智力支持。物质和精神构成了人们世俗生活的整体，与中国人的“德”“福”观念有着密切的关系，它们相互支持而又相互促进，可谓中国圆善观念的一种切近表达。在中国式现代化建设中，只有两者协同共进，社会才能健全发展，人民才会有真正的幸福。

第五章

崇德利用的理性诉求

中华文明具有连续性，这意味着中华民族历史上优秀的传统文化与现代文明不仅有相契之处，而且对世界的现代文明具有贡献和启发。这其中，理性精神是支撑着中华文明延续至今的关键之一。当然，说起“理性”，它并非只有单一的或本质主义的定义或标准。中国古代思想家大多提倡以仁统智、仁智双彰，这就是理性的一种复杂和高级的形式。此种理性在建设中华民族现代文明，以及弘扬全人类共同价值方面具有重要意义。

中国古代理性精神的特点，一言以蔽之，就是道德理性特别发达。我们的文化主要以性善论为传统，这个性善论不仅认为人们看到小孩掉到井里会有一种怜悯的感情，而且还认为人们有道德的觉解，能够审慎地思考何为善、何为不善。也就是说，我们对于道德的看法，既不是道德直觉主义，也不是上帝来命令我们应该有什么样的道德，而是基于对自己本性的反思——这是道德理性的集中体现。此外，“格物致知”的求知精神也在道德理性之下。近代不少人批评中国古代没有理性精神，主要是指没有科学认识论的精神。这种看法失之偏颇，我们传统的“格物致知”就是求知精神的体现，而德性之知与闻见之知皆不可废也是古代贤哲的教诲。只是由于传统社会的结构和目的，这种精神未能获得独立的发展。在古人看来，德性虽不可直接干涉求知的规律，但知识最终要以人类的幸福或道德为依归，这对于今天科学主义极端发展不知伊于胡底的现象有重要的纠偏意义。

就社会层面的理性精神来说，中国的礼乐和政治文化尤具特色。周公以理性的精神制礼作乐，建立起一套郁郁勃发的人文社会系统，孔子、孟子继之，将仁的精神灌注在其中。同时，道家的无为、法家的法术，更为社会共同体的稳定和提升贡献了自己的智慧。西方启蒙时代的思想家看到中国这几千年辉煌浩大的礼乐文明时，歆羡无比，因为就在前不久，他们才刚从神权体制中摆脱出来。

由上我们可以看到中国传统理性精神的大概，也基于此，本章将依次来阐释慎思明辨的道德理性、格物致知的求知精神、德法合治的政治构想，最后一部分是虚一而静的理性修养，探讨理性的更高层面及其相关的修养问题。

一、慎思明辨，中华文化的道德理性

我们在社会生活中，如果遇到事情，常常说“你得讲理”，又常说“理直气壮”，这十分形象地表现出了我们的理性精神。这里的“讲理”不是探究牛顿运动定律或者分析油盐酱醋有什么分子结构，而是探讨一件事情怎样做才是合理的，更具体地说，就是这件事谁对谁错，谁好谁坏。这里的“理”关乎的是对错和善恶，西方人把这个称作道德理性或实践理性。道德和理性放在一起，有两个意思：一方面，我们的一些道德概念、原则、行为，要经由理性的思考；另一方面，理性不是纯粹关乎客观认知的，这种理性与我们的道德本性息息相关。这样分析的目的在于，它将与非理性的道德学说，以及纯粹认知的理性区别开来。

什么是非理性的道德学说呢？比如说，不可杀人、不可奸淫，这是两条道德原则。我为什么非得遵守这样的原则？犹太教和基督教就会告诉我们，这是摩西十诫中的两条，是上帝的旨意；佛教也会说，这是佛祖的教诲，而且犯戒会堕入轮回。因此我们必须相信和遵守这个原则。当然，因为不可杀人、不可奸淫这两条原则我们早就认为是毋庸置疑的了，所以觉得毫无必要寻求其成立的缘由。但另外一个例子可能会使我们有更多的反思：上帝要求亚伯拉罕杀了自己的儿子来祭祀，亚伯拉罕真的这样去做了（尽管上帝最终在祭坛上制止了亚伯拉罕），他因此成为一个“义人”。在这里不管理性还是荒谬，只要按照上帝的旨意来做，那就是“义人”。但这在中国传统里则是不合理的。如果说信仰者是把道德原则权威推给外在的一个超能的神，那么又有一部分人，将道德行为直接推向我们自己内心的直觉。这有一定的道理，比如看到小孩子掉到井里，我们自然产生了恻隐之心，这就是我们道德的起点。但是如果将之作为我们整个道德体系建设的唯一原则，就会产生严重的后果。每个人因教育背景、觉解程度的不同，其直觉是有差别的。如果仅仅将道德行为诉诸直觉，那么有可能滑向纵欲主义。明朝王阳明的良知之学十分精妙，他强调每个人都有自己的道德本心，我们凭借着自己的良知来做事业，将无往而不利。王阳明说的良知是一种道德的直觉，但并不是每个人都能直接体验到，所以明末的阳明学就开始变味走样。人们打着王阳明的幌子，孳孳汲汲于酒、色、财、气，说这是凭借着自己的直觉和本心。

由此我们可以看到理性对于道德的重要性，那么我们传统的道德理性究竟是怎样的呢？大致而言，中国传统的道德理性以对人之本性的思考体会为起点，提出道德原则、指导道德行为，同时探讨通过怎样的修养达到道德的境界。

传统对于人本性的分析，主要有心、性、情、欲等概念，其核心则是人性论。在历史上，主要有三种人性论系统：性善论、性恶论，以及介于两者之间的性无善恶论与可善可恶、有善有恶论。这些人性论都要建立道德的生活，但性善论最后成为主流。孟子和荀子分别是主张性善论和性恶论这两种人性论类型的代表。荀子观察到，如果去掉道德的约束，将人放到原始状态下去观察，那么这个“本色的人”只是渴望食物以求生存、欲求异性以保繁衍。这样下去必然导致相互争夺、杀戮。人的这种本色，就可以称为性恶。基于此，圣人就必须“化性起伪”，设置礼义来防止人们争夺、杀戮。孟子则认为，我们小时候知道爱慕父母，稍大些知道尊敬兄长，见到孺子入井会产生怵惕恻隐之心，且不是为了取得别人的赞誉，由此可见人本来就是性善的，而礼义的发生也是圣人顺应人们这种善性而设立的。两人的说法到底孰是孰非，需要我们运用理性加以判断。其实荀子、孟子说“性”的时候并未指向相同的内容，因此这两种貌似对立的学说在学理上不能算是实质的冲突。孟子说食色之类是人的天性，但因为有“命”在，所以不再把这些称作“性”；而天所赋予人的、不同于其他存在的仁义，则应当被称作“性”。两种学说的差别更多在于其为礼乐文明和善行奠定了不同的基础。性恶论推导的是仁义外在论，是对人本性的一种强迫；而性善论则是仁义内在论，是对人本性的培育和生发。显然后一种人性论更有助于我们的道德建设。性恶论看到了人的一些基本需求，但人性论考虑的是其作为人的所以然、所能然和所当然。人显然具有道德行为的能力，且应当做道德的事情。

但是持有人性善的观点便可以认为人人皆是圣人了吗？显然不可能。性善论只是说明人有这样一种道德行为的能力，但至于是否能实现则要看后天的修为和努力。孟子做过一个比喻：一座郁郁葱葱的青山，被砍伐得光秃秃后，人们只看到了山光秃秃的样子，但这并不是山的本性，可是我们还是因为后天不断地戕伐本来的善性，而终成恶人。董仲舒的说法最具有启发意义：“善如米，性如禾。禾虽出米，而禾未可谓米也。性虽出善，而性未可谓善也。”（《春秋繁露·实性》）此处与孟子的意旨是一样的。性如种子，经过培育才可长出最终的善，而一曝十寒的话则最终无法长成。经过培育后所成就的善行，成就的道德的人，成就的茁壮禾苗和稻米，则完全超越了原来作为种子的内容。佛教传入后，很多人受到影响喜欢用宝珠或者明镜守染的比喻，强调“复性”。这种比喻隐含着人有所成就之后的性与原初之性还是完全一致的，但人有所成就之后的善性通过生发与成长，吸收了各种养分，虽然在善的本质上与初性一样，但在内涵和境界上远远比初性深远得多。

这种培养善性的过程，便需要发挥道德理性、需要学习。《周易》乾卦的初九，象征了原初的善性，其九二爻则为善性萌芽生长，因此《文言传》解释说："君子学以聚之，问以辨之，宽以居之，仁以行之。"《中庸》说："博学之，审问之，慎思之，明辨之，笃行之。"思对于我们来说是极为重要的，仅仅有善性而不思，就是遮蔽善性的发动，仍然会做出错误的事情。人有两种器官：一是耳目之官，一是心官。耳目之官与外物接触，它并没有自主性和自觉性，如果没有心官的约束，就会追逐外物而不返。比如舌头喜欢品尝美食，如果放纵而无节制，则会暴饮暴食而损伤身体。心官则有理性，对耳目之官发号施令，当"我"的舌头欲求美食的时候，看到父母在侧，则先让父母食用，克制自己的食欲，就是一个道德的行为。这还只是相对简单的例子，现实中的大多数伦理抉择往往更为复杂，这就需要我们学习、思考，凭借自己的道德理性做出判断。比如：父亲偷了羊，儿子要不要举证？舜的父亲如果杀了人，舜应当怎么办？舜的臣子皋陶作为一名严明的执法官又应当怎么办？这牵涉仁、义、人情等许多复杂的问题，需要用理性加以解决。我们可以举一个具体的例子。曾参是孔子得意弟子之一，以忠孝闻名。有一天曾参耘地伤了瓜苗根，他父亲曾皙勃然大怒，用大杖击打曾参的背部，竟将其打晕。曾参醒来后，又拖着受伤的身躯在房间里弹琴，让曾皙认为他身体没大碍。这看起来好像是非常孝顺的了，但孔子听闻之后，却对曾参大加批评。他举了舜的例子，舜的父亲瞽叟想杀舜，然而瞽叟每次都找不着他，但瞽叟需要帮助的时候舜却总能及时出现并十分孝顺。孔子认为曾参应该"小杖则受，大杖则走"，不然，万一曾皙失手将曾参打死，儿子岂不是陷父亲于不义？曾参听完孔子的分析，才后悔自己的失误。这个故事说明仅仅有一颗热忱的道德之心是不够的，仅仅知道一些道德的教戒也是不够的，还需要人审慎地思考，并且在人伦生活中不断地磨练增长自己处理此类问题的经验。程子说"常思天下君臣、父子、兄弟、夫妇，有多少不尽分处"（《二程语录》），王阳明说"须在事上磨”（《传习录》），都是这个意思。

中国传统的道德理性与西方的有所不同。西方即便是在处理道德问题时，也喜欢用命题的形式、严密的逻辑推理来进行，然后人们再按照推出的法则来做事情，比如康德建立实践理性的法则就是如此。这样推出的法则在现实中或动力不足，“自由意志”在西方被认为是道德的基础，但是经过理性分辨之后却发现其只是一个设准或假设，亦即为了保证道德不得不设定的一个前提。而中国的古人则是通过反省体察到善性之后，慎思而行；没有逻辑的设定这样类似虚无的基础，也不是道德命题必然性所发出的命令。

二、格物致知，中华文化的求知精神

中国传统中以道德理性为重，崇尚人伦道德，然而中国的认知理性并未因此而受到抑制，古代中国人也并非不关心或没能力进行科学求知。

明代末年的大思想家、学问家方以智曾经把学问分作三类：通几、质测、宰理。通几，即通达明晓微妙道理的学问，大致对应哲学、形而上学；质测，即实地观察、测验事物特征规律的学问，大致对应科学；宰理，即有关统治技艺的学问，大致对应伦理学、政治学、社会学。那时他已经接触了西方传教士带来的西方天文学、仪器制造等，认为西方人“详于质测而拙于言通几”，即精于科学而拙于哲学。此外，他也发掘了中国古代质测的传统。概言之，我们的质测传统有两个方面。

一方面是重视实地的验证与观测。我们生活在真实的世界中，眼能见色，耳能闻声，鼻可知嗅，舌可尝味，四肢可触物体。对于一个正常人来说，我们有理由相信自己对于外部世界的感知是可靠的，并且可以将感知表达出来与他人进行交往。我们通过感知做出的判断也可以证明或证伪一些仅仅靠猜测而做出的断定。中国古代多数的思想家都相信感觉经验，并且以之为知识的重要来源。韩非子曾说："言会众端，必揆之以地，谋之以天，验之以物，参之以人，四征者符，乃可以观矣。"（《韩非子·八经》）也就是说，审查一个人的言辞，要经过多方面的验证，这也就是韩非常说的"参验"。先秦的墨家也很重视经验认识，他们对当时感觉经验的基本范畴都有准确的描绘。西方哲人康德说我们人类先验感觉的基础是时间和空间。墨家给时间、空间下定义说："久，弥异时也。""宇，弥异所也。"（《墨子·经上》）这说明墨家已经认识到时间、空间的基础性地位。他们又指出，获得基础知识在于以感官去接触外物，所谓"知，接也"，这样获得的知识便可以称作"亲知"。除了这种最可靠的直接感觉所获得的知识，还有两种知识：一是传授从别人那里获得的知识（闻知），一是经由逻辑论证得来的知识（说知）。

注重经验观察的传统，在天文历法方面最为突出，我国也因此成为保存天文资料最丰富的国家。就纪日来说，从周召共和（公元前 841 年）开始，我们的历史记录就没有一天中断；而对于日食、月食、彗星、行星运动的观测，也有详尽的资料。尽管古人天象观测的目的或许更多是为了警醒君主和安排农业生产，不算后来纯粹意义的天文学，但是这已经使我们取得了傲人的成就。比如汉代的张衡，他在当今最出名的恐怕是发明了地动仪，但在历史上，他是因精于天文历法而见重。这还是根究于他对实际观测的重视。当时的社会上，上至皇帝，下至群臣百姓，都掀起了一股热衷谶纬的风气。所谓谶纬，就是类似后来《推背图》之类的预言，像秦始皇时期民间流传"亡秦者胡也"，预测使秦朝灭亡的是秦二世胡亥，结果秦始皇以为是胡人，于是北击匈奴。张衡的时代，光武帝刘秀就十分相信谶纬，张衡却不信，并且险些因此被光武帝杀掉。张衡曾经引用韩非子的一个比喻，齐王问画家什么东西最好画，什么最难画。画家说，狗和马最难画，鬼最好画。齐王吃了一惊，画家笑着说，狗、马大家都熟悉，画得逼真与否要经过许多人的检验才行，可是谁能知道鬼长得什么样呢，还不是我想怎么画就怎么画。（《后汉书·张衡传》）张衡借此指出，谶纬之类的东西也是近似于画鬼似的胡猜，没有事实根据，是信不得的。明代宋应星的《天工开物》序文里也引用此典，讥讽一些士大夫连日常的事物之理都没有搞明白，却去谈子虚乌有的奇怪事物。宋代的苏东坡曾经写过一篇《石钟山记》，记载他亲自乘船到石钟山下探讨此山得名"石钟"的原因。他经过实际观测，发现史书记载和传闻都是有错误的，于是在文章末尾发出感慨："事不目见耳闻，而臆断其有无，可乎?"

除了天文历法之外，还可以举出另外一个通过经验观察取得重大成就的学科，那就是本草学，它集中体现了我们的祖先注重亲验的精神。本草学是从神农尝百草的传说开始的。不管神农氏之事迹是否存在，它都已经奠定了我们的先人，特别是本草学者的心理结构，即要实地观察、验证物类的形态、特性、药效。本草学这种学问不仅具有医学的意义，从更宏阔的角度来说，它具有博物学和分类学的意义，特别反映了我们先人的自然观。这种分类体系到了李时珍《本草纲目》而总其大成。此书的成就来源有二：一是建立在历代本草书籍知识的基础之上，这是墨子所说的"闻知"；二是李时珍亲自到野外考察所得，这是墨子所说的"亲知"。知识要通过积累、传承才能成其博大，要通过亲自验证才能成其精审。神农所传《本草经》载药仅三百六十五种，唐代苏恭增加了一百一十四种，宋代刘翰又增一百二十种，掌禹锡、唐慎微等人共增补到一千五百五十八种，但是在分类上有混乱，名称也有错讹，甚至药效作用也有问题。于是李时珍穷搜博采，芟烦补阙，阅书八百余家，三易其稿，增药三百七十四种，并且分类比以往的《本草经》更加合理。这样的成就显然不仅仅需要读万卷书，更需要行万里路。李时珍实地考察的精神是十分出名的，比如他听说蕲州毒蛇有很好的药效，就去了蕲州，发现蛇贩子所卖的蕲蛇和当地所捕的有细微差别，于是他就跟随蕲州捕蛇人亲自上山捕蛇，得知了蕲蛇的习性，并了解了蛇贩子的蛇是从别的地方抓过来冒充的。李时珍此类事迹还很多，总而言之，这种亲自观察的精神不仅成就了他在本草学中的地位，而且使中国医学攀上了巅峰。

另一方面是强调逻辑与理论反思。上文说到，墨家提出了获得知识的三种途径：亲知、闻知、说知。其中的说知，就是在经验观察的基础上通过推理获得的知识。墨家对于逻辑学十分重视，并发展了一套严密的逻辑理论。其中最关键的是“以名举实，以辞抒意，以说出故”（《墨经·小取》），意即名词概念要符合事物的实际，判断或者命题要合理地表达意义，整个论证要符合逻辑。“名”，即概念，是人类思维和语言所独有的，表现了我们对自然界的归纳和抽象的能力。墨家将概念分为三类：“达”“类”“私”。所谓“私”，就是专有名词，比如古代有四条大河流，自北而南分别叫作河（黄河）、济（济水）、淮（淮河）、江（长江），这就是“私”；所谓“类”，就是我们概括某一类具有共同特点的事物所形成的概念，比如上面这些河流都可称作“渎”，我们现在叫“河流”；“达”则是更高级、外延更广的概念，比如河流、山川、星辰、草、木、虫、鱼、鸟、兽，都可以称作“物”。如果说墨家对于概念的研究偏向于静态，那么荀子则偏向从动态的角度来探讨概念和分类。在他看来，名词、概念不仅仅是个体对众多事物进行抽象的能力，还是进行交流的凭借。对于正常人来说，大家的感官接触同一物体所产生的感觉是相同的，接触同一性质的物体所产生的感觉也是相同的，因此才建立概念，用来指称和交流，所以荀子说：“凡同类、同情者，其天官（感官）之意物也同，故比方之疑似而通，是所以共其约名以相期也。”（《荀子·正名》）也就是说，概念不仅是对于一类性质相同事物的抽象，还是约定用以交流的工具。对于某一概念，比如，笔与墨水是不同的，而就笔这一概念之中，往下可以分为圆珠笔、钢笔、中性笔、毛笔等，圆珠笔，其下属的概念也各不相同。每个概念之下又有不同的概念——这就是别名。笔与墨水，虽然有别，但仍有共同的概念，我们可以用“文具”来概括；而文具与鸟、兽这样的概念彼此有区别，却又可以用更高的共同概念来支撑，最终到“物”这样的概念可以说是“大共名”。当时有不少诡辩者，提出了许多难以辩倒的命题，比如公孙龙指出“白马非马”，理由是：白是形容颜色的，马是从形体上来规定的，形和色是不一样的；同时我们说“马”，那么黄马、黑马、白马都可以，但我们说到“白马”就不会指称黑马、黄马。如果用荀子的理论来辩驳，那么可以说，马是共名，白马、黄马、黑马是别名，别名是可以被更高一级的共名所蕴含的。在我们的实际生活中，白马明明是马，而公孙龙通过偷换概念，提出“白马非马”这样的命题，这就是“用名以乱实”（《荀子·正名》）。当然除了概念方面的理论，墨家、荀子、公孙龙、惠施等还对判断、推理进行了研究。

对于现代人来说，这些逻辑理论是大学的基础常识，但对于古人来说，能够产生这种自我反思和研究的兴趣，形成理论，却具有十分重要的意义。只有有了形式逻辑的思维，我们才能超越对于具体个例的经验性观察，形成科学知识。爱因斯坦在致斯威泽的信中说：“西方科学的发展是以两个伟大的成就为基础的：希腊哲学家（在欧几里得几何学中）发明了形式逻辑体系，以及（在文艺复兴时期）发现通过系统的实验有可能找出因果关系。在我看来，人们不必对中国圣贤没能做出这些进步感到惊讶。这些发现竟然被做出来了才是令人惊讶的。”我们通过回顾历史可以看到，传统文化中有丰富的形式逻辑的理论，并且也产生了一些丰富的科技成果。只是这种思维没能成为一项重大的事业，没有独立出来，而是附属在社会治理、伦理事务的辩论上。

既注重经验观察，更要注重理性反思，也就是不仅知其然，还要知其所以然——这个所以然之故就是“理”。在古人看来，天地万物，一草一木皆有其理由，等待着我们去探究，这也就是格物、致知、穷理。格物、致知是影响中国至深的经典《大学》里的重要条目。格物就是要接触事物进行探讨，致知就是通过格物获得知识。宋代理学家朱熹这样说过："人心之灵莫不有知，而天下之物莫不有理，惟于理有未穷，故其知有不尽也。是以大学始教，必使学者即凡天下之物，莫不因其已知之理而益穷之，以求至乎其极。至于用力之久，而一旦豁然贯通焉，则众物之表里精粗无不到，而吾心之全体大用无不明矣。"（《四书章句集注》）我们的人心有认知的能力，天下之物也有许多道理待人们去认识。人们学习就是要不断地去探究事物的道理，今日格一物，明日又格一物，通过积累认识的多了，就能产生一种普遍知识。当然，我们可以说，朱子这段话最终的目的还是指向了道德，最终所得的"太极之理"与科学之理不同，但这段话所表明的求知步骤也蕴含着科学求知的一面。特别是因为朱熹这段话在元明清时代的绝大影响力，许多热爱科学的学者皆以此"格物"为名目。李时珍的《本草纲目》为我们的世界建立了一个广大的分类体系，王世贞称之为"格物之通典"。宋应星的《天工开物》，序文里也说为他刻此书的友人"诚意动天，心灵格物"。近代日本人最早用"物理"一词翻译"Physics"，用的就是朱熹"格物穷理"的意思。朱熹本人也曾经因为看到山上岩石中有鱼类蚌壳的化石，所以推测此处曾经是水泽。这说明，"格物致知"是可以与现代科学思想相衔接的。

英国著名学者李约瑟曾经提出过这样的问题：尽管中国古代对人类科技发展做出了很多重要贡献，但为什么科学和工业革命没有在近代的中国发生？这就是有名的"李约瑟难题"。当然，问题提出后引起了许多的辩难，近些年又有不少学者指出这是一个伪问题。不管问题本身如何，值得我们认真思考的是：为何这样一个问题几十年来会如此引起热议和争辩？"李约瑟难题"背后的意识，其实在近代以来就产生了。西方的坚船利炮打破了我们"天朝上国"的美梦，一些人士对西洋文化的态度由鄙弃幡然变为崇拜，并开始反思：为何我们中国在科学技术上落后于西方？我们的传统文化到底能不能培育或容纳西方的科学技术？到了二十世纪二十年代，这个问题引发了一场全国范围的大论战，史称"科玄论战”，又称“科学与人生观之争”。这场论战是以梁启超、张君劢为代表的“玄学派”（即哲学—伦理派）和以丁文江等为代表的“科学派”之间关于应当以何种世界观和方法论来过个人生活及振兴国家和民族的争论。表面上，这场论战讨论的是究竟以科学统治世界，还是保持道德的、美学的、宗教的生活以独立地位的问题，实际上则是要不要以全新的文化代替中国传统文化的问题——须知，“科玄论战”发生前，恰恰是新文化运动及“全盘西化”与“打倒孔家店”的呼声与浪潮高涨时期。科学主义者的逻辑是：科学足以给这个世界提供所有的指导，从人生观到具体生产生活技术；中国传统文化没有科学求知的精神，所以中国传统文化应该被抛弃。

说科学可以解决世界所有的问题，这种观点早已受到了质疑，而且这种质疑就来自西方文化自身。比如德国著名哲学家海德格尔对于技术所做的分析和批判。在海德格尔看来，科学理性宣称能使人追求和达到真理，实际上却遮蔽了真理自身的显现；技术宣称可以让人们更便利和惬意地生活，实际上却恰恰使人工具化，离原初那种天地神人共在的“诗意栖居”越来越远。海德格尔的这种分析，并不是所有西方人都能理解，但中国人能很容易明白，也就是《礼记》所说的“人化物”，即人役于物。在中国的传统里，“格物致知”虽然与科学精神相通，但是究竟没有发展出西方的科学来。在中国人看来，科学理性一定要受到两方面的轨约：一个是道德的生活，一个是审美的生活。人要为科学立法，其中又尤以道德作为统帅。在关于“格物致知”的讨论中，到王阳明，所谓“知”已经被解说为“良知”了，为的就是为学问树立一个“道德的首脑”。

三、德法合治，中华文化的政治构想

对于个人来说，理性精神意味着对道德真理和科学真理的追求。但人毕竟也是群体生活者，荀子就指出，人区别于动物的特点在于“人能群”，即古希腊贤哲亚里士多德所谓的“人是政治的动物”。对于一个共同体而言，理性精神意味着什么呢？现代提到理性社会，几乎都指涉着个人自由、民主平等。然而从更根本和更广阔的角度来说，所谓的理性社会是人们运用自己的道德理性所建立的共同体，它旨在保证人们的生存、尊严和价值。现代民主社会只是理性社会的一种。我们古代的礼法社会学说，也可以说是充满理性精神的，与古代独裁帝国和中世纪欧洲相比，更能凸显理性的意义。当然，所有的基础，首先要从“绝地天通”开始。

传说五帝中的少昊氏和颛顼时代之前，凡人和神生活在两个世界，凡人中那些德行纯正、精神强盛的就能够“降神”，传达神的旨意，于是他们就成为巫师，承担沟通神、人的责任。当时社会有一系列的礼仪来祭祀、侍奉鬼神，井井有条，凡间风调雨顺、社会和谐。不过少昊氏在位时不那么英明，许多部族就开始作乱，德行也败坏了。这个时候，人人都号称能够通灵，家家都有了巫师。凡人们毫无节制地频繁祭祀，鬼神看到凡人德行败坏也不按照规则进行赐予，导致灾异频生，天下一片乌烟瘴气。颛顼临危受命，做出了一项重要决定：命令南正重来管理天上“降神”的事，命令火正黎来管理大地上人民的世俗事务，将民与神分开，这就是绝地天通。

此事见于《尚书》和《国语·楚语》的记载。这虽然是个传说，却象征了我国历史上一次重要的文化和社会转折。少昊氏的时代是巫师泛滥、鬼神信仰泛滥的时代，每个人都疯狂地进行祭祀，所有的生活和行为都听命于神。颛顼的做法有两重意义：一是把民和神分开，二是将对神的祭祀、交留权收在自己的手中。将民与神分开，意味着世俗的事务依据世俗的原则处理，其实也就是按照理性社会的要求处理，人们不再依靠神来决断；而君主或王将与神交流的权力收在自己的手中，意味着神意的解释权属于现实的政治权威，不再有世俗中独立的宗教组织或机构对政权提出挑战。后者的意义更为重大，因为政权压倒神权，意味着世俗社会取得了更优先的意义，人们凭借自己的理性建设这个共同体并为之负责。

绝地天通之后，颛顼的大臣南正重专门主管与神交流，也就垄断了神权。这一方面将神纳入国家的政权、礼仪建设之中，另一方面使人民与神的关系成为“敬鬼神而远之”，都对后世产生了深远的影响。周公制礼作乐之后，祭祀鬼神更被纳入礼的体系，《礼记·王制》中说：“天子祭天下名山大川，五岳视三公，四渎视诸侯。诸侯祭名山大川之在其地者。”后来历代政府都只是在此原则下有所损益而已，如明代的祭祀，据《明史》记载，天子祭祀天地等，王国祭祀太庙、社稷、风云雷雨、封内山川、城隍、旗纛、五祀、厉坛，府州县祭祀社稷、风云雷雨、山川、厉坛、先师庙及所在帝王陵庙，庶人亦得祭里社、谷神及祖父母、父母并祀灶。这里的哲理根据在于，人虽然是天地所造化的，但就直接的形体意义来说是父母所生，我们自近及远去推，则首先祭祀的应该是自己的祖先，这是自庶人到天子一贯的祭祀。庶人只祭祀祖先，不可以越过等级直接祭天，明末大思想家王夫之所谓“不敢忘其所递及，而骤亲于天”（《周易外传》）。天子代表天下的民众祭天，地方官代表一个地方的民众祭祀当地的山川神、先贤等，这是一个合情合理的礼仪体系。古代有五礼，所谓吉、凶、军、宾、嘉等，与神打交道的祭祀，即所谓吉礼，排在第一位。在礼仪体系中的祭祀，一是为了表达对自然尊敬的感情，一是祈求天地鬼神能够保佑民众现实生活中的幸福——这意味着，民众现世而非彼岸的幸福才是第一位的。

在十三经系统中，我们提到“礼”常说“三礼”：《周礼》《仪礼》《礼记》。这三部经典恰好体现了礼的三个方面。《周礼》，又称《周官》，讲的是设官分职，国家行政体系的设置，类似于今天宪法的一部分，这是礼作为大经大法的政治维度；《仪礼》在汉代是正经，故称《礼经》，有十七篇，主要是士君子日常中的冠、婚、丧、祭、宴饮等仪节性的内容，包括人的仪容和器物的规格，在这仪节中体现着等级和秩序，这是礼作为日常生活规范和伦理的维度；《礼记》不是“经”，而是阐发经文的“传”，是儒家弟子论述礼的文章的汇集，有关礼之“理”或“意”的问题在这里都有论述，是礼的形上学维度。这样我们就可以看到，礼文化渗透到古代中国生活、文化的各个方面，几乎无处不在。

没有了神权的分庭抗礼，是不是我们的帝王政治就变成了纯粹的独裁呢？显然，这种观点是受了五四运动以来反封建观念的影响。纯独裁的政权，譬如古代的亚历山大大帝政权，所有的政治和军事机器都为他一个人服务，风卷残云般地征服世界，这算得上是独裁。我国则异于是。钱穆先生《国史大纲》总结得很精彩：“谈者好以专制政体为中国政治诟病，不知中国自秦以来，立国规模，广土众民，乃非一姓一家之力所能专制。……政制后面，别自有一种理性精神为之指导也。”① 钱先生是从选官制度所导致的阶层流动性说明政治的理性精神及其对专制的制约。从根本上来说，礼乐文明正是理性精神的集中体现。古希腊的礼俗是约定俗成的，这就意味着它没有本体和权威；而我们的礼是本于终极之道，协于天地四时的。《礼记·礼运》中说：“是故夫礼，必本于大一，分而为天地，转而为阴阳，变而为四时，列而为鬼神。其降曰命，其官于天也。夫礼必本于天，动而之地，列而之事，变而从时，协于分艺。其居人也曰养，其行之以货力、辞让、饮、食、冠、昏、丧、祭、射、御、朝、聘。”也就是说，礼乃是圣人根据天地之道所制定的，它规定的是人

---

① 钱穆：《国史大纲》，商务印书馆，1996年，第14页。

与人之间的关系。这样礼的范围就大大地扩大了——一方面是人内心的感情和自身的规范，另一方面是伦理的关系和政治的关系。对于先人来说，只要一来到世上，便不可能不在礼之中。只有理解了这个道理，才能明白《周礼》何以是一部讲设官分职的书，因为国家的大经大法都是礼。《周礼》将官职设为天官冢宰、地官司徒、春官宗伯、夏官司马、秋官司寇、冬官司空六大部分，这明显是遵从了前面我们所引的“是故夫礼、必本于大一，分而为天地，转而为阴阳，变而为四时，列而为鬼神”，六官各有职掌，井井有条。试问，若非理性的精神，孰能有如此细密严整的职官系统呢？有人或许以为《周礼》为战国人伪作，但它至少是在周代和春秋官制的基础上整理而成，周代的政体，即便以出土的甲骨文、金文和《尚书》文献来看，也已经初具系统规模。至于说专制，我们从周公训诫成王的一系列话语中，看到周人对于天命的敬畏、民心的重视和自身的约束，便可以判断所谓极度的专制是不存在的。

礼，从根本上来说，有点类似于宪法；而约束人民不犯罪的，则是律。我们说中华文化是“礼法互补”“礼法合治”，也就是在这个意义上来说的。律之中，又以刑律为主。因为一些民法方面的事务，已由礼与宗法来代替了。先秦的法家毫无疑问为法律文化做出了巨大的贡献，其中以商鞅、韩非、李斯等人为代表。中国古代的法家当然不是单纯讲法，而多数是法、术、势结合着讲，因此它是与驭臣术密切相关的，但这并不妨碍其论述法的精彩。法家认为法有三个特点：信、公、分。信，就是法的公信力，韩非所谓“法莫如显”。商鞅变法，立木为信，就是要强调法的公信力和执行力。法家文化的另一个特点是对于公的颂扬。法家试图建立一个井井有条有严格纪律的社会，但他们对公的强调是建立在人性自私或人性恶的基础之上，通过人们追求自私的本性，建立有效的组织和法律体系，保证公共的秩序，从而使民众“勇于公战，怯于私斗”。至于对分的强调，则是律治所十分倚重的。分就是从法律上要分别制定各种细致的条文面对不同的情况，同时对于国家各个阶层、各个职业都有严格、分别的规定，不允许凌乱和逾越。韩非曾举过一个例子，韩昭侯喝醉睡着了，管帽子的小臣看到后拿了衣服给韩昭侯盖上，韩昭侯醒后问谁盖的衣服，管帽子的小臣站了出来，他本以为要得到表扬，哪知韩昭侯直接下令把他和管衣服的一起问罪。韩昭侯的理由是，管帽子的就负责帽子，应该由管衣服的小臣来给他加衣服，两人一个越权，一个失职。由此可见，法律的特色就在于严整性和齐整性。我们常常比较乐和礼，认为乐是主和、同的，礼是主分的。但乐、礼、法三者相较，则礼又是温和的，而法则最为“刚猛”“惨烈”，也因此，法常常面对的是恶，用现在的话说，就是突破底线的行为。乐主化，是以美育化人；礼主教，是以德齐民；法主禁，是以法治国——三者互为补充。

法家的问题在于，强调“法”之外，加入了“术”和“势”，认为社会尔虞我诈且黑暗可怕，特别是朝廷之中，君主的地位无时无刻不受到臣下的算计。因此“术”即君主驾驭臣子之术成为法家学说的核心。“法”在他们那里只是一个明处的东西，而暗处的“术”更为关键。“术”必须由国君一人独操，暗暗地运用于心。由此基础建立起来的社会、行政机构，必然主要依仗君主运用“术”的能力。秦始皇有此能力，故能横扫六国，驱逐夷狄；而至二世灭亡，分崩瓦解如此之速，则是因胡亥能力不够，反被这种“法”和“术”所吞噬。也就是说，法家通过一系列措施，约束甚至违背人情伦理，建立了一个高度紧张的社会体系，它在一定的时间可以爆发出巨大的能量，但却会因一个环节，特别是中心点的失误而迅速崩塌。贾谊《过秦论》批评秦“仁义不施而攻守之势异也”的话很有名，但其更精彩的是对于礼法关系的看法：“夫礼者禁于将然之前，而法者禁于已然之后，是故法之所用易见，而礼之所为生难知也。若夫庆赏以劝善，刑罚以惩恶，先王执此之政，坚如金石，行此之令，信如四时，据此之公，无私如天地耳，岂顾不用哉？然而曰礼云礼云者，贵绝恶于未萌，而起教于微眇，使民日迁善远罪而不自知也。”（《治安策》）

也就是说，这个“礼法互补”“礼法合治”不是礼占一半、法占一半，而是礼为本、律为用，且有各自不同的场合。秦虽因纯用法家而亡，然汉代建立却是承秦制而来，其律法继承了秦律。汉与秦的不同处在哪里呢？是在朝廷结构方面、施政方针方面抑制了法家的术（虽然没有完全抑制）。当然，这时的法律也更多地考虑了宗法和仁礼的内容，执法和司法制度上也颇有了儒家色彩，特别是“以《春秋》决狱”的出现。在此基础上，我国的律法到《唐律》《大明律》《大清律》可说日臻完备。律学也是一门非常重要的学问，如《唐律疏议》中对于许多难以判断的案例有详细的探讨，其考虑的因素，一是合于先圣经典，二是顺于人情义理，三是不违背律法条文。这充分体现了人们在司法判断中的理性精神。

总体而言，在中国数千年历史上，法律传统思想注重“礼法合治”，德主刑辅，礼治和法治两种思想相互融合、相互吸纳，表达了对秩序的追求和对生命的重视的辩证统一。其产生的根源是从自然现象到自然法则，在抽象的法律原理中，自然现象是井然有序的，而其内部是生生不息的，是自然的继续与生命力的合一。当前，建设现代法治国家已经成为政治社会的主流话语。习近平总书记指出：“全面依法治国是国家治理的一场深刻革命，关系党执政兴国，关系人民幸福安康，关系党和国家长治久安。必须更好发挥法治固根本、稳预期、利长远的保障作用，在法治轨道上全面建设社会主义现代化国家。”① 在这方面，传统“礼法合治”和现代法治有着相同的基点，在建立和谐社会、体现人文主义等方面有着相同的内在精神。因为传统礼法精神已经融入我们的社会生活，在构建现代法治社会时，礼治思想也有重要的启示和借鉴意义，应该在扬弃传统的基础上进行构建。只有如此，法治才能真正融入我们的社会。

① 习近平：《高举中国特色社会主义伟大旗帜　为全面建设社会主义现代化国家而团结奋斗》，《求是》2022 年第 21 期。

四、虚一而静，中华文化的理性修养

对于西方来说，理性讲了实践理性、纯粹理性、理性社会基本就全了，然对于中国传统来说，只能算“升堂矣，未入于室也”（《论语·先进》）。

理性是一种高级的思维方式，每个人都具有这种潜质，但未必每个人都能自如、自觉地运用理性。于是如何锻炼和培养理性思维是一个至关重要的问题。古希腊的教育以“三科四艺”著称，三科即文法学、修辞学、辩证法（逻辑学），四艺即算术、几何学、天文学和音乐。根据柏拉图的观点，人的灵魂分为三个部分：理性、激情、欲望。修炼体操和音乐正好可以调节人的欲望和激情，使这三部分取得平衡，然后理性才能居于支配地位。对于理性本身，则是通过辩证法的训练，不断地磨炼才可以达到。总而言之，这是一种“动”的培育理性的方式。

中国的先贤培育理性的方式则是“静”的，这可以说是各家的共法（尽管如名家的理智训练偏于“动”）。荀子提出过“虚一而静”的修心方式，可以说是综合了各派思想家的成果。“虚”不是什么都不去想，如果什么都不想，怎么会有理性呢？所谓的“虚”就是不要用以前的成见来代替即将思考的事，“一”也是同样的道理。所谓的“静”，也不是说完全不动脑子，而是不被纷扰的思绪所乱。当然，为了避免思绪纷乱，使理性发挥作用，仅仅靠精神或理智上“静”的训练是不够的。我们古代的主流文化与西方的那种灵肉二分、理念世界与物质世界二分的思维方式是不同的。就人体来讲，神、精、气、形四者只有高低的差异，没有本质的界限和区别。从清浊来讲，浊则滞碍，清则圆通。形是最为浊滞的；但我们体内有气息，包括行脉之气，具有流动性；精则是气之精，微妙难察；精之又精，无有朕迹，则为不可测之神。神、精、气、形四者一贯，这是将西方精神与物质二分的分析性思维方式难以理解的。孟子说“气一则动志”，身体上调节不好，就很难发挥理性的作用。在儒家，日常的礼仪修养就是一种十分精微的功夫。人们读《论语》，看到第十篇《乡党》多会心生厌倦，因为里面描写了许多看似琐碎的孔子行为仪节，其实正是这些地方才能真正展现孔子的功夫和理性精神。将自己的形体完全符合于理性的要求，这种貌似修形的方式本质上修炼的是心智。古人对于礼有两个训解，一个是“礼，履也”，一个是“礼，体也”，践履仪范，并深切体会之，就是礼的真精神。当然，除了日常的行为磨炼，传统文化中亦特别重视艰难困苦的境地对人心智的培养，在困境中保持心灵的平衡、运用理性，可以获得更重要的开悟。比如王阳明在贵州龙场，不仅地方荒凉、充满瘴气，还要提防刘瑾的暗算，但他动心忍性，终于获得了人生的一次升华。

与儒家相比，道家和佛家尤其擅长做减法，老子说“损之又损”，庄子则要“坐忘”，要“丧我”；佛家则要“观空”，要不思善，不思恶，观本来面目。道家对于形体修炼的关注比儒家更为细致、详备并且更具备“静”的精神。庄子借孔子之口讲述过“心斋”的修养：“若一志，无听之以耳，而听之以心；无听之以心，而听之以气。听止于耳，心止于符。气也者，虚而待物者也。唯道集虚。虚者，心斋也。”（《庄子·人间世》）这里的论述很有意思：把心看作是一个有成见的东西，因为我们的心会常常动、产生意念，所以此时就要“死心”。听之以气，摒弃聪明与心思，冥然独坐，任凭自己的气与天地相融汇，体会与天地为一的感觉。由此本心才能朗现，理性才可攀升至最高境界。老子以水做比喻：纷纷浑浊的水，当静下来时，便变得清澈了。

不少人把古代的这种修炼看作是神秘主义，是反理性的。当我们说“非理性”的时候，一般有两个意思：要么是一种直觉和神秘主义，要么是不假思索的独断信仰。但我们前面讲到古希腊的理性就已经表明，否定了现代的科学理性，并不代表就跌入了神秘主义或独断信仰的领域。

相反的，理性正是要从知性的反思上更进一层。打个比方，理性与非理性是两座塔，而理性与现代的知性却是在一座塔上，只不过理性在塔顶。其实我们传统的心智修炼、理性修养一点也不神秘。这些炼形和修心的方法，正是要恢复我们被遮蔽的理性，犹如宝珠沉入泥中，需要重新拂拭才得清明。西方人笛卡尔通过怀疑一切剥落所有念虑，最后只剩下一个思体（所谓“我思故我在”），胡塞尔搁置判断也只寻出一个先验自我，他们皆通过苦心极力，凭借纯精神的不断思索达到西方理性所能触及的巅峰，然因形、气、精、神不能统一而不能再往上透一层。我们的心智修炼是极高明、极需要思的功夫，焉得看作是无理的神秘主义？

我们身处现代社会，这种修习显得尤其重要。信息量越来越大而纷乱，我们的眼睛越来越向外看，精神也越来越驰于外，从而“化于物”，马克思等思想家称之为“异化”。有时候，面对纷繁复杂的大千世界，面对网络的爆炸性信息，我们应当适时静下来，抛除自己纷乱的杂念，使理性呈现，令心底澄明，而不是做“键盘英雄”，参与无谓的口舌之争。先哲老子所说的“涤除玄览，能无疵乎？”（《老子・十章》）应该令我们受到深刻的启迪。

第六章

家国同构的社稷观念

习近平总书记在2023年新年贺词中说，“广大青年要厚植家国情怀、涵养进取品格”[1]。对于每一个中国人而言，个体与家庭、家庭与国家之间并非相互限制、相互制约的关系，相反，它们是相互依存、相互完善的。家庭是最基本的单位，而国家则往往被看作家庭的延展，国是大家，家是小国。国家的发展壮大离不开每一个家庭的支撑，家庭的幸福美满同样也离不开国家的稳定繁荣，家与国本身就是一体而同构的，这一家国同构的理念不仅影响了中国独特的政治传统，也铸就了中华民族独特的文化理念。在过去很长一段时间里，我们常常将家国同构的传统与家长制的统治模式联系起来，认为这一观念的形成是统治者出于为自身的统治目的服务而建立的，其实这是失之偏颇的。诚然，家国同构的观念为家长制的统治方式提供了思想基础，但这一观念的形成同中国人自身的文化心理结构也是密切相关的。我们知道，在中国传统文化中并没有形成以追求彼岸世界为旨归的宗教文化，它所呈现出的更多是世俗性与现世性。彼岸世界的设立，目的是为困顿的现实生活设置理想，帮助人们“解决”在现实生活中遭遇的种种苦难。但这并不意味着中国人精神困顿无所皈依，世俗化的倾向让我们将目光更多地投向家庭的延续与国家的未来。中国人在现实中遭遇困境时，没有借由彼岸世界寻找解脱，而是寄希望于子孙后代，寄希望于贤君明主。因为我们始终抱持这样一种理念：个体的价值能够借由家庭得以延续，国家的治乱决定了家庭能否完满。也正是因为如此，中华民族形成了独特的家国同构的文化理念，这一观念反映在统治阶层、大众、士人等各个层面，就形成了民为邦本

---

① 《国家主席习近平发表二〇二三年新年贺词》，《人民日报》2023年1月1日第1版。

的民本思想、万民归心的统一情结、胸怀天下的担当意识，以及成仁取义的奉献精神等一系列各具特色的社稷观念，成为深深影响后世并至今仍发挥作用的重要文化传统。

一、以人为本，中华文化的民本思想

“民惟邦本，本固邦宁”，《尚书》中的这句话无疑是中国民本思想的源头和典型表达，一个国家的根本在于民众，只有根本牢固国家才得以安宁。民本思想可以说是中国古代思想中最为重要、最具影响的部分之一。民本思想之所以能够在中华文明中占据如此重要的地位，与中国文化独特的人本思想密不可分。人为天地之心、人是万物之灵，天地化成万物，而人居于天地之间，吸收天地正气，成为宇宙间与天地一样最值得珍重、正视的存在，在《周易》这部典籍中，古人就通过独特的符号系统以八卦形象符示出三才之道，“立天之道，曰阴曰阳；立地之道，曰柔曰刚；立人之道，曰仁曰义”（《周易·说卦传》），人立身于天地之间，每一个个体都同样延续着天地生生之德，禀持仁义的道德品性。因此每个人的价值都是值得高扬和尊重的，这是中华文明独特的人文理性传统，也是民本思想的内在根基所在。

早在商周时期，民本思想便开始萌芽，西周取代殷商王朝后，首先面临的便是如何解释天命转移的问题，为什么自诩是天命所归的殷商统治者会被推翻、取代？用今天的话来说就是，西周王朝取得政治合法性的根据何在？于是，“天命不常”“以德配天，敬天保民”的观念合乎逻辑地出现了。西周的统治者们提出，殷商王朝被取代的原因在于天命发生了转移，天命并非恒久不变的，能否转变的依据在于在位者是否有德，而判断有德与否的唯一标准则在于是否符合民意，这也就是我们都熟知的“天听自我民听”，将天命本身与民意连接在一起，无疑凸显了以民为本的基本价值判断。此后这一民本理念便开始在中华大地上生根发芽，不断地在后世被拓展。我们在孟子所说的“民为贵，社稷次之，君为轻”的社稷理念中，在荀子笔下“君民舟水”关系的探讨中，在黄宗羲大声疾呼社稷变化“不在一姓之兴亡，而在万民之忧乐”的呐喊中，都能看到中华民族民本思想的延续与发展，可以说民本思想成为过去几千年中国传统政治理念中最为核心的观念之一，发挥着不可替代的作用。然而随着中国近代以来一步一步走向衰弱，西方坚船利炮不仅打开了中国的国门，同时还打破了天朝上国的文化自信，在盲目向西方学习的过程中，在大量引入西方民主观念、民权观念的过程中，很长一段时间内，我们逐渐将民本思想看作是统治者治理民众的手段与方法，它的实质就是驭民之术、用民之道，中国传统的民本思想不过是旧时代下统治阶级愚弄百姓的美丽谎言而已。然而如果我们拨开西方中心主义的迷雾，摆脱旧时代救亡图存的激进主张，再一次重新审视我们的民本思想，就会发现其实并非如此。

要判断民本思想是否仅仅是统治阶级的驭民之术，首先需要界定民本的前提和目的是什么。民本思想本身是同中国独特的家国同构传统密不可分的，我们之所以常常会对民本思想产生误读，这与我们对家国同构理念的误读有关。比如我们在界定中国家国同构的社稷理念时，是不是简单地将之理解为家长制的统治模式，将其看作将家庭中父子之间的上下关系移植到君臣间的等级关系？我们对家长制进行评判时往往着眼于父对子、君对臣的绝对权力与单方面服从，其实从中国文化传统来看，这是不符合中国文化精神的。中国人眼中的家长制关系，往往从正面凸显其积极意义，无论是父慈子孝，还是“老吾老，以及人之老；幼吾幼，以及人之幼”，中国人习惯从血缘之爱出发，力图将“亲亲”之情推而广之，由对自己父母的爱推及对他人父母的爱，由对自己家庭的责任推展到对祖国大家庭的责任。在这一视角下，家国同构理念下的君主，被界定为整个中华民族大家庭中的家长，而这一家长角色的确定其目的本身并不仅仅在于确定其无上的权威，而是希冀于为君者能够如同父亲关爱自己家庭一样善待自己国家的臣民。尽管在现实国家发展的过程中，这一理念时常被统治者视为加强自身统治的手段，视为"三纲五常""君要臣死臣不得不死"等一系列单方面的统治理念，但是，对于这一理念本身的真实内涵及价值同样是需要我们去了解的。

了解了这一前提之后，我们再次审视一下民本思想，其实会有更为深刻的体会。民本的"本"字有根基、主体的含义，从这个角度上讲，最初在《尚书》中出现的"民惟邦本"，一方面是在说民是国家的根基，另一方面则是在讲民是国家的主体。不难看到，无论是作为国家的根基而言，还是作为国家的主体而言，这里的民本思想都不存在任何"驭民之术"的影子。我们一般意义上所批判的民本观念，主要是后来统治者对于民本思想的改造，他们所谓的以民为本，其实是以君为本，要么从正面理解所谓得民心者得天下，要么反过来说失民心则失天下，其实都是从根本上改变了民本思想的主体。因此，我们要看清中国传统民本思想的面目究竟如何，首先需要确立一种基本理念，要将作为中华民族文化精神的民本理念，同作为一些统治者利用改造后的民本口号区分开来，尽管从历史的发展脉络来看，两者是同时展开的，但两者之间的精神内涵则完全不同。而这一理念其实也是我们在把握中华民族精神时应当抱持的态度。

带着这样一种理念，我们重新审视民本思想发展的历程。商周更替之际，周公在告诫殷商遗民时，强调政权受命于天，政治合法以德行为准。"敬天明德之要，不在祭祀，而在保民。"（《尚书·周书》）很显然，在周公看来，统治者是否具备政治合法性的根本，在于是否天命所归，天命则通过民意来反映。倘若统治者不能保民，便丧失了继续统治的权利。反过来说，民众也就有了借天易君、推翻统治者的天然权利。在这里我们不难看到，民本的理念并不是一种统治的方法理念，相反它被看作是政权得以继续下去的前提和基础。

在先秦，借助天的权威来抬高民的地位，已经发展为一种良好的传统。“天视自我民视，天听自我民听”“民之所欲，天必从之”，在这里，民已经成了自行与天相通的独立的人格主体和政治主体。在《左传·襄公二十五年》中记录了这样一则故事，当时齐国的齐庄公被杀死，而作为大夫的晏婴不肯从君而死，他的理由是作为百姓的君主，并非就是以自己的地位凌驾于百姓之上作威作福，作为臣子，不是为了获取俸禄才去侍奉君主，而是为了江山社稷，为了黎民百姓。同样，作为君主为了江山社稷而死是死得其所，如果为了个人私欲而死，是不值得同情的。民是天生的，君是树起来的。君与民有利害冲突时，自然要舍弃君的利益，保全民的利益。在故事中我们可以清楚地看到民本思想在先秦时代的进一步发展，在那个礼崩乐坏、诸侯四起、百家争鸣的时代，民众的作用也越来越受到关注和发展。孔子说“为政以德”，认为不能以仁心施仁政的统治是完全无法立足的，这是在君臣关系、君民关系上对民本思想的拓展，但是孔子本人面对当时那个无道者当权的社会现实，没有从正面阐发民众推翻暴君的天然合法性，而更多的是强调知其不可而为之的个人努力。孟子则对民本思想做了进一步拓展，他提出“民为贵，社稷次之，君为轻”的民贵君轻说，成为后世不断阐扬的重要民本理念。孟子对民本理念的发展，我们同样可以用一则故事来说明。孟子曾经与当时的齐宣王围绕着臣子弑杀君王的问题展开过一次对话。对于作为君主的齐宣王而言，他认为无论这个君主本人德行是否败坏，作为食君之禄的臣子，都不应当做出弑杀自己君主的行为，这是大逆不道的，违反了君臣之间的纲常关系，即使如夏桀、商纣王这样昏庸无道的君主，他们的臣子所应该做的也应当是尽力规劝而不是取而代之。然而在孟子看来，诛杀如夏桀、商纣这样的君主不能被定义为弑君，因为当君主不能以民为本、敬天保民时，他也就失去其作为君主的合法性了，所以当臣子杀死这样的君主时，只不过是诛杀了危害人间的坏人而已。从这一则故事中，我们不难看到民本思想在孟子这里已经不仅仅用于阐发当政者的权力合法性来源于民众，更是进一步指明了民众的权力——可以依照自身的标准选择合适的君主。这也是为什么我们在中国历史上总能看到，起义者以“王侯将相宁有种乎”“苍天已死，黄天当立”等口号反对当权者了。此外，从墨子的兼爱思想、老子的无为而治理念中，我们都可以看到民本思想的影子。可以说，在这一时期民本思想是由各个思想家阐发并大放异彩的。

民本思想在秦汉以后，随着大一统格局的逐渐稳定，开始不断地被统治者异化为一套维护自身统治地位的手段。可是，剔除这些异化的民本外壳之后，我们仍然能够看见民本思想自身的发展轨迹。我们在《礼记·礼运》中可以看到“大道之行也，天下为公”的论述，汉初贾谊也指出“天下者，非一家之有也，有道者之有也”，民本思想开始有了新的内涵，民众不仅能够借助天命来伸张自身的权力和实现利益，而且直接被看作是天下的主人。儒家的现实主义者董仲舒也提出“天之生民，非为王也。而天立王，以为民也”（《春秋繁露》），面对当时当政者权力愈发集中的现实，提出以天意来制约君权，而非将皇权直接等同于天意的化身，可以说代表了在无民主观念和民权制度的当时，知识分子为扼制权力滥用做出的艰难尝试。同样，在后世士子以身死谏君王的行为中，在起义者“替天行道”的行动中，我们不难看到民本思想的草蛇灰线。

明清之际，知识分子借着国破家亡的惨痛经历，使民本思想有了进一步的升华。知识分子开始能够跳出以往君臣、君民的封建帝制模式，而去重新思考民本问题，这是前所未有的。他们提出以“公天下”取代“私天下”，直接针对以往探讨的君臣关系、统治与被统治关系，认为君与臣一样都是为天下、为民众服务而存在的。君主如果将国家看作自己私有的，或是利用自身的权力去满足私欲，那他将成为国家的祸害。国家的制度法律必须是保障广大民众权利而不是为皇权服务的。他们抨击以往的历史，认为“自秦以来，凡为帝王者皆贼也”这一理念可以说是对民本思想的极大推动，使得中国的民本思想具备了一定的现代意味。可是很快，随着西方文化的强势侵入，知识分子的目光大量投向彼方以寻求救国真理，并开始用西方的民主民权来批判我们自身的民本。可回过头来，我们重新审视一下过往，当时人们大声疾呼的西方民权、民主思想其实更多的是以中国传统一脉相承的民本观念做出解释的，或者说，民本思想本身并非与民主、民权思想格格不入。从严复将西方的“天赋人权”解释为“民之自由，天之所畀”（《辟韩》），也就是说上天既然给予生民生命，也就自然给予其相应的自由，到梁启超提出从权力角度界定仁心、仁政，从孙中山所说的民权就是人民集体的政治力量，到毛泽东所说的人民当家作主，我们不难看到民本思想的延续与发展。这一系列思想的演进，一方面吸收了外来注入的民主、民权、阶级斗争等理念，另一方面则承袭了中国传统的民本精神，张扬了民本思想里的权利要素。这都是今天的我们应当看到的。

历史是川流不息的活水，现实不过是历史的承续与变迁。今天，中国共产党人要求“以人为本”，走群众路线，提倡“民有、民治、民享”“为人民服务”“人民当家做主”“权为民所用、情为民所系、利为民所谋”“立党为公”“执政为民”“发展全过程人民民主”等原则，与其说是启蒙的结果，不如说是民本思想的发扬光大。一如习近平总书记讲述为官之道时所提出的“当官，当共产党的‘官’，只有一个宗旨，就是造福于民。这是共产党的‘官’与旧社会的官的本质区别。造福于民要大公无私。只有无私才能无弊，无弊才能为政公平，使民安居乐业。造福于民，还要与民相知心，这就要切实改进领导作风，深入群众，密切党同人民群众的联系”①，这无疑是民本思想的时代体现。只是到了今天，我们再次弘扬中国民本传统时，我们要主张的，不再是统治者之所本，而是民之所本；我们要深究的，也不是统治者以何为本，而是民以何为本。

① 习近平：《摆脱贫困》，福建人民出版社，2014 年，第 38 页。

这里的民不再是臣民，而是公民；这里的本，不再是治者政基永固、长治久安之本，而是民众自立自强、幸福安宁之本。

二、大一统，中华文化的统一诉求

如果说民为邦本的民本理念为中华民族文化注入无限生机活力，那么万民归心的统一情结则是中华民族能够历经千年沧桑而始终绵延不断的重要精神凭借。我们常以中华民族具有五千多年的文明历史为傲，然而更值得骄傲的是中华民族这五千多年的文明进程是从未间断的。人类文明发展进程中，曾经出现过许多文明，如苏美尔文明、古埃及文明、古希腊文明、古印度文明、中华文明等，在这些文明中唯有中华文明延续不断，形成一条以统一为常态的发展之路。人类历史进程中统一的大帝国也曾有许多，如古罗马帝国、拜占庭帝国、奥匈帝国等，然而这些统一往往昙花一现，从未形成如中国般稳固的统一国度。究其原因，这与中华文化逐步形成的统一情结是密切关联的。我们如果稍加反思，就不难体会到这一情结其实早已根植于每个人的心底深处，统一完整的中国是每个中国人对国家形态的最基本认识。正如习近平总书记指出的，"中华文明的统一性，从根本上决定了中华民族各民族文化融为一体、即使遭遇重大挫折也牢固凝聚"①。

中华民族万民归心的统一情结，与中国独特的地理环境有关，与中国帝制的政治模式有关，也与中华民族独特的文化传统有关。黄河流域是中华文明的摇篮之一，我们常说黄河是中华民族的母亲河。孕育黄河流域文明的是一片平坦的黄土，它覆盖了从华北平原东到大海的整个区

① 习近平：《在文化传承发展座谈会上的讲话》，《求是》2023 年第 17 期。

域，这种纤细的，带有天然肥力和吸水性的土壤易于耕作，为中国原始先民提供了必要的生活条件。同时黄河中游由北至南将黄土地分为两半，而黄河的河水中夹带着大量泥沙，所以黄河河床经常淤塞，引起堤防溃决，这在客观上导致了在这片土地上需要形成一个强有力的政权组织形式，能够动员强大的人力物力共同抵御水患。孟子讲述的以邻为壑的故事其实就能说明这一点。在战国时期，有一次孟子来到魏国，魏国当时有一位名叫白圭的治水专家，自诩治水本领已经超过了大禹。孟子当场就驳斥了他，孟子说大禹治水是将四海当作沟渠，把水患导入大海，于人无害，于己有利，然而白圭治水则是把邻国当作水沟，保护了自己的国家，却把水患引到邻国去了，于己有利，而于人有害。“以邻为壑”今天已经成为寓言故事，然而这在当时的中国确实是事实，列国分立的时代，各国之间可能为了自身的利益而以邻为壑，同时，以一国力量也无法完成对黄河水患的治理，这也在客观上促使中国民众形成渴望统一的内在要求。除了地理原因之外，气候因素也是我们不能忽略的，中国历史上有多次气候波动，分别发生在公元 450 年的六朝，公元 1200 年的南宋，公元 1280 年的元代，公元 1460 年的明代，公元 1650 年的清初。很明显，这几个时期都是少数民族内迁的重要节点，这并不是偶然现象。一般而言，气温降低 1 度，温带与暖温带的分界线要南移 200 公里左右，游牧民族赖以生存的肥沃草原因气候变得寒冽干冷而干枯萧条，牛羊马匹大量死亡，游牧民族不得不向南推进，气候成了他们南下的天然动力。这种现象造成下列后果：一方面，中原分裂，大量人民南逃，江南得到了开发；另一方面，游牧民族与汉族共同生活，促进了少数民族的汉化和民族融合，为日后统一的多民族国家的形成奠定了基础。

当然，中华民族统一情结的形成与中国独特的政治文化和天下观念也息息相关。从《山海经》所记录的古人对于远方的地理知识与见解中，不难发现中华民族统一情结的因子。《山海经》把全国分为东西南北中五个部分，分列五经，以今天山西省的西南部和河南省的西部为《中山经》，自此以东为《东山经》，以南为《南山经》，以西为《西山经》，以北为《北山经》，并分别加以描述。《山海经》的意义不仅在于描述自然环境，更重要的是表达了远古时期中华民族的先民们追求国家统一的自然地理观，这与后来中国出现的九州天下观的内在理念其实是一致的。这种理念最直接地反映了中华民族深层次的统一文化心理。

就政治文化方面而言，我们所了解的最典型的就是“大一统”的政治理念，这一理念对中国统一格局的形成以及中华民族统一心态的塑造起到了重要的作用。就这一理念的形成而言，最早可以溯源到夏商时期。夏商时期，原有禅让制退居幕后，“家天下”观念由此形成，权力开始被高度集中。周朝通过分封制将国家权力按照血缘关系的方式进行划分，形成天子、诸侯以至平民的统治格局，一统天下的局面及意识开始显现。春秋战国时代，随着诸侯国实力的上升，周王室逐渐失去天下共主的地位，群雄争霸、百家争鸣，尽管客观上促进了中国文化的蓬勃发展，但连年不断的战争也给百姓带来了无数的苦难，统一逐渐成为广大百姓的共识，四海一家、海内一统的思想盛行在当时各家各派的主张当中。最终，秦朝完成了天下一统的大业，而秦朝所规定的“书同文，车同轨”律令，也为后世中国形成统一情结奠定了重要的文化基础。强大的秦朝二世而亡，这对接续的汉王朝治国理念产生重要影响，“大一统”的政治理念也最终因此得以确立。汉武帝时期是西汉王朝的极盛时期，也是中国历史上国土疆域大规模扩展时期，奠定了统一的多民族国家的地理基础。汉代大儒董仲舒则承继前派各家，将“大一统”进一步阐发引申，形成了完整的政治评价体系和政治哲学理念。他提出“大一统”是“天地之常经，古今之通谊”。也就是说，天下一统应成为生活的常态和历史的基本要求，自此，保卫国家的统一、领土的完整和维护社会的稳定，被视为正统观念，成为中华民族的最高原则和目标。自此之后，中国历史的发展呈现出“大分裂—统一中分裂—统一—小分裂—统一”的周期发展规律。中国社会分裂的次数越来越少，分裂的程度也越来越低。无论是在分裂时期还是在统一时期，统治者的观念中“大一统”理念一直占据主导地位。这造就了中国社会分裂的时间短、统一的时间长，统一成为中国发展的大趋势。可以说，中华文明正是中华“大一统”思想在历史发展中不断巩固和强化的结果。近代以来，中国各族人民饱受帝国主义的欺凌，他们并肩战斗抵御外侮，共同保家卫国，英勇地捍卫国家的主权统一和领土完整，从根本上证明了中华文明所具有的顽强生命力。

回顾中国历史，我们看到，统一情结极大地增强了中华民族的凝聚力，对中国精神的凝聚及中华民族的统一都产生了重大影响。在这一理念下，中华民族逐步形成了“华夷同源，天下一统”的民族观。春秋以前，“夷”原是华夏族对非华夏族的统称，而“华”主要与“夏”对称，本义为“花”，引申为有文化、文采。华夷对称，从而彰显“高贵”与“卑贱”、“典雅”与“猥琐”之别。随着民族交往日益频繁，“华夷严防”逐渐被打破，在天下一家理念的影响下，古人曾说，“夷狄入中国，则中国之，中国入夷狄，则夷狄之”，认为不同民族之间并不存在绝对的高下差别。孟子继承了孔子的民族区别观念，进一步提出“圣王无种说”，认为中国任何一个民族只要有才能，都可以统治中华成为圣王正统。这一理念突破了民族狭隘意识，从精神层面上认同和确立了中国各族人民共同的血缘纽带，有力地促进了中国各族人民的融合和交往，对中华民族的融合与发展起到了巨大作用。万民归心的统一情结还塑造了中华民族强调整体、“和而不同”的文化观。作为统一的多民族大国，执政者要想获得统治的合法性，思想上就必须寻找放之四海而皆准的准绳，就必须突破民族局限，从各地域、民族文化中抽象出一个综合的文化体系。同时，在汉民族人口占大多数的文化中，要保持政权的高度集中与长治久安，必须形成一种尊重差异的文化体制，一方面强调各民族原有个性，另一方面主张通过交流逐步消融民族差异，形成“和而不同”的文化观念。我们都说中华民族是龙的传人，而龙这一形象的形成，其实就与文化的一统、民族的融合息息相关，龙的形象本身就是源自不同文化、不同部落的图腾崇拜的整合，不是哪一强势的部落、文化吞噬了消灭了其他部落，而是各部落在保持各自特点的情况下同归一体，这一点是我们应当看到的。另外，这一理念也造就了中华民族“集体至上，追求统一”的价值观。这种集体主义价值观最直接的表现正是贯穿在中华文化慧命长河之中的爱国主义精神。爱国主义精神源自一种深厚的感情，一种对于自己生长的国土和民族所怀有的深切依恋，它的形成依托于中国独特的地理环境，依托于中国“和而不同”的文化向心力，依托于中国独特的家国天下情怀。这种感情在历史的长河中，经过千百年的凝聚、激发，最终被整个民族的社会心理所认同，升华为爱国意识，成为一种道德力量，对国家、民族的生存和发展具有不可估量的作用。在历史长河中，不论是汉族掌握中央政权，还是少数民族入主中原，统一是中国发展的大趋势。凡是制造民族分裂、破坏国家统一的败类，都会遭各民族同胞的唾弃。这一点也是同中华民族家国同构的社稷理念一脉相承的，我们始终坚信没有“大家”就没有“小家”，覆巢之下无完卵，每个人的最终价值都只能在国家层面下才能获得真正的体现，于是，爱国主义、集体主义、公而忘私、毁家纾难等一系列行为成为中国人价值评判的重要准绳。

时至今日，中华民族的统一情结，中国“大一统”的深刻内涵，仍旧深深地影响着我们的国家以及个体，具有很强的现实意义。特别是在全球一体化进程中，地球村已经成为人类统一的共同家园。人与人、国与国之间已经不允许只从自己的立场和利益考虑问题。因此，当代社会的飞速发展越来越呼唤超越民族和国家的、适应全球化潮流的思维和价值观念，而“大一统”的文化理念，“和而不同”的统一追求，对今后中国如何在全球一体化格局下给予自身合适的定位都有现实启发。此外，对于当今中国自身而言，统一的民族情结是协调各群体关系的纽带，也是构建和谐社会的重要手段。由于历史、地理等原因，各地经济社会发展程度不同，各民族文化有明显的区域特征，但同时也具有中华文化的共同属性，各民族交往交流交融，形成了中华民族共同体。

中华民族万民归心的统一情结形成的历史，也就是中华文化影响力不断扩大、农耕文化与游牧文化不断汇聚沟通、中华民族不断发展壮大的历史，就是中国传统文化中的主流文化对其他文化不断兼容与吸纳、借鉴与融合的过程。在这一过程中，汉族文化、匈奴文化、突厥文化、蒙古文化、满族文化，乃至域外的佛教文化、阿拉伯文化、基督教文化不断融合，和谐发展。中国如今正步入历史发展的新纪元，开始迈向实现中华民族伟大复兴、实现中国梦的伟大征程当中，相信中华民族独特的统一理念，会发挥越来越重要的作用。

三、胸怀天下，中华文化的担当意识

“先天下之忧而忧，后天下之乐而乐”，范仲淹身上所呈现出的这份忧患，正是沉淀在中华民族血液当中胸怀天下的担当意识。无论在风雨飘摇的王朝末世，还是在国运昌隆的太平盛世，无论是身居庙堂之上的智士能臣，还是躬耕劳作的寻常百姓，这份胸怀天下的担当意识从未有稍许褪色。无论自身能力如何、地位如何，“位卑未敢忘忧国”，我们在知识分子的奋笔疾书、奔走呼号中，在寻常巷陌百姓对国家大事的各抒己见中，都能切实地感受到这份精神。这种担当意识同中华民族万民归心的统一情怀和民为邦本的民本理念是一以贯之的，每一个中华儿女正是在统一情怀及民本理念的熏染下，才对自己的国家自然而然地充满热爱，继而自觉具有一份担当。“天下兴亡，匹夫有责”正是这一担当的最佳注解。这种担当意识在塑造中华民族民族性格过程中产生了巨大影响，并且具有极强的现实意义。

中华民族胸怀天下的担当意识由来已久，并且在传承与发展过程中不断被注入新的时代内涵。西周以降，随着王室衰弱、诸侯崛起，中国进入诸侯争霸的春秋战国时代，这是一个战火不断、生灵涂炭的时代，同时也是一个各思想迸发、相互激荡的时代。旧有的贵族分封制传统逐渐解体，士大夫阶层也开始脱离过去的重重束缚，登上历史舞台，面对纷争不断的乱世，他们开出了风格各异的救世良方，有主张以仁心施仁政、行王道的儒家，有主张小国寡民、无为而治的道家，有主张兼爱非攻的墨家，有主张严峻刑罚的法家，还有主张拔一毛而利天下不为也的杨朱学派。众多的学派为中华民族文化带来空前繁荣，同时也逐步塑造了中国人特别是当时的士大夫阶层强烈的担当精神。这一担当精神，在那个时代集中表现为以一家之学试图匡扶乱世，救国家于危难。到了秦汉时期，随着“大一统”局面的初步形成，这份担当意识又被注入了新的内容，得君行道、为帝王师成为汉代士阶层担当意识的集中体现。汉代是儒家学说逐渐被定为一尊的时代，同时也是一个谶纬神学弥漫的时代。我们看到，当时的知识分子一方面皓首穷经，力图通过对儒家经典的研习，成为经学博士，从而施展自己的志意抱负；另一方面，又企图通过谶纬神学、天人感应的方式限制日益强大的皇权，比如用天降灾异说明皇帝的行为有所偏颇，从而导正和限制帝王的行为。可以说，在这一时期胸怀天下的担当精神表现为一种“法天道以开人文”的社会人生理念，一种为帝王师的承担与追求。汉代的知识分子凭借当时对天文历法、节气物候的感性把握，力图实现与大宇宙的同步脉动，并借此要求上至最高当政者效法天道以此推行其治国家平天下的理想，下至黎民百姓也能够顺应天时来安排农作，最终整个社会各个阶层都各自能够依循时节、天道的流转来安排自己的生活，立身处世。这是那个时代的知识分子思想的主旋律，也是每个知识分子自觉担负起的国家责任。唐宋时期，这份担当意识再次被注入新的内涵。佛教自汉代传入中国后，经历了南北朝时期的充分发展，在中华大地上生根发芽，产生了重大影响，对当时的中国本土文化特别是主流的儒家文化造成很大的冲击，而这一过程，一方面促进了中国文化对异质文化的吸收与融合，另一方面也刺激了国人对中华文化本身的文化自觉。知识分子开始承担起复兴中华文化、继承道统的重任，力图为中华文化注入新生命。于是我们看到了唐宋八大家，看到了宋明理学与心学，知识分子为帝王师的心理也开始蜕变为做万民师，承担起教化万民的责任。中华民族的担当精神被注入了文化担当的新内容。明清之际，世俗化社会生活愈加丰富，我们从戏曲、小说的兴盛中就不难看到这一趋势，而在这一时期，普通民众的个性意识与诉求开始愈加明显地表现出来，担当精神也开始不再仅限于以帝王师、万民师为目标，不再局限于以继承道统为责任的知识分子，而是扩展到千千万万普通的百姓身上。“天下兴亡，匹夫有责”正是这一精神的直接体现，对国家、对民族的担当被落实在每一位中华儿女的身上。这一担当精神，在中国进入近代，饱受列强欺凌的苦难后，更是获得充分的发展，民族的自觉、国家的自觉，每一个个体都开始责无旁贷地承担起家国责任。绵延了几千年的担当精神，也最终沉淀到了中华儿女的血液深处。

总的来看，中华民族的这份担当精神集中表现在三个层面。

首先，这份担当意识表现为忧道、忧国的深重忧患意识。忧患意识本来是一种强烈而深刻的内心情绪，它源自人们在历经沧桑后对生命、对人生的深刻领会，每个有人生阅历的人或多或少都会有忧患意识，而对于中华民族而言，在漫长的历史发展长河中，历经了太多的治乱沉浮、太多的人生沧桑，于是这一忧患意识经由先辈们一代代的反思和传承，最终沉淀在每个中华儿女的血液深处，成为独特的中华民族心理结构——安不忘危，存不忘亡，治不忘乱，居安而思危。这种忧患意识培养了中华儿女的历史使命感，培育了他们挺身而出、不屈不挠、艰苦奋斗的内在精神动力。正如孟子所说的“生于忧患，死于安乐”。这既是对个体人生的一种感悟，同样也是在家国情怀下对国家的一份担当。正是这种具有强烈社会历史责任感的忧患意识，造就了中华民族乐观进取、奋斗开拓的担当精神，让中华儿女在面对价值选择时往往能够置个人名利、地位，甚至生命于不顾。这一忧患意识不仅表现在个体对家国责任的担当，而且表现在接续中华民族文化传统上一往无前的勇气与决心。中唐时期，在佛教思想大行其道的背景下，韩愈在《原道》中所表达出的对接续儒家道统的担当精神，正折射出文人志士对中华民族文化的责任感与使命感。也正是在这一精神的推动下，我们看到中华文化在充分吸收外来佛教文化的基础上，进一步开拓出全新的局面，这也是中华文化能够始终延续发展，并且生生不息的内在动力之一。

其次，中华民族的担当精神也表现在中华儿女积极入世的情怀和经世济民的思想和行动上。中国没有形成西方在宗教文化影响下出现的以自我救赎为背景的奉献精神，但在家国同构传统的影响下，中国人习惯于将自身的努力与发展放置在家庭与国家背景下进行衡量。中国没有如美国梦般推崇的个人奋斗式的英雄主义情结，但中国人形成了将个人奋斗同国家发展放置在同一方向的集体主义思想。这一理念直接表现为中国人积极投入世俗生活的热情及经世济民的行动上，这一情怀最直接体现在中华民族主流文化精神中，修身、齐家、治国、平天下的理念，是每一个儒家知识分子秉持的基本理念。从孔子一生周游列国以实现自己政治理想的行为中，我们就不难看到这份经世济民的担当意识，尽管一生栖栖遑遑，尽管政治抱负没有在列国中得到实施，但孔子这份积极入世的态度与敢于担当的精神，成为后世儒家重要的精神内核并被世代传承。亚圣孟子“如欲平治天下，当今之世，舍我其谁”这句豪气万千的话语，正是中华民族担当精神的绝佳注脚。这份情怀并不高远，并非只有身居高位、富甲一方才能承担，它本身就落实在每一位普通大众的日用常行之间。“修齐治平”也并非只有成就了一番霸业、成为人中龙凤才得以实现，社会中的每一个个体，只要秉持这份精神，自觉担当起个人在家庭、社会、国家中的责任，无论身份高低、功业大小都是实实在在地落实着这一理念。如秦皇汉武般建立统一大业是担当；如诸葛亮般辅弼幼主，鞠躬尽瘁、死而后已是担当；寻常百姓人家父慈子孝、兄友弟恭、举案齐眉同样也是担当。

再次，中华民族的担当意识更表现在中华儿女积极维护国家、民族尊严，不屈不挠的抗争精神当中。中华民族在漫长的历史演进过程中经历了纷繁、复杂的历史磨砺和无数困境、挫折的严峻考验，而能始终屹立于世界东方，从而孕育、形成了强烈的民族意识、鲜明的民族性格和凛然不可侵犯的民族尊严。中国人民的民族自尊心尤其表现为坚贞的民族气节。“富贵不能淫，贫贱不能移，威武不能屈”，中华民族总能够在民族危亡的重要关头迸发出强大的抗争与进取精神，这直接得益于中国人的担当意识，每个中国人在事关国家民族利益的重要关头，总能做出维护祖国尊严、保持民族气节的选择，这份骨气就是担当精神。我们在历史上能够看见数不清的有这般骨气的人。甲午战争中，运送中国官兵援朝的高升号船，中途遭日本舰队偷袭，中弹下沉，船上全体官兵，宁愿葬身大海，无一人投降；1948 年，国民党统治区物价飞涨，现代著名文学家、清华大学教授朱自清，每月薪水只够买三袋面粉，一身重病无钱医治，却在一份《抗议美国扶日政策并拒绝领取美援面粉宣言》上签了名，宁可饿死，也不领美国的“救济粮”；明朝戚继光领导东南沿海的军民经过十余年的浴血奋战，荡平倭寇，保卫海疆；鸦片战争以后的反抗侵略、抵御外侮的斗争，从三元里人民的抗英斗争到义和团反帝爱国运动，从五四运动到抗日战争，风起云涌，波澜壮阔。正是因为中华民族同仇敌忾、共赴国难，用血肉筑成了新的长城，才使帝国主义未能灭亡中国。正如在我们的国歌《义勇军进行曲》中所唱出的那样：“起来！不愿做奴隶的人们！……前进！前进！前进！进！”时至今日，这首歌曲仍然令人内心激荡——这不仅仅是对那一段不堪回首但又激荡人心的岁月的感叹，更是对潜藏在我们心底那份对国家、对民族担当意识的呼唤。

四、舍生取义，中华文化的献身精神

“生，我所欲也，义，亦我所欲也，二者不可得兼，舍生而取义者也。”孟子的这句话为后世历代所传颂，成为中国民族性格的一个重要部分，它集中反映了中国人独特的道德观。中国历史上，无数的仁人志士用他们的生命诠释了这一价值理念：商朝遗臣伯夷、叔齐为国守节宁死不食周粟，双双饿死在首阳山中；屈原宁可自投汨罗江，也不肯与恶势力同流合污，留下了“举世皆浊我独清，众人皆醉我独醒”这千古流传的名句；文天祥在经历国破家亡、兵败被俘后宁死不屈，写下“人生自古谁无死，留取丹心照汗青”这照耀千古的动人诗篇；王国维自杀以明志，直接代表了中国学者“不降其志，不辱其身”的精神。

中国人认为每个人都有自己应当持守的价值准则，这一准则是人之所以区别于禽兽的根本所在。每个人都珍爱自己的生命，这是生物的自然本能，然而对每个人来说都有比生命更为重要的东西存在，这就是每个人的道德操守，当生命与操守发生冲突时，中国人宁可放弃生命也必须保持生命的尊严，保持做人的尊严。应当说，在生命的取舍观上，这并非中国人所独有的态度，我们在其他文明、文化中也能看到。然而，不同文化体系中的生命观尽管可能近似，但其背后的文化理念却是迥异的。对于西方文化而言，基督教的生死观具有广泛的影响。基督教将原罪观念与获救的希望联系起来，认为人类的始祖亚当与夏娃由于偷吃禁果犯下原罪，致使整个人类都犯有罪行，但慈悲的上帝同情遭受苦难的人类，便派儿子基督降临人间，以他的死来赎众人的罪，让他们的灵魂获救。基督教虚构出永恒极乐的彼岸世界，与短暂苦难的尘世生活相抗衡，以此表明人的现实生命只是死后生命的准备，唯有赎罪才能升入天堂，使生命获得永恒的意义，也就是说，灵魂不死是基督教救赎说的精神支柱。在这一宗教理念下，西方文化体系是将生死放置在灵肉分离的背景下来思考的，因此，在生死取舍问题上，西方文化更多地体现了一种自我救赎式的牺牲、奉献精神。中华民族的生死观建立在家国同构的独特文化理念之下。正如我们之前提到的，中国文化中没有出现以灵魂不灭为核心、以彼岸世界为极乐的生死观体系，中国文化具有强烈的现世性及世俗性。正如孔子所说的“未知生，焉知死”，生命的意义在于当下的生活世界，并非彼岸，因此，中国主流文化重视人对生命现实而积极的态度，注重个体生命价值与精神价值以及社会价值的统一。中国人认为每个人都有欲生恶死的心理，并且每个人生命价值的体现是应当通过现世的积极态度来实现的，儒家提出的“三不朽”正是这一理念的集中体现。所谓“三不朽”是指“太上有立德，其次有立功，其次有立言，虽久不废，此之谓不朽”，也就是说，人生的不朽就是能在道德、功业和智慧诸方面启迪后代，给社会留下积极的影响。于此，我们不难看到中国人对于生命价值的理解：一方面，充分肯定个体生命可以通过自身积极进取在当下建功立业，实现生命价值；另一方面，个人生命的价值是通过其德行及对家国的贡献来衡量的。在这一文化背景下，重新审视中国人的生死观，我们会有更为深刻的体会。

生命的价值在于自我实现，但对于中国人而言，自我实现的方式不是基督教文化式的自我救赎，而是充分展现在现世生活之中。于是，在生命与道义之间选择后者的价值理念，所呈现的其实就是中国文化所独具的成仁取义的奉献精神。对于中国人而言，舍弃生命并不意味着生命不可贵，也并不意味着舍弃生命能够到达更为完美的彼岸世界。只是因为与个体的生命相比，有比它更为重要的东西值得追求，那就是表现为仁与义的德性内核。中国文化历来认为人是万物之灵，人是天地之心，人与天地并立而最为天下贵。“人之所以异于禽兽者几希”，人之所以具备这一特质并不是因为生物性，也不是因为只有人是具有理性的动物，而是因为人的德性本质，在于每个人所具有的仁心仁德。在其他章节我们已经看到，人的自我实现、自我成就，是通过仁义道德以呈显天道、抵达天道。因此道德对人而言具有最高价值，值得以生命捍卫。所以孔子说："志士仁人，无求生以害仁，有杀身以成仁。"（《论语·卫灵公》）孟子则说"舍生而取义"，当个体生命面临选择时，可以舍弃生命，成就道义。一个人如果抛弃了自身的德性操守也就等同于抛弃了做人的价值，与禽兽无异。

理解了这个文化理念之后，我们需要进一步了解中国人对于德性中仁与义具体内涵的界定。因为只有如此，我们才能够切实理解在漫长中国历史长河中那一个个被浓墨重彩写入史册的伟大人格，才能够理解为什么近代以来有一段时间这一原则饱受批判。一方面，仁与义有着很深的渊源，并且随着时代的发展被不断注入新的内涵。仁和义都有狭义及广义之分。狭义而言，仁义是"仁义礼智"中的两个德目，代表着仁爱和正义，即所谓"博爱之谓仁，行而宜之之谓义"。前者从人的内在德性层面进行界定，而后者则更多地从人外在行为表现进行界定。广义而言，仁与义，特别是当两者结合并称时，是指最高的美德或道德。就"杀身成仁"及"舍生取义"而言，可从广义来理解仁义。这也就是之前我们所说的，在面对生死抉择时，应当秉持这一最高的德性操守。另一方面，仁义道德并不能单纯从普遍性或一般性的角度去理解（如仁者爱人），而需要透过不同的特定人伦关系来呈现。换言之，对仁义的理解，主要是透过人际关系中对他人的具体对待关系来理解。比如仁义具体展现为忠（就君臣关系而言，臣要忠于君）、孝（就父子关系而言，子要对父行孝）、贞（就夫妻关系而言，妻要为夫守贞）及信（就朋友关系而言，对朋友要守信）。当然，落实到个人的现实生活行为中，对于什么时候应该牺牲生命、成全道德，实际上界定起来有时候是非常困难的。比如，春秋时期，管仲辅佐的公子纠失败后，当时作为臣子的召公选择自杀以殉主，然而管仲则选择了自保，最终助齐桓公成就了一番霸业，使民众受到莫大恩惠，对此，孔子不仅没有指责管仲委曲求全，而且对其大加赞扬。再比如，面对个人尊严受辱的情况下如何选择，是选择宁死“不食嗟来之食”，还是选择如韩信一般“受胯下之辱”，如司马迁一般“忍辱负重”成就一番事业？同样是作为价值选择，孟子“舍生取义”的理念自古及今备受推崇，而宋明理学中“饿死事小，失节事大”的说法则在近代以来饱受批判。这一系列不同的价值判断背后实际是中国人对于生命价值的深层思考。一方面，境遇的不同及时代的差异，对于究竟什么是应当舍弃生命而保全的具体道德原则，不同时期所持观点是不尽相同的，比如妇女守节等原则在古代很长一段时期具有很强的道德约束力，而今天情况则大不相同了。不同的时代、不同的社会条件下，都会形成相应具体的社会道德标准，这一标准会对人们产生相应的约束力，并且约束的程度有大有小，有些原则被认为只是小事，而有些原则则被认为必须用生命去坚守。另一方面，生命价值的应然选择本身必须建立在个体的主观认同之上，尽管不同的时代形成的道德原则是不尽相同的，但是这些原则本身都建立在多数人的群体认同基础之上，也正是如此，我们常常会看到有时候一个人违背了法律反而可能获得其他人的同情，又有些时候，一个人的行为尽管没有触犯法律，但因为违背道德原则反而备受谴责。其实，在人生的旅程中，面对生死关头，人们有多种选择的可能性，要根据当时的具体社会环境和个人的特定情况具体问题具体分析。无论如何选择，有一点是明确的，那就是在人的心中一定有支撑自己的信念和追求，人要根据道德准则和内心的判断来做出理性抉择，而不是被外在的东西左右。

中华文化的献身精神、牺牲精神一脉相承，今天，我们仍旧能够时时感受到这种献身精神、牺牲精神的力量。在电视里、报纸上，总能看见各行各业楷模的身影，为了拯救他人的生命、为了恪守职业的道德、为了保卫国家的财产，在生命攸关的时刻，总有舍生取义的英雄人物挺身而出。每年我们都会评选“感动中国十大人物”，都会树立各行各业、形形色色的楷模，因为，在我们中国人看来，每个人其实都有一份与这些英雄人物一般无二的道德之心，我们之所以会因他们的行为而感动，正是因为我们内心深处的认同。宣传楷模人物的意义，不仅仅是为了褒奖或是鼓励这些人物的行为，更是为了呼唤潜藏在我们内心深处的那份良知。成仁取义的献身精神、牺牲精神其实并不疏离，并不是一定要牺牲自己的生命，这种精神其实就落实在生命中的点点滴滴，落实在每个人的日用常行之间。只要我们每个人都能在因楷模行为而感动时，将这颗感动的心展现在自己的生活中，只要我们每个人都能在批判现实丑陋行为时，将这份憎恶之情落实在自己的举动中，就是对成仁取义的献身精神、牺牲精神的最佳诠释。

第七章

天下大同的社会理想

我们在第一章中已经提到，中华民族、中国文化之所以独特的一个重要原因，在于其成长于一块广布河流、平原的土地之上。生息于同一片天空之下，相应的地理和气候条件，使这块土地上的人们有了一种宏大、整体、全局的视野，有了一种可共享的共同体观念，这将一个个分离的原初文明体很好地组合成一个超越了地域、民族、国家限制的超级文明体。这样一个超级文明体的形成，使得中华民族的融合、仁道、和谐、天下等精神远远大于分离、竞争、尚武、国家等精神。因此，如果要理解中国社会由古及今的精神状况，需要从中华民族精神的社会关切维度进行总体的了解。中华民族的社会理想，道家、佛家等做出了颇多贡献，但主要寄托在儒家思想中，因为儒家是入世而追求治世的，所以此章所讲的几点大都渊源于儒家。

当然，在这里首先要指出，中华民族的社会理想是在“天下”这个观念下产生的。我们知道，西方的社会始终在国家层面打转，从来没有突破局限，这造成他们只会从国家自身利益的角度思考问题。他们解决国家间问题最高的方式也就是组成国家间的联盟，如联合国。但中国人则不同，中国人思考社会问题并不简单地从国家自身利益考虑，而是从天下的角度进行。我们知道，古代中国人认为中国居于天下之中，一方面需要承认，这个观念确实对近代以来中国的进步有阻碍性，另一方面也要看到，它其实从一开始就让中华民族并不从单一民族、单一国家的角度去思考社会问题，而这样一种观念，可能在后现代的社会、国家、民族关系上更有可开掘的深厚资源。中华民族的社会理想，不是以利益为出发点，而是以忠恕之道为出发点，这从根本上决定了中华民族精神在社会方面的独特性。由此出发的仁、和、公的社会理想，都表示中华民族对其他的民族、国家、社会并不持一个封闭的态度，而是展现出一个开放、包容的心态，这对处理当前国际社会的民族和国家问题是非常有益的。其根本，就在于超越本民族、本国家的狭隘利益，从天下的角度去看天下。

一、忠恕之道，中华文化的待人之道

在一个社会共同体中，人们常抱持共同的价值观念和信仰，“然物之不齐，物之情也”，宇宙万物各有差别，每个人也有各自的具体喜好和追求，因此共同体中的成员间难免出现冲突与矛盾。对此中国向世界贡献了化解社会矛盾的道德金律——忠恕之道。

古人云：天不生仲尼，万古如长夜。的确，孔子作为中国文化的杰出代表，他的很多理念最终都成为中华民族的精神，成了中华儿女共同遵守的道德准则。子贡曾经问孔子：在处理人际关系的时候，有没有一句话可以终身奉行呢？孔子告诉他：“其恕乎！己所不欲，勿施于人。”（《论语・卫灵公》）意思就是，不想发生在自己身上的事情，就不要强加给别人。这就是著名的道德金律——“己所不欲，勿施于人”。应当说，恕道是孔子心中真正的一以贯之的道。

对此，我们可以再看曾子的表述。孔子有一次对曾子说：“参乎，吾道一以贯之！”孔子告诉曾参，他的道是一贯的，即归本于一点并以此来贯穿其他。那么这一点是什么呢？孔子并没有明说，曾子也没有再问。但还有其他人感到困惑，他们就来问曾子：孔子所说的一以贯之的道到底是什么？曾子说：“夫子之道，忠恕而已矣。”曾子认为孔子的一以贯之的道，就是“忠”和“恕”。这样我们就会发现，“忠”和“恕”明明是两样东西，怎么能说是“一”呢？我们应当理解，在孔子那里，恕道是最重要的，是真正的一以贯之之道，而忠道，则是仅仅次于恕道的另一个道德。

还是让我们回到孔子对子贡说的这句。因为子贡问孔子的是“一言而可以终身行之者”，孔子的回答是“恕”——“己所不欲，勿施于人”。为什么呢？

我们看一下自己的生活就知道，人类最根深蒂固的观念就是自我观念，自我是我们的出发点，自爱更是我们的天性。所以，我们最寄希望于别人的，是别人给我们自己想要的；而最不希望别人做的，就是把我们不想要的给了我们。因为前者对我们有利，后者对我们有害。这是人们基本的感受和反应。孔子就是看到了这一点，所以由此出发，提出了道德黄金律的“己所不欲，勿施于人”。我们自己是自爱的，别人当然也是自爱的了，他们也不希望我们把不好的施加给他们，而希望我们把好的给予他们。所以，最基本的道德，就是恕道，就是不把我们自己不想要的，施加给别人。而至于把我们想要的给予别人，那则是忠道，是进一步的道德了。因为最基本的道德，就是不伤害别人，不损害别人的利益，也就是恕道的“己所不欲，勿施于人”。

可见，一贯之道是恕道，它是道德的底线，是人一生必须遵守的。而忠道，则是在恕道基础上进一步为他人服务，它已经是更高一层的道德了。当然，忠道其实是从恕道中来的，是恕道的推己及人的进一步应用，但它远比恕道复杂。

孔子认为，忠道就是“己欲立而立人，己欲达而达人”。宋代大儒朱熹曾对忠恕之道有一个经典的解释，他说“尽己之谓忠，推己之谓恕”，并将“己所不欲，勿施于人”视为恕道，将“己欲立而立人，己欲达而达人”视为忠道。他的这个解释，很到位。恕道如上所述，是最基本的道德，因为我们都不愿意别人来伤害自己，所以我们就应当至少做到不去伤害别人。而忠道，则是进一步的，我们都希望别人对我们好，所以我们在道德上首先要对别人好。

孔子的这句话也是回答子贡的问题时说的，子贡问孔子：如果有一个人能够广泛地施恩于老百姓，而使大家生活得很幸福，那么他可以说是仁了吗？孔子说："何事于仁！必也圣乎！尧舜其犹病诸！夫仁者，己欲立而立人，己欲达而达人。能近取譬，可谓仁之方也已。"（《论语·雍也》）意思就是，自己立得住也帮助别人立得住，自己过得好也帮助别人过得好，推己及人，这就是圣人了。

孔子认为能广泛地爱天下的人而使得天下人都幸福，那不是一般人能做到的，能做到那个地步的，就是圣王了。而对一般人来讲，高尚的道德就是自己想要的也让别人能得到。在这里需要注意一点，孔子说的"己欲立而立人，己欲达而达人"，并不是说我想要的就一定要别人也得到，而是说我想要的同时也不妨碍别人去得到它，并努力帮助别人得到它。这里的"立人""达人"，都不是强迫意义的，而是遵从对方意愿的一种辅助行为。这个区别很重要，如果"己欲立而立人，己欲达而达人"变成了自己想要的就一定要让别人也这样，那么就变成了对别人的强迫，反而是不道德了。

所以孔子这里所授的忠道，就是要我们不妨碍他人也达到我们想要达到的、得到我们想要得到的，并帮助他们达到、得到。比如说，我们自己想要出人头地，而别人也要出人头地，那么我们在自己努力的同时，也要帮助别人，而不能为了自己就采用阴谋诡计打压他人。那样就是损人利己了，是最不道德的行为。我们要学会成人之美，因为成就他人的同时，也是对我们自己的一种成就，这种成就不仅仅是功业上的，更是心灵上、道德上、人格上的，是真正的成就。所以孔子说能做到"己欲立而立人，己欲达而达人"就是仁者了。恕道是一个人成为人的基本，而忠道则是一个人成为仁者的要求，两者的关系便是如此。

忠恕之道在社会层面上来说，就是儒家一向重视的民本主义和德政思想。北宋大儒程颐曾总结儒家赞成的政治："为政之道，以顺民心为本，以厚民生为本，以安而不扰民为本。"程颐在这里提出的三点可以作为统治者治理国家的三条根本大道。第一条，要顺从民心。这是依从儒家一贯的民本主义而来的，就是说统治者一定要体察老百姓的民意，并服从老百姓民心的向背，而不要按着自己那一套去肆意妄为。第二条，要增加百姓的福利。这是从《尚书》里面的“正德、利用、厚生”继承而来的，强调的是统治者的职能是为老百姓的幸福努力，不能只追求自己的奢侈淫乐。第三条，不要打扰百姓正常的生活。这一条在宋朝是有所指向的，程颐和他的哥哥程颢两个人都反对王安石的变法。当然他们并不是认为王安石的人品不好，也不是认为王安石的改革全都不对，而是感觉王安石的改革太过激进、覆盖面太大且太急于求成了。改革明明本意是好的，事实上却造成了对百姓利益的侵害，破坏了百姓本来稳定安宁的日子。所以，他说执政一定要以不打扰百姓的正常生活为根本。

这三点，都是儒家忠恕之道在政治治理中的实际体现和运用，因而具有永恒普遍的价值。尤其是第三点，对仍处在改革期的我们更有意义。我们知道，改革确实要有一定的代价，但这种代价应当尽量降低到最小的范围，并且人民应当能享受到改革带来的成效。

忠恕之道的进一步推扩，就是容许社会价值多元，推行社会宽容、文化共生。在全球化的今天，不但经济一体化加速，政治、文化也存在全球化趋势，这是一个世界各国需要共同面对的问题。也许，面对世界已经出现或即将出现的文明冲突问题，中国的忠恕之道不失为一个很好的解决之道。

二、仁者爱人，中华文化的人道主义

在中国历史上，儒家思想占据统治地位，所以儒家的社会、政治思想在最大程度上影响了中华民族的社会和政治精神。而我们知道，儒家的核心观念是——仁。古人理解的仁远比现代人宽泛、深厚。在儒家的哲学中，“仁”不仅仅是一个伦理道德概念，也是一个本体概念。宋代理学家说“观鸡雏，此可观仁”“手足萎痹为不仁”，意思是宇宙所呈现出来的这份盎然生意便是仁。当然，宇宙间的这个超越的本体在人身上呈现出来，就表现为仁义道德，表现为人内心的价值资源和外在社会的行为准绳。

从社会、政治层面讲，所谓仁，按字形就是二人为仁，即仁的意思就是人与人之间应当是相互仁爱的，所以孔子说：“仁者爱人。”爱他人，正是仁的根本含义。而孟子的政治哲学是儒家社会哲学、政治哲学的正统，其核心就在于“推己及人”四个字，其出发点就是每个人都有的善良本心——仁心。孟子说“先王有不忍人之心，斯有不忍人之政矣”，就是说古代的圣王们之所以能治理好国家，并不是靠什么手段制度，而是靠他们的道德仁性。因为他们不忍看到百姓受苦，所以才运用各种治国方略来为百姓服务，让百姓过上好日子，于是国家得到治理，他们也被称为王者，而且能做到“仁者无敌”。所以治理国家的根本就在于统治者的本心。

有一次，齐宣王问孟子：“我可以统一天下、成为王者吗?”孟子认为当然可以。为什么呢？孟子说：“曾听到您的一个臣子说，有一次您坐在朝堂上，恰逢有人牵着要去被宰杀祭祀用的一头牛经过，这头牛哀鸣不已。您看到这个情况，非常不忍心，就让人把这头牛放了。您能有这个心就能够安抚百姓而成为王者。因为这个时候，是您内心本有的仁爱之心活动起来了，这表示您是具有仁爱之心并且能常常显露出来的。所以只要您能把这颗心运用到对待百姓上去，就可以使百姓安居乐业，您也就能使天下归附了。”

因此，治国的方法，就在于发用自己的仁爱之心，而其表现，就是“老吾老，以及人之老；幼吾幼，以及人之幼”。我要赡养、敬爱我的父母，那么我也要以这颗心对待天下的老年人，让他们也都老有所终；我要抚养、关爱我的子女，那么我也要以这颗心对待天下的孩子，让他们也都能健康成长。只要能做到这一点，那么治理天下就像把一件小东西放在手里转动一样容易了。所以治理国家就在于能够推己及人，能够把自己的恩德仁爱推广到天下人，自然天下人就会爱戴你，国家就会治理得好；而如果不能推广自己的恩德，那么天下人就会怨恨、反对你，这只会为你招来祸殃。

孟子在这里说的道理很简单，但其实极其重要，儒家的治国之道就在于此。因为无论国家的制度如何，国家使用的人才如何，真正决定国家走向的，是这个国家的一种内在精神。而这种精神，却常常是由国家的那一部分核心人物所决定的。若他们能够像孟子所说的以不忍人之心，推己及人，施行不忍人之政，那么这个国家的精神就将是道德的，这个国家的治理也就不会是一件太难的事情了。

正是因为从立心上谈社会治理和政治建设，所以孟子认为政治有两种，一种是霸道，一种是王道。所谓霸道，就是以国家的实力为基础，加强军事，进行兼并战争，开拓疆土，征服其他的国家，如春秋五霸、战国七雄都是如此。所谓王道，则是以道德教化为基础，不追求国家的军事实力和疆域开拓，而是以仁心来推行仁政，使老百姓过上安居乐业、富足幸福的生活，尧、舜、禹、汤、周文王、周武王、周公都是如此。

然而“以力服人者，非心服也，力不赡也。以德服人者，中心悦而诚服也”（《孟子·公孙丑上》）。也就是说，霸道政治的起点是君主对利的追求，或者说是企图实现自己的野心，所以在他们眼中，人民是工具，军事实力是基础，战争是手段，疆域是目的，说白了也就是他们自己权力欲最大限度的满足。然而这种以强权和暴力进行的征服，并不会使被征服者心悦诚服。因为征服者只能给被征服者带来无穷无尽的痛苦，所以被征服者心中永远会有一种复仇的渴望。比如秦始皇这位千古一帝，他以强大的军队，四处征战，杀人遍野，最终兼并了六国，并以严刑峻法进行统治，收缴天下的金属兵器，严密控制人民的思想，防止人民反抗。按说，在这种残暴的统治下，人民应当害怕他，服从于他了。然而这种服从只是因为打不过所以不得不委曲求全。实际上，被灭掉的诸侯国都有着“楚虽三户，亡秦必楚”的决心，被统治的人民内心都怀着一股深深的仇恨，他们只是在等待一个可以团结起来反抗的时机。因此，秦朝仅仅经过两代皇帝，就被风起云涌的人民起义所推翻。可见，霸道政治是无法实现长治久安的。

而王道政治与霸道政治则恰恰相反，它的起点是君主的“不忍人之心”，也就是本性中的仁心，由此，君主便推行“不忍人之政”，即仁政、德政。他以人民生活的幸福美满为目的，不去追求疆域的开拓和实力的强大，所以反而能吸引各国人民的向往和欣羡，甚至希望由他来统治自己的国家。因为对于大多数人而言，吃饱穿暖是最起码的要求，在此基础上，人们会追求更多的物质享受和内心的幸福感。在那个战争频仍的时代，不去扩张，不横征暴敛，致力于让人民安居乐业，就是极其难得的明主了，所以人民自然而然想去他的国度生活。比如汤在任的时候，虽然他的国家并不大，但他能任用伊尹等贤臣，实行仁政，将自己的国家治理得非常好，人民的生活十分幸福。而此时作为天下之主的夏桀却暴虐无道，不仅诸侯国对他不满，国内人民也是怨声载道，他们看到汤的德政，就期盼汤来赶走夏桀，成为他们的君主。在这样的民心向背下，汤最终成为天下之王，建立了商朝。可见，只有王道才是正途。

以仁爱之心为治理根本，不仅是儒家，还是整个中国古代政治哲学的主流，如墨家也倡导仁爱之治。墨子从某种程度上可以说是儒家的反叛，他本来是学习儒家思想的，但后来因为感受到其中的弊端和应对社会问题时的无力，他脱离了儒家，转而形成了自己的思想，成立了墨家学派，并批判儒学。但在政治秩序和社会治理的根本上，他实际上还是同意儒家的仁爱之心的。

墨子看到当时社会上国与国之间互相攻伐，各贵族势力间互相倾轧，人与人之间互相争斗，导致生灵涂炭、民不聊生，所以他认为，必须找到其中的原因，加以解决。经过考察与思考，墨子认为，争斗的根本原因就是人们不相互爱护，而只是爱其自身。诸侯们只爱自己的国，不爱他人的国，所以发动战争；贵族们只爱自己的家，不爱别人的家，所以颠覆别人的家；每个人只爱自己，而不爱别人，所以妄图侵占别人的利益。所以强凌辱弱，富欺压贫，贵傲慢贱，天下祸殃不止、争斗不休的原因，就在于人与人之间不相爱。

所以墨子认为应以兼相爱之法替代交相恶的现实，也就是将别人的国当自己的国去爱，将别人的家当自己的家去爱，将别人当作自己一般去爱。这样战争、倾轧和争斗就不会发生了，因为每个人都不会和自己的所爱争斗。如此则强弱、富贫、贵贱之间也不会起祸患，人与人相亲相爱，社会就和谐而充满善意了。

可见，以仁爱之心为治理的根本，是中华民族社会政治的一大特色，这也就形成了中国特色的人道主义。这样一种仁的人道主义，一直影响到后世，而且含义越来越丰富。如果说先秦时候的仁还主要集中于人与人之间的关系的话，那么中国人接受了佛教的慈悲观念后，就开始将人道主义泛化到一切生命体。综合儒家文化，中国人将仁理解为生命的生生不息，仁就是生命的不断延续和永无终结。因此，一切生命体都具有了仁的意义，而仁甚至可以作为本体贯穿在一切生命体中。正是在这一理解角度下，我们可以说，中华民族的仁的人道主义并不是西方的个人中心主义或者人类中心主义的人道主义，它是超越了人类中心的将一切生命体都通过仁连接起来的彻底的人道主义。它不仅要求人与人之间的爱，还要求人和一切生命体的息息相关，也就是说，中华民族追求人际和谐、生态和谐、万物和谐。

三、和为贵，中华文化的和谐理念

如上节最后所述，由仁而至和是中国人的重要理念。的确，和谐可以说是中国人对现象世界的万物关系的一个总认识和总把握。宋代儒者张载曾有名言："有象斯有对，对必反其为；有反斯有仇，仇必和而解。"这是说，有形象的事物就必然有与它相对的事物存在，而那和它相对的事物是与它相反的；因为这种相反所以两者会有仇，然而这个仇最后却会和解。张载的这句话现在经常被引用，冯友兰先生在晚年非常提倡它，他在晚年最重要的著作《中国哲学史新编》中的最后一章里，将这话看作宇宙和社会发展的规律。尽管他对前三句的解释基本是按照马克思的辩证法来说的，这样解释到底与张载的原意相同与否，可以存疑，但是，冯友兰指出，最后一句"仇必和而解"则是高于马克思主义的了。他说，照他的推测，马克思会说"仇必仇到底"，但他认为，最后一定是"仇必和而解"。冯友兰的这个观点，现在看来，还是应当认同的。

张载认为，天地万物都是由气的变化而来，气散的时候就是它的本来太虚状态，而气的凝聚就是万物的生成。气一凝聚，就会有所表现、有所显现，那就是万物的形象。而因为气本身具有屈伸或者说阴阳这两种动力，所以，它在凝聚成具体形象的过程中，当然就会形成两种恰好相对待的形象。而这种相对待的具体的形象，也就是万物，却会因为这种气的构成不同而形成对待，造成相反的意志和行动。这种相反之间就会有仇恨、有争斗，造成不和谐。但是，在张载看来，无论万物怎样相对待、怎样相反、怎样仇恨，它们在根源上都是一气，那些相对待、相反、仇恨，都是表面的、表象的，所以到最后，仇恨要和解，相反要相成，相对待要合一。这是天地变化和人世生活的规律。

应当说，张载的这种看法是富于见地的。很多人都知道蛇头和蛇尾相争的故事，表示的正是这个道理。蛇头和蛇尾正是相对待的两个形象，所以它们谁都不服谁，谁都要做领头的，于是因着这个仇恨而争斗，蛇头不得已听从了蛇尾，结果到头来两者都丧生于火海之中。而蛇要想生存，就必须蛇头和蛇尾和解，各司其职、各尽其力，这样才能正常行走。若借用冯友兰所说的辩证法来讲，那么就是蛇本身是一个统一体，蛇头和蛇尾是其中的两个对立面，这两个对立面如果一再争斗不休，必须一个战胜另一个的话，那么就像蛇尾强迫蛇头听从它的领路一样，到最后只会带来整条蛇的死亡，也就是整个统一体的灭亡。

从气的角度来看，相对待的万物并不是对立的关系，而恰恰是共同呈现了我们这个世界，表面的仇恨恰恰是要以最终的合一为目标的。因此，天人之间不矛盾、人与人之间不矛盾，矛盾的只是我们不能从气、从天的角度去看问题。真正能从气、从天去审视人道的话，就会发现，其实人与人之间何曾有你死我活、不共戴天的仇恨。万物形象虽不同，表面虽相对，但根本上是一元、一体的，所以仇恨只是虚妄，和谐才是真实。这是张载千年之前告诉我们的真理。

也正是因为中国人对世界有这样一个辩证而统一的和谐认识，所以中国人特别重视礼。礼不同于法，法是固定的、无辩证的，礼则是在变动中求得均衡、在辩证中达到统一的。所以中国人讲礼仪之邦，不是从具体的繁文缛节上来讲，而是从背后的和谐理念来讲。孔子的弟子有子很早就指出："礼之用，和为贵。先王之道，斯为美；小大由之。有所不行，知和而和，不以礼节之，亦不可行也。"（《论语·学而》）就是说，礼的功用，以和为贵。过去贤王治国的宝贵之处就在于此，大事小事都由此出发，但这也有行不通的地方：只知道和而一意追求和，却不用礼来加以节制，这就不可行了。

在儒家看来，礼的功用，规范人的行为固然是一方面，但最宝贵的，还是使人际关系乃至整个社会和谐。因此，儒家以礼制为治理天下的大经大法。礼本身是一套行为的规范，这种规范不是法律强制的允许做什么和不允许做什么，而是通过适当的引导，让人自发的道德自律和审美情感等，在恰当的范围内得到抒发，所以它是一种软性的或者说人性化的行为规范。尽管这种规范建立在差异性的基础上，即每个人因为其社会地位、所处时空和当下具体情况的不同，行为要求的规范就不同，但是，它最终要实现的，却是人与人之间的协和、调适。人们都依照礼来行动，人们情感的发泄、行为的节度都依照着礼，从而呈现出一种古典的意味，那是一种积极的、审美的生活。而人们也因为没有强制，内心的知、情、意又都得到合适的舒展，因而人们的精神都是健康的。即使人与人之间各种物质的差异始终存在，但是，人群间的关系也是和谐的。在这里，礼是一个优良的工具，和是它的结果。

但如果简单地为了和而追求和，忽略了礼这个工具及其背后的内在精神，结果反而会无法达到和谐，而变成全无节制的庸俗和卑微。因此，有子告诉我们，和确实是很好、很宝贵的，但必须以礼为工具才能实现。因此我们要明白，和谐是结果，不是手段，更不是为人处世的出发点。不以道德和公心为出发点，不以礼的节制为手段，那样去追求和谐，就只成为表面文章。只有真正地按照礼来做，才能达到和谐。

和谐在社会政治中，就是人与人是可以沟通、可以相交的，而不是上下悬绝的。《周易》有语："天地交而万物通也，上下交而其志同也。"这是对泰卦的一段解释。泰卦的卦象为乾（天）下坤（地）上，地气上升，乾气下降，为地气居于乾气之上的形象。这在天道上，表明的是阴阳二气一升一降，互相交合，顺畅通达。而作为人道来说，就是地位居上者和地位居下者之间要经常交流沟通，这样才能相互理解、相互交心，才能够同心同德。

这里明确指出，阴阳两种势力要想发展为和谐，关键在于二者结成一种交通往来的关系，而不是上下隔绝，否塞不通。从卦象看，天本应该在上，而在这卦中却居于下，地本应在下，而在这卦中却居于上，然而这种天尊地卑位置的互换却恰恰有利于阴阳二气的交通畅达，这样才能使得两者真正往来无阻，才能促使万物生长发育。按《周易》本天道以明人事的原理，如果高高在上的统治者和卑处于下的臣民依照这种等级制度僵化固定、不交通往来，就会成为矛盾对立的关系，相互斗争、永无宁日。所以必须进行位置的互换，统治者主动屈尊以体察下情，而臣民的地位上升以使下情得以上达。这样两者之间就是一个和平共处而互进互利的关系，也就能达到和谐了。

周武王曾说：“予有乱臣十人，同心同德。虽有周亲，不如仁人。”（《尚书·周书·泰誓》）乱，古义就是治；乱臣，就是贤臣。这是说在周王朝的统治集团中，有周公旦、召公奭等同族贤人，也有太公望、闳夭、散宜生这样的外姓贤人，这靠的就是“上下交”——君信任臣，臣信任君，君臣推诚而志通，关系和洽。所以说，泰卦的万物交通的道理，正是人道和谐的原理。这就告诉我们，要构建和谐社会，一定要注重上下交流这一点，使人民和统治层能够真正地沟通。统治者要主动下来体察民情，另外还要控制中间的官僚胥吏阶层，不要让他们压制了民间的声音。

总之，和谐的观念贯穿在中国人对社会、政治乃至生态等关系的理解中。我们现在提倡建设和谐社会，并将“和谐”纳入社会主义核心价值观，正是继承了中华民族的一贯精神。建设和谐社会，一方面需要了解和谐不是无原则的表面平稳，而是在一定的礼或者法的基础上实现的和谐、减少矛盾。另一方面，和谐不是完全相同，而是不同声音、不同表达共同达到的类似于交响乐那样的协奏、共鸣，所谓“君子和而不同”。而只有使得人与人之间和谐、民族与民族间和谐、社群与社群间和谐、国家与国家间和谐、人类与自然间和谐，个人的生活幸福感才会更浓厚。

四、公天下，中华文化的大同理想

很多人都知道大同、小康的说法，但它们到底所指为何、典出何处，恐怕就知者寥寥了。它们出自《礼记》中的《礼运》。这篇文章，借孔子之口，讲出了人类的两种良好的社会状态，一种是最理想的至德盛世——大同，一种是退而求其次的小康。

“孔子曰：大道之行也，天下为公，选贤与能，讲信修睦。”（《礼记·礼运》）所谓大同社会，天下是公有的，公平地选择贤能的人来治理社会、服务人民，社会人人讲诚信、重和睦。在这个社会中，每个人都做到了孟子所说的“老吾老，以及人之老；幼吾幼，以及人之幼”，人人都尊老爱幼，使得老人能善终，中青年能将自己的才华尽情运用，少年儿童能得到健康快乐的成长，鳏寡孤独残疾人等社会上的弱者都得到很好的照顾。男女皆能在社会上找到合适的职位，也能在家庭中找到心灵的归宿。在这个社会中，人们都非常讲道德，路不拾遗，夜不闭户。这真是一个中国式的理想国啊！

然而理想毕竟是理想，在古代中国，天下是传子世袭制，人们的爱有差等，也更多只愿为自己的私利而出力。所以不得已，圣贤们只能创立礼制，来端正既成的伦理，规范人们的行为，以使君臣、父子、兄弟、夫妇间的关系合于正道，同时用井田制、考功制等，来使人们的经济得到保证，才能得到发挥。这是自禹之后历代圣王所努力从事的，于是人民还能讲信义，有常德，这样的社会就是小康。

我们仔细分析大同和小康的区别，关键就在于公、私之分。在古人看来，大同是“公天下”，小康是“家天下”；大同是人人有公心，小康是人人讲私心。理想与现实的差距就在这公私之间。在一部分儒者看来，这一差异在历史上的转折点就是禹传位给自己的儿子启，而没有继续实行禅让制，其实这是历史发展的一个必然，人的私心必然要在一个历史时期显现出来，因为爱有差等，人只能由自我意识出发，然后才能去旁及其他。由此看来，现实中的社会能保持一个小康的状态就已经不错了。

事实上，“天下为公”的理念虽然在古代中国一直无法实现，但还是在人们的心中留下了深刻的印象，更是诸多思想家的共识。道家的代表庄子也认为“唯无以天下为者，可以托天下也”。什么人最适合“治天下”呢？庄子认为，当然是那些秉持着“天下为公”的理念，而非以天下为自己的私有财产的人。因为只有如此，“天下”才遵循着“天下”的规则，“以天下治天下”，而非遵循着私我的意愿，“以私己治天下”。

因此，当君主制的弊端达到一定程度的时候，更多的思想家对“私天下”有更深刻的批判，对“公天下”有更多的论述。黄宗羲是明清三大家（黄宗羲、顾炎武、王夫之）中，甚至是整个中国传统文化中，对专制君主制的反思最深刻、批判最彻底的思想家。经过了明亡的惨痛教训，黄宗羲认真总结了历朝历代的历史，最终发现，天下祸乱不断的根本原因，就在于君主专制制度。黄宗羲将他对这一制度的批判，以及为了改变它而设计的一系列新制度的构想，写成了一本中国政治思想史上的名著——《明夷待访录》。后世对这本书评价很高，梁启超先生就曾说过，近代的改革者和革命者，大都是在早年看过这本书，并受其影响而进行改革或革命的。更有甚者，将它与卢梭的《社会契约论》相提并论，认为它在中国是具有启蒙运动意义的书。这种说法或许有过誉之嫌，却实实在在地道出了黄宗羲思想的卓越之处。

黄宗羲认为，在古代的时候，君主是为了天下的公利才出现的，他的劳苦程度其实要远远大于一般人，这并不是一件美差，所以当尧要让位给许由的时候，许由坚决不接受这个苦差事。而后世则不然，后来的君主们认为天下的利益都是他一个人的，于是将自己的私利等同于天下的公利。这样，他就将天下视为他们一家的私有产业，将人民视为为他们服务的工具，因此他们肆无忌惮地剥削人民、残害苍生。所以，君主实在是天下最大的祸害。黄宗羲甚至认为，如果从一开始就没有君主，那么老百姓早就过上幸福安康的好日子了！

而之所以出现这种情况，是因为天下与君主这一主客关系的倒置。本来，应当是天下和百姓为主，而君主为客的，也就是说，天下、百姓是君主的主人，而君主是常换的、可变的。这样的君主就不是一个权力和地位都无限的人，而只是一个为天下苍生服务的职位罢了，与其他的官吏并无本质差别。然而，随着“家天下”的到来，历史上的现实变成了君主为主，而天下、百姓为客，这样君主就成为一个“无限者”，而天下和百姓成为为他一人一家牟利的工具。

因此，黄宗羲认为，一定要重新确立君主和天下的关系，纠正一直以来的历史和制度的错误，让人们明白天下并不是君主一家的，君主也不是不可替换的，更重要的是要明白君主的职分到底是什么，君主和普通民众的关系到底应当如何。只有这样，才能改变君主专制制度，杜绝专断独行的君主统治。难能可贵的是，他不仅从思想上认识到了这一点，更提出了一套限制君权的制度，这可以说是对儒家政治哲学由民本走向民主的一个巨大贡献。

黄宗羲还指出，自汉代以后，君臣之道被推至无以复加的地步，“君要臣死臣不得不死”的思想成为君臣关系中的一个信条。这样，臣就成为皇帝的私人附属品，而不再是一个真正的公务人员。也正因为如此，皇权一步步膨胀起来，而官员的独立性一步步被压缩，社会也就越来越畸形，问题也就越来越大。终于，这个问题在明末爆发开来，内部的财政亏空，官员无能而腐化，农民起义，再加上外族侵略，最终使明朝这个最集权的朝代覆亡了。黄宗羲有鉴于此，总结出君臣关系不对，是导致一切问题的根源。

黄宗羲认为，臣并不是君的附属品，并不是君要臣死，臣就得死的，臣与君是平等的关系。在他看来，君和臣就好像搬木头的人，大家都在一起努力地搬运，为此，要喊劳动号子，其中带头喊的便是君，附和的人便是臣。这样，君和臣就是一种平等的合作关系，顶多是个上下级的区别，但绝非等级的不同，更无附属之说。

而君和臣一起在做的这件事，就是谋求天下万民的利益，而非君主的私利。因为君臣是平等的，所以臣并不是来给君主打工的，君主也不是血汗工厂的老板。他们合作，是为了使天下得到治理，使人民得到幸福，是为了公利。当然，在此中，君臣合理的私利也会得到实现。

黄宗羲由此认为，臣是君的师友，而非君的仆役。君臣关系并非如父子关系那样先天注定、不可更改，而是后天的、可选择的。因此，某些君主被讼诛，是好事，如桀、纣；有些君主的兴起是坏事，如秦始皇等。一个真正的臣，不是要顺从君的兴亡，不能认为自己的所得都来自君的恩赐，而是要将君置于是否有利于天下万民的幸福的角度下来看，从而对君进行进黜。

我们可以想见，这样一种说法，在君主集权制的社会中来看实在是石破天惊的。他一举打破了三纲中的臣纲，从而使君臣处在一种平等而相对待的位置。这样君不再是臣的领主，臣不再是君的附属，二者是合作的关系。由此，社会便具有了走向民主与分权的可能，有了从君主制向立宪制发展的可能，有了从民本到民主的可能。有人把黄宗羲喻为中国的卢梭，不无道理。即使从现在看来，黄宗羲的这一看法仍值得我们更深层次思考个人和国家政权之间的关系。也难怪梁漱溟先生会认为，近五百年来最有价值和流传意义的书就是《明夷待访录》了。我们甚至可以说，任何一个社会，多一个人读它，就会少一个奴才，多一点公正。

正是因为中华民族自古就有了“天下为公”的社会理想，所以当西方民主思想一传入中国，就立刻掀起了戊戌变法、辛亥革命等运动，最终使得人民成为国家权力的主体，这正是中华文化的题中之义。而我们现在社会主义核心价值观中所倡导的平等、公正，中国式现代化本质要求中的发展全过程人民民主，实现全体人民共同富裕，推动构建人类命运共同体等，也正是对这一文化的继承和弘扬。

第八章

生生不息的人文精神

每一个个体不仅是家庭、国家、社会的一员，也是一种伦理的存在、社会的存在、政治的存在，同时，作为一个渺小的生命体，个体还置身于茫茫宇宙中，面对着无限的宇宙、时空、历史，面临着不可知的生死、命运与诸多无常，如何理解它们，怎样看待它们与人的关系，是每一种文化都必须给出的回应。对此，中国传统文化在不断变迁发展的过程中，逐步形成了一个独特的文化理念，这就是“生生”观念。而如果用一个词来概括中国哲学的特质，我们也可以说中国哲学是一种生的哲学——从宇宙的大化流行到社会的更新演进，从阴阳二气的消长到人性善恶的激荡，从解释宇宙的观念到现实的生活方式，生的理念始终贯穿其中。中国哲学中的两大流派，儒家和道家，都以生为其哲学的基本出发点，它像生命线一样贯穿始终，解决宇宙人生的诸多根本问题。

每一个国家和民族的文明都植根于本国民族的土壤之中，都有自己的本色、长处、优点。中华民族“生生”观念的产生与中国人自身的生活方式紧密相关，它的产生和形成，与中国人在远古时代的生存状态、长期农耕的社会结构、不断发生的内部纷争、抵御外族入侵的屈辱处境等密切相关。中国人长久以来在最不利的条件下谋求生存，在最早关于中华先民远古时期的描述中，就不难看出我们的先民是在与自然灾难的斗争中生存与成长的，这可以用流传至今的大量神话故事加以印证。女娲补天作为始祖神话的代表，为我们描述了一个天崩地陷、水火煎熬、民不聊生的艰难时代，人类的生存面临巨大而险恶的威胁，人之生死系于一发。可以说，是自然逼迫着人类实现自己的生活与生命，因此而培植的心理机制，即自强奋进、生生不息。人能区别于其他物种作为类存在、发展及壮大，就是因为他们秉持了“烈火中永生”这样生生不息的理念，日复一日、年复一年、代复一代地磨砺和坚持。中国远古神话所承载的精神价值，正是中华民族生生不息这种良性心理机制的折射。而这种心理机制一旦形成，就变成了渗入血液、进入骨髓的文化基因，成为中华民族内在生命的有机组成部分。

一、天人同构，中华文化的人文根基

古人说“观乎天文以察时变，观乎人文以化成天下”，中华民族的文化始终贯穿着天人同构的理念。而“生生”的理念正是天人同构思想的直接体现，面对茫茫宇宙，人世无常，不同的文明体系下形成了各异的人文体会，而在中国人看来，宇宙的变化发展呈现出一派生意盎然的德性色彩。中国人认为宇宙之间最崇高的美德就是天地化育万物的品德，“上天之载，无声无臭”，天地造化万物，却从不偏私。年复一年，日复一日，四季更替，寒暑往来，自然、社会、人生在不断地变化更替，而中国人看到的是一个生生不息、日新日成的宇宙，看到的是一个生而又生的富有生机活力的宇宙。天地的这种生生之德在人类社会中最直接的体现就是父母对子女的生育之恩，父母生养子女本身就是对天地化育万物之德的直接继承。因此，正如前文所言，孝道成为中华民族最为核心的伦理观念，我们常常说“百善孝为先”，孝顺父母作为一种美德，对于中国人而言，不仅仅是因为孝顺父母是为了报答父母的养育之恩，从更深层次来讲，这也是中华民族“天人合一”理念的本质表现。可以说，正是在这一生生不息的文化理念影响下，中华民族虽历经磨难，但总能抱持乐观向上的态度，中华文明在面对无数冲击破坏之后，也总是能够融旧注新、继往开来，并因此形成了始终绵延不绝、富有生机活力的独特文化体系。

如果我们将中华文明的这一天人同构传统与其他文明体系的核心精神做对比，就能更为清晰地看到中华文明的人文特质。以古希腊文化为代表的西方文明，得益于特殊的海洋文明影响，形成了独特的思辨理性传统，面对茫茫未知的广阔海洋，“诧异”成为其哲学萌生的起点，对宇宙、人生的理性分析、客观探求成为其文化的主旋律。在以理性精神探究宇宙变化的过程中，西方文化形成了独特的自然主义传统，自然科学的雏形很早就以体系化的形式出现在古希腊文化当中；同样，在以理性精神探究社会、人生的过程中，西方文化形成了体系化的政治学、伦理学。在西方文明视野下主体与客体、自然与社会、理性与感性、肉体与灵魂、科学与人文都是一分为二的，分析、实证、客观、理性成为西方文明孕育出的文化果实。这一点我们从近代以来西方文明的发展中也不难体认到它的轨迹。以佛教文化为代表的古印度文明则又走向另一个极端，同样是面对艰辛的自然环境和社会苦难，古印度的佛教文化更强烈地表现出一种对现实世界、现实人生的否定，凸显浓厚的彼岸意识。他们对现实的宇宙、人生直接予以哲学观上的否定，认为现实是虚妄的，不具有终极意义，以现实为苦，只有破除对现实宇宙、人生实有的执着，觉悟彼岸，才可能脱离苦海。因此古印度形成了独特的以破执、顿悟、冥想为核心的文化传统。与西方文明、古印度文明不同，中华文明自形成起就表现出独特的人文情怀，这得益于中国独特的地理环境，得益于中国长久的农耕文明传统，等等。对于中国人而言，宇宙、人生并非充满了未知的“诧异”，长久的农耕经验培育出中国人对于宇宙现象与人生发展的经验性感悟；同样，对于中国人而言，宇宙、人生也并不是呈现出一派死寂、没落，“苟日新，日日新，又日新”（《礼记·大学》）既是中国人对于宇宙变化的理解，又是对于人生发展的信念。宇宙自然与社会人生、现实生活与理想追求、经验感受与理性思辨被安置在同一个框架下理解，天人同构的精神成为中国文化的重要人文根基。也正是如此，我们在中国文化中看不到自然与社会的各异其旨，也看不到此岸与彼岸的分庭抗礼。天人合一成为中国文化的核心精神，中庸之道成为中国人的核心价值理念，“青青翠竹，尽是法身；郁郁黄花，无非般若”成为中国人对于此岸彼岸的当下融通。

应当说，这一天人同构的文化传统不仅仅造就了中华民族独特的宇宙人生视角，更进一步影响了中国人独特的国家观、道德观、民族观。国家的治乱兴衰、道德的存废进退、民族的融通裁汰往往都被放置在天人同构的人文视野下加以审视而一体同构的，这一点本书其他章节有相应分述，这里不作赘述。值得特别指出的是，天人同构的这一传统随着中国文化的演进，形成了影响深远的两条各异的文化进路，同时这两个方面又交相辉映、殊途同归，成为中国文化发展的内在张力。我们可以将其称为“上达”“下贯”之途，也可以说是“自诚明”“自明诚”之路。如我们所知，天人同构传统的形成依托于中国漫长农耕传统下的经验感受，而如何从价值理性上给予支撑，则成为传统文化中不断论证发展的重要命题之一。所谓“下贯”之途，可以以《周易》一书为代表，这一进路以“天道生生”为基础，每个人都禀赋“生生之德”，如果每个人能够诚悟此心，由诚而明，自然体证天人之间一体无隔，关于此，下一节有专门论述。另一条进路即所谓“上达”之途，可以以孔孟为代表，“尽心知性知天”，下学而上达，每个人通过自身的经验、感受，以及理性的省察，能够体证到自己所含具的良知良能与天道自然无异，“格物穷理”也好，“致良知”也罢，其目的在于打通天人，“理一分殊”，宇宙万事万物只是一理，只不过如同“月映万川”一样，月亮只是一个，投射在万事万物当中又有了具体的差别。天人同构的这两条进路，形成了中国文化独特的内在张力，我们在中国传统中能够看到一条围绕着精与一、博与专、直觉与经验、顿悟与渐进、道德体验与理性分殊等一系列命题展开的思考，这一内在的张力成为推进中国文化日新发展的内在生机与活力。

二、天道生生，中华文化的宇宙视野

不同的文明体系中，都有关于世界产生的创世神话，这些神话直接体现了不同文明体系独特的宇宙观。中国古代有盘古开天地的创世神话，认为有一位叫盘古的英雄开天辟地。相传在天地诞生以前，宇宙是漆黑混沌一团，好像是个大鸡蛋。大鸡蛋的里面，只有盘古一人在沉睡，一直睡了一万八千年。有一天，他突然醒来，睁眼一看四周，到处都是黑乎乎的，什么也看不见，盘古急得心里发慌，于是就顺手操起一把板斧，朝着前方黑暗猛劈过去。谁知这一劈可不得了，霎时间只听得山崩地裂一声巨响，这个“大鸡蛋”一下子裂开了。其中一些轻而清的东西，慢慢上升变成了天；而另一些重而浊的东西，则慢慢下沉变成了地。天地刚分时，盘古怕它们再合拢，于是就站在天与地之间，头顶着天，脚踩着地，不敢挪身一步。自那以后，天每日升高一丈，地也每日加厚一丈，盘古的身体，也随着天的增高而每日长高一丈。这样，顶天立地，坚持了一万八千年，终于使天地都变得非常牢固。但盘古由于过度疲劳，终于累倒死去。就在临死之一瞬，他全身忽然发生了变化：他口里呼出的气，顿时变成了风和云；他的呻吟之声，变成了隆隆作响的雷霆；他的左眼变成了太阳，右眼变成了月亮；手足和身躯，变成了大地的四极和五方的名山；血液变成江河；筋脉变成了道路；头发和胡须，变成了天上的星星；皮肤和汗毛，变成了草地林木；肌肉变成了土地；牙齿和骨骼，变成了闪光的金属和坚石、珍宝；身上的汗水，也变成了雨露。也就是说，盘古用自己的生命造就了一个美丽的世界。这个故事我们在很小的时候就听说过，其实它不仅反映了早期的中国人对宇宙形成的基本理解，这一故事背后表现出的将大自然的形成和演变看作生命的演化过程，也是中国人“天道生生”宇宙观的初步呈现。

中国浩如烟海的文化典籍中有大量宝贵的思想资源，阐发了“天道生生”的宇宙观。我国古代思想家没有借助神或上帝，而是以“天道生生”“生生不息”的观念来理解或解释大自然的创造，形成了中华民族独特的宇宙观。要了解这一宇宙观，我们首先需要对“生生”有基本了解。简单来说，这里的“生生”二字，第一个“生”是动词，即生产和创造，第二个“生”是名词，即生命和万物。它的意思是，“天”创造了生命和万物，“生生不息”则指创造生命和万物的过程是永不止息的。无论是儒家的“天生万物”，还是道家的“道生万物”，都是这样解释的。这是古代的自然创造论。这里的“天”和“道”是世界最高的存在。它的本质是“生”，即“天道生生”，人和世界万事万物都是自然的产物。它精辟地阐述了世界万物的起源和发展，并对中国人“天人合一”式的生存方式产生重要影响。

早在作为“五经之首，大道之源”的《周易》中，就有较为系统的关于宇宙演化的描述，尽管《周易》这本书最早是一部关于占卜预测的书，用今天的眼光来审视，它存在许多不科学、不合理的地方，但是在占卜的背后，我们更应当看到支撑其整个体系的独特宇宙视野。构成《周易》主体的是被我们称为八卦、六十四卦的独特符号系统及相应的文字系统。八卦由三组象征阴阳的符号——“爻”（阳爻符号是“⚊”，代表阳性、刚健；阴爻符号是“⚋”，代表阴性、柔顺）随机组合而成，共有八个，分别是乾、坤、震、兑、坎、离、艮、巽，分别代表了自然界中天、地、雷、泽、水、火、山、风八类基本物象，象征天地的乾坤两卦被认为是父母卦，其他六卦由乾坤两卦所生，因此，八卦对应着人类社会，乾坤又象征着父母，其他六卦则代表长、中、少的子女。六十四卦则是进一步由八卦上下叠加而成。这一符号系统之所以被用来预测吉凶祸福，是因为在古人看来它正反映了宇宙的基本变化格局，而这一格局也正是“天道生生”理念的最佳符示。在《周易》看来，天地化生万物，是万物的总父母，自然界中的风、雷、雨、电、水、火、土、石就是由天地生化而成，这一生化与人类社会中父母生育子女的情状是一体同构的。而八卦的进一步重叠是为了象征更为复杂的自然及人类社会的各种状态，直接表现了自然、社会不断变化发展的生化现象。在经由交错产生的六十四卦中，既有象征自然界各种现象的符号名称，又有代表人类社会各种现象的符号。同时，《周易》的六十四卦以代表天地的乾坤两卦为开始，以代表完成和未完成的既济和未济卦结束，更是直接体现了天地造化万事万物，并且生生不息、永续发展的独特宇宙理念。这一点在后来人文逐渐昌明、迷信逐步消退的春秋战国时代，更进一步地彰显出来，特别是专门对《周易》进行解读的《易传》，直接点出了“生生之谓易”“天地之大德曰生”的主题，认为宇宙人世间的变化本质在于生生不息，而天地间最大的美德正是这一“生生之德”。宇宙形成、变化、发展的过程被用“太极生两仪，两仪生四象，四象生八卦，八卦生万物”的方式描述出来。太极代表着阴阳未分的混沌状态，进而产生阴阳，象征着宇宙间相对的两股势力，也象征着天地初分的状态，接着则生化出四时流转、日月星辰，这是一个生而又生、永不停歇的变化过程。在这样一种宇宙观之下，中华民族确立了自身独特的宇宙视野。一方面，既然天地是造化万物的总父母，那么对天地、自然界万事万物，乃至人类社会成员的尊重与爱护是每个人最起码的行为方式，因为在这一宇宙视野下宇宙间的种种，无论是自然中的山山水水、一草一木，还是人类社会中的至亲挚友、陌生路人，其实都是一体而无隔的，这一文化理念在之后的儒家文化中得到了进一步拓展。另一方面，这一宇宙视野给予人类本身以独特的价值定位，确立了人是万物之灵的价值理念。人的价值在中国人看来并不在于人是有理性的动物，而是在于宇宙间只有人具备价值自觉意识，能够把握宇宙的“生生之德”并且将其自觉展现在人类社会之中。动物世界中可能也存在宇宙“生生之德”的展现，就像我们常说的“乌鸦反哺”或是“羊羔跪乳”等，但这更多的是“生生之德”本能的表现，只有人具备自觉意识。正因如此，《周易》确立了“三才之道”，认为宇宙间有三样最为宝贵的事物，它们分别是天道、地道、人道，天地化育万物而从不言说，而人则居于天地之间，能够参赞天地的化育之德，并将其自觉落实在日用常行之间。在这一宇宙视野下，中国人形成了自己独特的生存方式，人与人、人与社会、人与自然之间，都被赋予紧密相连的脉脉温情，这一连接不是建立在理性的思考之下，而是建立在天地人物相连一体的独特视野之下。我们在中国人常说的“四海之内皆兄弟”或是“宇宙事即己分内事”中不难看见这一理念的影子。

同样，在中国传统文化里影响最为深远的儒家学说中，我们也能够看到“天道生生”理念的延续与发展。尽管在儒家最初的创立者孔子的思想中更多关注的是如何在礼崩乐坏的社会背景下重塑人文理念，将外在的礼仪规范内化到每个生命个体的仁爱之心上，但是从孔子“天何言哉？四时行焉，百物生焉，天何言哉?”的话语中，我们也能够看到“天道生生”的理念。在孔子看来，上天并非难以捉摸的神秘力量，它只是默默地贯穿于自然变化发展的始终，化育万物但不主宰万物。到了亚圣孟子的著作中，这一理念被进一步注入价值色彩，孟子认为天道是具有德性价值的。每个人只要尽心便能够知性，能够尽其性便能够知天。在孟子看来，每个人都拥有充足的价值资源，那就是每个人的善良之心，而这一价值资源正是上天所赋予的，每个人只要在自我的生命历程中充分地将这一善心展现出来，就能够体悟自己的善良本性，也就能够理解天命所在了。我们之前讲到过孟子舍生取义的奉献精神，其实在孟子看来，人之所以在面临生死抉择时会义无反顾，正是因为这是符合本性的选择，符合天命的选择。于是，继孔子之后，孟子在继承的基础上又为“天道生生”理念注入了新的内涵，这一内涵也成为之后儒家思想关于天道、人道探究的重要基础。

尽管如此，对于早期的儒家而言，对于天道宇宙的讨论并不构成重点，“天道生生”理念真正的发展应当说更多是在秦汉以后，特别是宋明时期。“天道生生”的宇宙论观念开始同儒家政治、伦理思想紧密地结合到了一起。在汉代的时候，这种结合表现为以“天人感应”为基础，将传统儒家的政治理念及伦理观念同当时神学色彩浓郁的宇宙观结合在一起，以此赋予儒家学说坚固的形上根基。在汉代的儒家学者看来，宇宙的变化发展是按照特定的规律来进行，这套规律就是以阴阳、四时、五行、节气、物候为基础建构起来的，它不仅被直接用于指导当时的农业生产，更被看作是社会人生应当遵循的规则。天有阴阳二气，于是人有善恶两端；天有春夏秋冬四时，因此人有仁义礼智四德。在汉代的儒家学者看来，天地不仅化生万物，同时还赋予其相应的规则，因此人把握“天道生生”的宇宙规则过程，也是确定自身乃至社会规则的过程，每个人无论身份高下都应当按照这一规则，各自规范自己的行为，从而实现个人、社会、宇宙的通体和谐。这一理念不仅为儒家学说注入新内涵，使其成为诸子百家之中最具影响力的流派，还丰富了“天道生生”理念的内涵，为其注入了许多基于当时条件下的天文历算知识，使其与农耕文明下的中国社会充分合流，逐步渗入广大中国百姓的生活理念中，对塑造中华民族的文化精神产生深远影响。汉唐以降，佛教思想的传入带来了更为精微深刻的佛学世界观，无论是立足三世轮回、因果报应的彼岸学说，还是以现实世界为假有、追求破空破执着的空观理论，都对中国普通大众，乃至精英知识阶层产生重要的影响，而汉代建构起来的宇宙观与之相比则显得相对肤浅，并且在个体心灵的安顿上也略显不足。于是，在以“接续道统”为己任的儒家知识分子的自觉之下，“天道生生”的宇宙观在宋代再次得到丰富和发展。

宋明时期的新儒家在充分吸收佛教思想之后，将《周易》提供的宇宙视野进一步同个体心性打通，建立了一个仁与天理浑然一体的宇宙格局，人与天道之间浑然一体，天道的生生之德，落实在人就是仁德之性，落实在万物之间就表现为盎然的生意。在这样一种宇宙视野下，人与万物通为一体，人心与天理之间一体无隔。每个人只要从体认由父天母地所促成的宇宙盎然生意处入手，自然能深切体会到天地生生的无上仁德，并由此油然而生发自己仁善的情怀及精神。同时，人将会体会到仁善之德本身的力量，天地正是通过它的仁善生生万物，造就一个生生不息、和谐融融的大宇宙，从而唤起个体自觉展现其内在的仁善之德。北宗五子之一的周敦颐就曾经说过“窗前草不除”以观万物的生意。窗前自发生长出的野草，不因环境恶劣而枯萎，反倒是迸发出盎然向上的生意，这正是生生、仁的精神。如果每个人都能够真切地体会这一点，就自然而然会在自己的生命中充分展现这一盎然生意，就会以由衷的深挚情怀去善待他人，人人如此，社会人生自然就和谐圆融、祥和一片。儒家的这一发展使得“天道生生”的宇宙格局与人生社会彻底圆融，在这一宇宙视野下，每个人无论是从形而上的精神宇宙中，还是形而下的具体领域里，天道与人道都合而为一，天道就是人道，人道就是天道。人不必刻意效法天道，遵守外在的规则，只需充分展现自身涵具的盎然生意和仁心仁德，就自然合于天道。儒家的礼乐规范被直接纳入天道自然之中，天道本身也都充分展示着人道的神圣和庄严。这就是“天道生生”思想在儒家学说经由不断地发展所呈现的结果。总的来说，儒家对“天道生生”的理解，表现为尽可能地将自身核心的道德原则与天道运转连接，努力为儒家理念寻找合法的形上根基。儒家思想努力为我们建构了一个充满生机活力、生生不息的宇宙图景，它对中华民族乐天向上、刚健有为的民族性格的培育产生了重要影响。

与儒家思想所建构的宇宙观完全不同，道家思想展现的“道生万物”的宇宙视野，为我们提供了又一种把握宇宙人生的方式。如果说儒家思想是通过对“天道生生”理念的诠释，为伦理性的仁爱观念提供形而上学根基，以此论证每个人身上都具备充足的价值资源，将“仁民爱物”的行为界定为每个人的应然追求，塑造了中华民族特有的德性价值理念，那么道家思想则同样是依托这一生化理念，通过对“道”的内涵的不同界定，为中国人提供了又一种完全不同的宇宙视野，与儒家思想交相辉映、互为补充。与早期儒家思想不同，道家思想从创始者老子开始，就对宇宙的形成、演化及其背后的规律做出了系统的思考。老子的《道德经》以道德为名，第一次将“道”提升到哲学的高度加以界定。尽管《道德经》问世之前的《诗经》和《易经》中已开始广泛使用“道”这一概念，但老子的《道德经》才将其确立为宇宙人生的最高概念，以“道”为本体的哲学，虽不一定明确地被道家之外的各家作为自家的学说，但实际上得到普遍认同。可以说正是经由道家思想的阐扬，“道”成为中华文化传统的核心概念。在老子的《道德经》中，“道”被描述为先于万物并且生化万物的最高存在，是不可言说的，任何语言文字都无法用来表述它，任何概念都无法用来指谓它。“道冲，而用之或不盈。”道体是虚状的，但这虚体并不是一无所有的，它蕴藏着无尽的创造力。道与万物之间的生成关系被描述为“道生一，一生二，二生三，三生万物”“天下万物生于有，有生于无”这样一个从无到有、由少至多的过程。所谓“从无到有”指的是从无形到有形，“由少至多”则揭示了万物生成是一个动态过程。这一生化的过程的具体细节和内涵，被后世道家学者如庄子、列子、王弼进一步发展，形成了极为完备的宇宙论体系，对其他学派，乃至中国人理解世界图景都产生了重要影响。这一点我们从“道”这一概念在中国文化中的重要性中就不难体会。同样对于道家而言，建构这一宇宙视野的目的并不仅仅在于理解外在世界的产生和变化，它更是指导现实人生行为及态度的依据。《道德经》上篇是道经，下篇为德经。所谓“德者，得也”，在道家看来，道不仅创生万物，在创生万物之后道同时又蕴含于万物之中，成为万物变化发展的内在动力和根据。儒家从“天道生生”中体证到的是“生生之仁”，是上天赋予万物的盎然生意。道家则从“天道生生”中把握到“无为而无不为”的宇宙社会人生态度。“天地不仁，以万物为刍狗”“天道生生”是一个自然而然的过程，上天从未刻意汲汲营营去强力作为，也从未刻意展现仁心仁德，一切只是自然流转。因此，对于现实的社会人生而言，无论是国家的治理，还是人生的行为态度，不刻意去作为，不刻意去求仁心施仁政，“道法自然”才是避免国家战祸不断、社会纷争不息、人生欲壑难填的根本方法。可以说，道家思想为我们塑造了一个“天道自然”的宇宙图景，它对中华民族形成知足常乐的民族性格产生了重要影响。这一点我们在下一章中会有详细论述。

对任何一个民族而言，其传统文化中的精华部分，都是宝贵的财富；其心理机制中的优秀成分，都是珍贵的遗产。挖掘这些财富、保护这些遗产固然重要，但更为重要的是怎样妥善有效地利用和发挥它们的意义和价值。在科学昌明的今天，我们对中国传统的宇宙论已经很难从客观上相信——虽然在现代人的生活中仍然体现着这种文化，但如果从现代视域反观儒道两家的宇宙论，其实是能给我们很多启示的。道家的宇宙论反对人类过分地干预自然、改造自然，认为人类为满足自身的贪欲而对自然过度索取，会导致自然生态的失衡和自然资源的枯竭，最终引起“天怨”“人非”“物累”。因此，对自然应予以必要的尊重，“道法自然”，与自然万物和谐与共，只有这样，人类自身以及所创造的文明才能在宇宙时空中延展。在儒家宇宙论的观照下，小至国人，大至“地球村”的村民，虽然在多元社会历史文化背景下有着“一己心性”的个体差异，但如能认识到自身是“惟人也得其秀而最灵”，于“天下之公共者，为心为性也”上担当责任，唤醒“良知”和集义所生之浩然之气，消弭导致歧异纷争的粗砺之气，和谐与共，则人类社会便可开万世之太平。

三、阴阳和合，中华文化的平衡观念

“天道生生”的理念为中华民族塑造了一个生意盎然的宇宙视野，在这一视野下，整个宇宙被看作是息息相关、一体相连的，并且是生生不息的动态生命发展格局。而这样一个生生不息的宇宙，它的发展变化，同样被看作是有其内在规律的，就其内在规律而言，阴阳平衡的和合思维，无疑是中国人把握动态宇宙、社会、人生的核心理念之一。这一点，我们从太极图阴阳鱼阴阳互含的图像构造中，从老子“万物负阴而抱阳，冲气以为和”的论述中，从《周易》“一阴一阳之谓道”的概括中，从“孤阴不生，独阳不长”的俗语中都不难看到。应当说，这一理念不仅深刻地影响了中国人看待宇宙、社会、人生发展变化的方式，同时也对中华民族音乐、绘画、中医，甚至政治、军事理念都产生了重要影响，可以说其已成为中华民族独特的思维方式，至今仍在发挥重要作用。

阴阳观念的产生同中国农耕文化传统息息相关。在长期的劳动中，人们充分认识到农作物成长与阳光的密切关系，加之对地势的向阳与背阴的认识，产生了最初的“阴”与“阳”的观念。对此，许慎《说文解字》的解释是：阳“高、明也”，阴“水之南，山之北也”。正如张立文先生考证后所指出的，无论是甲骨或金文，阳字均与日相联系，且日高悬，光芒下射，指光照到的地方。阴，甲骨现未确认哪个字……后人以阴为背日或“日所不及”，都取阳之相反之义，是相对于阳而言的。应当说最初的阴阳概念更多的是先民的一种感性的、经验性的总结。真正使得阴阳从理念上升到哲学高度，成为中国文化最为核心的理念之一，《周易》起到了奠基性的作用。一般认为，在对阴阳概念的把握和改造中，《周易》最大的贡献就是突破了其原始意义而使之向哲学范畴过渡，并对中国哲学思想的产生和发展产生了重大影响。其实《周易》中并没有出现专门的阴阳概念，然而通观整部《周易》，无论是其独特的符号系统，还是其占卜原则背后的理念，阴阳对立统一和谐的思维都贯穿其中。也正是在这个层面上，《庄子》点明：“《易》以道阴阳。”阴阳观念被《周易》升华为一种形上原则，宇宙中的万事万物都由阴阳二气构成，阴阳属性并不局限于某一特定的事物，而是普遍地存在于自然界和人类社会的各种事物和现象之中，代表着相反而又相成的两个方面。不管是天体日月的运行、昼夜四时的交替、气候寒热的变化，还是人体组织结构和机能状态等各种事物或现象，都是在相反相成中发展变化，而且任何事物都可以按照一定的属性，或归属于阴，或归属于阳。比如男女、大小、上下、向背、明暗、虚实、刚柔、正反、天地、日月、进退、得失、成败、增减、消长等，它们之间不是对立的，而是互济互补的。

阴阳理念有着多维内涵，阴阳之间既对立又统一，两者之间相互作用、相互影响，而这一过程也就造就了宇宙的万象、社会的变迁、人生的无常。有人说阴阳观念对中国人尊卑有序、男尊女卑等级观念的形成产生重要影响，因为在阴阳理念中确实存在将阴阳观念同男女、尊卑，甚至善恶进行对应的情况。但是，如果我们仔细审视一下等级观念的形成，就会发现与其说这是阴阳学说的影响，倒不如说是统治阶级为了加强自身的合法性地位，对阴阳理念做出了改造。因为，阴阳代表天地、君臣、男女，从“天尊地卑，乾坤定矣。卑高以陈，贵贱位矣”的论断中可见，一方面它的确有被解释为男女、君臣尊卑有别的等级式论证的可能，但另一方面我们更应当从阴阳观念的多维内涵中去理解它。在阴阳观念中，阴与阳所代表的是相互对立又相互作用的两种力量，如果过分强调两者之间的区别和对立，必然会导致片面性的理解。在中国传统文化中，天与地、男与女虽被放置在阴阳思维的框架中去理解，但这种理解绝不是仅仅被固化为高与下、贵与贱、尊与卑的差别，阴阳之间在对立之外更强调的是平衡与和合。正是有了天地、男女之间的平衡互补，才有了宇宙、人世的大化流行、生生不息。其实阴阳平衡的理念是我们把握中国阴阳文化传统的重要前提和基础。正因为“阴”与“阳”性质相异，所以才能够互相感应、互相吸引、互相交流、互相渗透、相互依存，因而保持相对的平衡与和谐。所以，在《易经》中阴与阳相交之卦曰泰卦。泰卦在《周易》中代表着通泰和谐，它的符号是由三个阳爻在下、三个阴爻在上组合而成，象征着原本高高在上的阳气下降到了地面与阴气交感，而在下的阴气则上升到了天空与阳气交感，这在前文中已经论及；反过来阴与阳不交之卦称否卦，否卦象征着闭塞不通，它的符号与泰卦相反，三个阳爻高高在上，而三个阴爻则潜藏于下，象征着阴阳之间没有交感。《易传》反复申明："天地交而万物通也，上下交而其志同也。"天地交泰，阴阳交融，则万物欣欣向荣；上下交融，上下一心，众志成城，则政通而人和。天地不交，则万物不通；上下不交，则离心离德。总之，只有阴阳交融互补，才能形成和谐有序的局面，否则将会混乱不堪。从这里我们也很容易发现，在中国传统文化中，并非阳性的势力就应当高高在上，而阴性的势力就是匍匐在下，阴阳之间的平衡与和谐才是阴阳理念的重点所在。这一点在《周易》的另一个卦象符号中可以得到更进一步的印证。既济卦是《周易》中的倒数第二卦，它的基本含义是完成、终结，象征着事物发展达到了相对完满的状态。既济卦的符号是由六个阴阳爻自下而上相互交错构成的，初爻是阳爻，第二爻就是阴爻，第三爻又是阳爻，最后叠加构成符号。很明显，这里符号所表达的正是一种阴阳互补平衡的理念。在中国人看来，无论宇宙还是人生，所谓最终完美的状态，应当是阴阳之间达到完全平衡的状态，这是通过阴阳之间相互交感而最后达至的一个结果。当然在中国人看来，这种状态也不可能持久、永续，平衡必然会被打破，走向新的冲突与作用，从而不断地向前发展，因此我们看到在《周易》中最后一卦用未济卦结尾，象征着永未完成、不断发展。

这一阴阳平衡的理念，同时蕴含着中国人对和谐的向往与追求，我们可以将其称为中国的和合文化理念。中国人民大学的张立文教授曾经对中国传统哲学中的"和合"进行重新诠释，他认为，"和合是中华优秀传统文化的思想精华，是中华民族人文精神的基本理念与首要价值，是中华文化的时代精神与生命智慧，她是中华心、民族魂的体现，是当代核心价值观的重要源泉"[①]，在解决二十一世纪人类面临的五大冲突（人与自然、人与社会、人与人、人与心灵、不同文明间）和三大挑战（五大冲突的挑战、西方文化的挑战、现代化的挑战）中，在中国文化的创

---

① 张立文：《和合·中华心　民族魂》，载《光明日报》2014年7月29日第16版。

造性转化、创新性发展中，和合学将责无旁贷地承担起历史的重任。和合文化在中国有着丰富的内容，“和”在儒、道、墨、法等先秦各家的论著中都占据了显著的位置，其意义延伸到政治、伦理、艺术等领域，呈现含义多元化的倾向。“和”字涵盖了调、谐、谐和、协调、谐调、适中、恰好等义。《左传》中有一则记载，齐景公有一个叫梁丘据的宠臣，齐景公认为只有他和自己“和”，晏婴对此进行了反驳：“据亦同也，焉得为和?”这引发了他与齐景公之间的一段有关“和”与“同”之辨的对话：“公曰：‘和与同异乎?’对曰：‘异。和如羹焉，水、火、醯、醢、盐、梅，以烹鱼肉，燀之以薪，宰夫和之，齐之以味，济其不及，以泄其过。君子食之，以平其心。’”(《春秋左传·昭公二十年》）中国人的“和”强调的是差异之间的和谐共处，正如阴阳之间的平衡和谐一样，这一状态是多元的统一，是通过相互之间的包容、理解所达到的平衡状态。对于这一点，宋代张载的《正蒙·太和篇》有很好的解释：“气本之虚则湛一无形，感而生则聚而有象。有象斯有对，对必反其为；有反斯有仇，仇必和而解。”张载认为天地万物、人间事事，都有对、有仇，即都有矛盾。如何解决矛盾，张载提出“和而解”，就是对立双方的矛盾可以通过和谐共处来解决，而不是一定要靠厮杀破裂、消灭对方来解决。这正是中国人和合理念的精神实质，我们可以用《周易》中的一段话来概括：“大哉乾元，万物资始，乃统天。云行雨施，品物流形。大明终始，六位时成，时乘六龙以御天。乾道变化，各正性命，保合太和，乃利贞。首出庶物，万国咸宁。”天地以其生生之德通过阴阳交感不断地创生着自然万象，万物也都因此禀赋这一生意，尽管各自千差万别，但正是这不同构成了宇宙、社会、人生的一派欣欣向荣的景象。因此我们认为中国人的和合文化理念是建构在“天道生生”的视野之下、呈现于阴阳平衡的理念之中，代表了中国人对纷繁的宇宙、复杂的社会、各异的人生、多元的思想文化的一种理解和处理方式。正是这一理念使得中国文化总能以包容的心态不断吸收、发展，生生不息。这也就是习近平总书记指出的，“中华文明的包容性，从根本上决定了中华民族交往交流交融的历史取向，决定了中国各宗教信仰多元并存的和谐格局，决定了中华文化对世界文明兼收并蓄的开放胸怀”①。

这样一种阴阳平衡的和合理念对于中国文化影响深远，并且随着时代的发展不断被注入新的内涵，我们在中国文化的各个层面上都能看到它的影子。

比如在解释自然现象上，《国语》中有这样的记载，古人认为阴阳作为两种势力，“阳伏而不能出，阴迫而不能蒸，于是有地震”。这是周太史伯阳父用阴阳两因素对地震做出的最早解释，阴阳之间的平衡交感被看作是影响自然变化的根本原因。我们的古人在考察其他自然现象的过程中也常常利用这种传统的思维结构，以发现自然中所存在的矛盾运动的辩证规律。例如，对于日有长短、海有潮汐的现象，晋初的杨泉这样认为：“日者，太阳之精也。夏则阳盛阴衰，故昼长夜短；冬则阴盛阳衰，故昼短夜长。气引之也。行阳之道长，故出入卯酉之北；行阴之道短，故出入卯酉之南。春秋阴阳等，故日行中平，昼夜等也。月，水之精。潮有大小，月有盈亏。”（《物理论》）在这里，古人固然没有深入分析太阳相对于地球之南、北回归线的偏离轨道问题，也没有直接论述月球相对于地球海平面的引力问题，但毕竟发现了太阳和月亮与日之长短和海之潮汐之间的内在联系。

比如在军事兵法中，春秋时期，范蠡向越王勾践提出了用兵之道：“阳至而阴，阴至而阳；日困而还，月盈而匡。古之善用兵者，因天地之常，与之俱行。后则用阴，先则用阳。”（《国语·越语》）这是以阴阳相对性和互变性来说明日月盈虚和战争的变化规律。由于战争的矛盾双方常常处在彼此消长、相互转化的阴阳关系之中，特别适合以阴阳的思维结构将其纳入强弱、虚实、远近、明暗、真假等范畴来加以研究，因此，

① 习近平：《在文化传承发展座谈会上的讲话》，《求是》2023 年第 17 期。

中国古代的许多军事家，如孙武、范蠡、孙膑、韩信、李靖等，都非常善于运用阴阳之间的辩证关系来分析和处理战争中的刚柔、奇正、攻防、主客、虚实、劳逸等诸种矛盾因素。

再如，在中医理论中，早在先秦时期人们就以阴阳解释人身体生理机能。《左传·昭公元年》记载，晋侯求医于秦，秦伯派医和去为他看病，医和认为晋侯是女色过度，他说："阴淫寒疾，阳淫热疾，风淫末疾……""淫"是指多、过度，在中国古人看来，各种疾病由多种原因引起，但共同之处是阴阳失衡。这是从反面说明阴阳协调的重要性。其实在后来的中医理论中，阴阳平衡思想更是占据了极其重要的地位。中医的理论基础是阴阳调和观念——既指人体与自然界之间应该有一种协调关系，也指人体内各系统功能应当维持一种平衡关系。《黄帝内经》就指出"内外调和，邪气不能害"，表明人身体健康；失调或失和，则意味着人身体有疾病，"阴阳离决，精气乃灭"。因此，中医治病的基本原则是调整已受到破坏的生理机能，使之重新恢复到阴阳平衡协调状态，即"阴病治阳，阳病治阴"。今天中西医并行，在一些人看来，中医并无科学性可言，但是往往有神奇的功效，这是因为，中国的"科学"并非西方的"科学"。

和谐思维对中国艺术也有深刻影响，它直接制约和支配着民族传统的审美情趣。中国古典美学在和谐思维方式的影响下，尤其注重美的对象的平和、凝重、庄严、典雅，特别崇尚"中和"的审美格调。古代传统的乐理，历来反对"郑卫之音""桑濮之典"，把它们视为"淫声之作"，认为它们违背了"中和"原则。相反，"雅乐""正乐"则格外受到推崇，被称为"大乐"。所谓"大乐必易"，"易"即和平。"乐从和，和从平。声以和乐，律以平声。……声应相保曰和，细大不逾曰平"（《国语》），当代美学家周来祥先生提出的"美为和谐"，正是反映了中国人在审美领域的共识。还有，中国古代建筑学也体现出和谐思维，古建筑物十分讲究对称、平衡、协调的风格。古都北京的故宫堪称这种风格的代表作，从天安门到神武门，整个庞大的建筑群，以中轴为基准，前后左右处处展现出对称性。三大中心殿规模宏伟，气宇不凡，分别被命名为太和、中和、保和，足以显示出中国传统和谐思维的魅力。此外，以乾清、坤宁二宫为后卫，以文华、武英二殿为侧翼，无论外观形象还是称谓，都符合“中和”原则，给人以恢宏、庄重、威严的审美感。

正如陈炎教授曾经指出的，如果说西方以“因果”为核心的单向的、历时的思维结构容易指向超验的彼岸世界的话，那么中国以“阴阳”为核心的双向的、共时的思维结构则容易指向经验的现实生活。[①] 我们知道，先秦的儒家不搞形而上学，对于怪、力、乱、神之类的东西，孔子等人基本上采取“存而不论”的态度，而将注意力集中在人与社会的关系之中。在他们看来，人与社会是由血缘纽带联系起来的，而血缘纽带的最初形式则应归于男女之间的阴阳交感：有夫妇，然后有父子；有父子，然后有君臣。即由家扩展为国，由个体扩展为社会。在儒家看来，不仅君臣、父子之间的人际关系最初起源于阴阳交感，而且他们在实际生活中也恰恰体现了一种阴阳互补的辩证法则。在这种关系中，我们既不能用矛盾的一方来取代、吞并乃至消灭另一方，也不能使二者居于同等重要的地位之上，而应该做到亲而有礼，爱而有别。一方面，以君臣关系为例，君为阳，臣为阴，二者的主从关系应该分清，切不可君不君、臣不臣，乱了纲常，坏了礼法。另一方面，正如阳不能离开阴而独立存在一样，君虽为人主，但又有其依赖臣民的一面，水可载舟，亦可覆舟，“暴其民甚，则身弑国亡；不甚，则身危国削”（《孟子·离娄上》）。因此，最好的办法，应该是“君使臣以礼，臣事君以忠”（《论语·八佾》），正是在这种“君礼臣忠”“父慈子孝”“夫唱妇随”的阴阳关系中，儒家学者才能够将有限的感性生命和无限的社会群体联系起来，从

---

① 陈炎：《阴阳：中国传统的思维结构》，《孔子研究》1996年4期第116页。

而逐步建立起了崇经重史、厚爱人伦的古代世俗文明。

与儒家学派不同，道家学者不注重人与社会的关系而注重人与自然的关系，但却同样推崇阴阳辩证的思维模式。首先，在他们看来，自然本身就是受阴阳关系支配的，所谓“万物负阴而抱阳，冲气以为和”（《老子》）。因此，自然界的发展是一种阴阳互动、相反相成的过程。“故有无相生，难易相成，长短相形，高下相盈，音声相和，前后相随”（《老子》）。其次，自然甚至人与自然的矛盾也同样体现着这种阴阳互补的辩证关系。一方面，道家反对“人定胜天”的思想，不主张把人与自然设定为征服与被征服的主客关系，而强调“人法地，地法天，天法道，道法自然”（《老子》）。另一方面，道家虽然强调人对自然规律的服从和顺应，但也并不因此而贬低人的地位，把自然与人设定为决定与被决定的因果关系，而是主张“道大，天大，地大，人亦大”（《老子》）。正像儒家将君臣、父子的关系纳入阴阳辩证的思维结构来加以考察一样，道家也将人与自然的关系纳入到同一结构中来加以分析。前者追求的是一种人与社会的和谐，后者追求的是一种人与自然的统一，于是才有了庄子的“齐物论”和“逍遥游”。于是，信奉道家的人们虽然不能像儒者那样在有限的个体与无限的社会之间寻求一种精神上的联系，但却可以在有限的个体与无限的自然之间获得一种信仰上的寄托。

我们如果运用这一思维来审视当下的生活、当下的社会、当下的世界，将会发现不仅人与人、人与社会、人与自然是互补共生的阴阳关系，而且国与国之间、民族与民族之间亦是共赢共荣的阴阳关系。在人类社会，穷国与富国、穷人与富人也都是相辅相成的阴阳关系，应当互相尊重，互相帮助，谋求共同发展，只有这样，整个世界才能繁荣、富强、安乐。因为，整个世界是一个有机联系的整体，一个民族、一个国家、一个地区，甚至一个人的不和谐、不稳定，都会波及其他，使社会或世界不得安宁。二十一世纪的人类面临着各种冲突，引发了生态、社会、道德、精神、价值等危机。我们要构建和谐社会，必须把各种冲突处理好，把各种危机化解掉。而阴阳学说蕴含的相反相成、互补互济的思想为我们提供了有益的启示。

四、礼乐成人，中华文化的和乐理想

如果说中华文化从宇宙论根基到阴阳平衡观念无不呈现出独特的人文视野，那么中国独特的礼乐文化应当说是这一人文理念的具体现实展开，应当说正是礼乐的现实规范，最终将中华文化中独特的文化理念真正落到个体的日用常行当中，从而真正落实人文化成的理想。

一说起中华文明，我们常常会用礼乐文明进行概括，重礼仪、讲规则到了今天仍然在我们的日常生活中发挥影响。“礼”被我们看作人之为人的内在本质，是人与禽、兽的根本区别，人们依此制定了不同的行为标准，以此规范人与人之间的关系，昭示人与人之间的差别。“礼”使人在上下、尊卑等级分明的社会中各居其位，各司其职，各尽其伦。同时，为了调节人们之间的不和谐，便以“乐”来使人产生快乐的情感，用“乐”来维护等级制度的合理性，进而使人们之间的关系到达美好和谐的境界。礼教和乐教所追求的目标，都是有序的和谐或和谐的有序，但形式和方式不同。在中国人看来，乐教的目标当然不能脱离礼教，由于音乐所特有的亲和感与和谐性，礼教只有同乐教相结合，才能更深入有效地调节社会关系，从而使整个社会秩序达到最大限度的协调与和谐。礼乐是一对密不可分的范畴，二者名为二体，实则合一，在古人看来，犹如天与地的关系一般。正如《礼记·乐记》所说：“乐由天作，礼以地制。”礼乐相辅相成，不可分离，所以说，礼乐分则有“礼”有“乐”，合而言之，则称“礼”。往大了说，礼是对一切事务的治理，涵盖了政治、思想、学术、制度、礼仪、风俗等不同领域。小至修身齐家，大至治国平天下，无不受到礼的指导。它不仅包含约定俗成的仪轨活动方式，而且还囊括了国家的社会政治制度。无礼，则一切事物都要失其所宜，社会政治生活将陷入混乱。往小处说，礼就是贯穿于我们一生，时时对我们的行为发生作用、产生影响的各种规范。在古代中国，并非每个人都能够通过对知识的学习来完成个体人格的培育，这一培育工作应当说更多的是在礼乐习俗的影响下实现的。可以说，礼是行为规范，是价值体系，也是制度，是一个完整的文化体系。

本书第一章已经介绍过，中国的礼乐文明自西周以来，由最初的祭祀形式逐步被改构为规范行为、调节心理的重要手段，并且呈现出明显的礼乐内化的文化倾向。外在的礼乐形式被看作是每个人内心法则的秩序性呈现，繁复的礼乐规则在中国人看来并非压抑个体人性的手段，相反我们认为践行礼乐规则是实现臻善致美的必要途径。可以说传统的礼乐教化思想已融入当时人们的日常生活之中，对个人行为、人格的养成起到至关重要的作用，我们从当时礼乐制度对于个人成长、婚嫁、丧葬的规范中就不难看到这一点。

首先，礼乐成人的作用表现在培育孩子的过程中。据《礼记·内则》记载，一个人出生三月尚在襁褓之中时就要接受父亲的训导，父亲要握住孩子的右手，用食指轻挠孩子的下巴为其命名，如果是嫡长子的话还要有教他敬循善道之类的叮嘱对答之辞。“冢子未食而见，必执其右手”，孩子能够吃饭了，就教他用右手取食。“六年，教之数与方名。七年，男女不同席，不共食。八年，出入门户及即席饮食，必后长者，始教之让。九年，教之数日”，一个人在十岁之前就要学会数目和方向名称，知道男女有别，懂得谦恭礼让，明白天干地支，而且出外求学时还要衣着俭朴，“不帛襦袴”。女孩子到了十岁就不能随便出门了，而是在家里由女师教导她言辞举止柔顺，学习纺织女红，帮助家庙祭祀。经过各种不断地学习，男子“二十而冠”，女子则是“十有五年而笄”。冠礼作为一个人成人的象征性事件，其根本不在于明确年龄界限，而是对一个人德性与责任的强调。北宋吕大临对此解释："所谓成人者，非谓四体肤革异于童稚也，必知人伦之备焉。亲亲、贵贵、长长，不失其序之谓备。"冠礼用复杂的仪式来昭示一个孩子的成人式，成人则意味着个体在德性方面的自立。冠礼中那些看似繁复而琐碎的细节其实是古人意味深长的文化设计，容礼教育绝非表面琐碎仪文那么简单，一次又一次不断重复的身体表演和对仪文的阐释，这样的身体规训工程包含着很深的道德意蕴，通过这种具体的礼仪活动来启发和教育个体，从而为社会培养合格的人才，正如《礼记·冠义》中所说的："礼义之始，在于正容体，齐颜色，顺辞令。容体正，颜色齐，辞令顺，而后礼义备，以正君臣，亲父子，和长幼。君臣正，父子亲，长幼和，而后礼义立。"因此，接受过作为成人之礼的冠礼之后，个体要积极承担与自己的角色相适应的责任和义务，培养自我德行品质。

其次，礼乐成人的作用表现在对婚姻礼仪的重视中。成人之后的个体所面临的家庭之内的大事莫过于婚礼了，宗法制农业文明的现实社会决定了传宗接代的重要性，所以婚礼在中国古礼的诸礼之中占据着根本性的位置，被认为是"礼之本"。《礼记·昏义》指出："昏礼者，将合二姓之好，上以事宗庙，而下以继后世也，故君子重之。"男大当婚，女大当嫁，到了适婚年龄的青年男女若要谈婚论嫁需要遵守"父母之命，媒妁之言"，中国传统有"男女非有行媒不相知名"的礼法规定，《诗经》中的"取妻如之何？匪媒不得"所说的正是这种情形。这种制度的设立其实是为了让人通过"别男女"而"远廉耻"，这就是《礼记·坊记》中所说的："男女无媒不交，无币不相见，恐男女之无别也。"在中国人看来，人类社会的君臣、父子等的一切人伦关系，都是由夫妇的结合而派生出来的。这与自然界的阴阳二气相和合，化生了四时和万物，在本质上是一致的。婚姻从来就不是一种纯粹的个人行为，它作为一种社会行为必然会受到相应的规范。比如最典型的周代婚礼就包括纳采、问名、纳吉、纳徵、请期和亲迎六个仪节，其中的前五个仪节都属于婚前礼仪，核心内容是议定婚姻。纳采是男家请媒人到女家提亲，得到允诺后就派使者以雁为贽向女家求婚；问名是男家使者以雁为贽向女家家长打听女方的姓名、八字等，回来后用于占卜婚姻的吉凶；纳吉是男方占卜婚事得到吉兆后再派使者携雁去女家订婚；纳徵又称纳币或纳聘，双方由此确定婚姻关系，男家给女家所下的聘礼是丝帛和鹿皮；请期是男家通过占卜选定婚期后，派使者以雁为贽去女家将吉日告诉对方；最后的亲迎之礼不但要隆重许多，而且新郎要亲自前往女家迎娶新娘。新郎新娘一同进门之后共进新婚第一餐，两人共食一份鱼肉是“共牢而食”，夫妻各执一片由葫芦对剖而成的瓢饮酒是“合卺而饮”，合卺之礼表示青年男女从素昧平生到至亲至爱。这一系列的礼法仪式的背后，所彰显的正是中国人对于男女夫妇之道的理解与重视。

再次，礼乐成人的作用表现在丧祭礼仪的规范中。死生乃人之大事，对于生命的逝去，不同的文化有着不同的理解，因此在丧葬礼仪中所表现的形式其实反映的正是不同文化对生命的态度。在中国传统的丧葬仪式中，人死之后，首先是“复”仪式，其实所谓“复”就是“招魂”的仪节，虽然人死不能复生，但人们会大声呼喊死去的人以盼望奇迹出现，体现了不愿把亲人当作死者来对待的心情，就是《礼记·檀弓下》所说的：“复，尽爱之道也。”丧事第一天，丧家除了要对外报丧，还要为死者洗头净身，并在死者口中放入米和贝，这样做是因为不忍心让亲人空着嘴离开人世。沐浴、饭贝之后则要为死者行使“袭”礼，其实是为死者遮掩头面，穿上鞋衣、套好尸体，最后用衾被覆盖。亲人刚离开人世，家人因伤心而跳脚顿足地痛哭，但为了保持秩序，家中发生丧事时服丧者要各居其位，据《礼记·丧大记》记载，把尸体头朝南正放在室内南窗之下后，“子坐于东方；卿、大夫、父、兄、子姓立于东方；有司庶士哭于堂下，北面；夫人坐于西方，内命妇、姑、姊、妹、子姓立于西方；外命妇率外宗哭于堂上，北面”。哭泣时的位置是依照内外、亲疏来安排的。居丧的孝子“夫悲哀在中，故形变于外也；痛疾在心，故口不甘味、身不安美也”，哀毁无容，住的是草庐，吃的是稀粥，睡的是草垫。死者下葬后，主人可以吃粗米饭了，但不能吃蔬菜水果，而且还要立“尸”祭祀死者，“尸”是代表死者接受祭祀的人。在中国传统中丧祭三年乃成，三年的丧期虽然时间较长、限制较多，但它同时也是观察一个人的好机会，正如《礼记·丧服四制》所说：“仁者可以观其爱焉，知者可以观其理焉，强者可以观其志焉。礼以治之，义以正之，孝子、弟弟、贞妇皆可得而察焉。”《论语》中记载的一则故事是关于孔子的弟子宰我，他不愿为父母守“三年之丧”，孔子提出了他的看法，他说：“子生三年，然后免于父母之怀。”很明显，对于三年之丧这一礼法规则，我们所看重的并非其具体的形式，而是在这一形式背后所传递的德性内涵。正是在这一原则下，礼作为一种伦理制度，在中国古代的社会中不断影响着人们的思维观念，最终起到化民成德的作用。

最后，礼乐成人的作用展现为礼法融通下的和乐境界。孔子关于君子人格培养的探讨中“兴于《诗》，立于礼，成于乐”的论述，无疑是对礼乐成人作用的深层次思考。正如前文所论述的，一方面中国文化通过其独特的人文宇宙视野，将宇宙大化流行人文化，将自然的变化理解为充满德性色彩的生生之道，另一方面法天道以立人，通过天人同构、阴阳平衡的模式，贯通天人，力图将人类社会同样构建为一个处处充满德性色彩的人文胜土，而礼乐制度则成为具体落实这一理念的现实化举措。一系列详尽而又繁复的礼仪规范，目的不仅仅是为了规范人们的现实行为，更是希望人们在恪守礼法规范的前提下，进一步透析礼法背后的人文理念，使得规范不再是外在的强制约束，而是由内而外的自然行为表现，也只有至此，才算达到一派和乐的气象，礼乐成人的作用才可以说真正得以实现，这也是人文化成的最终目的。《论语》中有一段很著名的师生间关于志向的对话，孔子询问几个弟子的志向，众弟子或谈治军，或谈富国，或谈守礼之道，唯独曾皙回答说：“莫春者，春服既成，冠者五六人，童子六七人，浴乎沂，风乎舞雩，咏而归。”对于这一自然和乐的人生向往，孔子回应“吾与点也”，表示极大的认同。很明显这一认同不是在于追求道家一般的“道法自然”，这里一派和乐的境界气象，是圆融了礼乐教化之后“成于乐”的自然展现。在这一境界下，天与人之间、礼与乐之间、规则与自由之间都是圆融无碍的，这才是中华文明独具的人文价值追求，这种张力不断推进着中华文明的人文进路。我们审视中国传统礼乐文明的演进，其实也不难看出礼乐成人的作用在外化规则与内化自然之间的张力。如果说中国礼乐文明在汉唐呈现出的是一派森严的庄严气象，那么发展到了宋代以后，礼乐化成的这一圆融和乐气象就开始彰显。北宋著名理学家程颢、程颐少年时从学于周敦颐，“每令寻颜子、仲尼乐处，所乐何事”（《二程集》），其所追求的这种人生理想，正是“浑然与物同体”的和乐境界，我们在“云淡风轻近午天，傍花随柳过前川。旁人不识予心乐，将谓偷闲学少年”（程颢《偶成》）这首诗中也不难体会这一和乐圆融。宋明以后阳明心学的发展更是凸显了礼乐内化的自然进路，“满街皆是圣人”“百姓日用即道”的观念甚至发展到开始逐渐消解掉了礼乐的外在性规则，一任自由和乐。礼乐成人的作用在于将中华文化的人文理念现实地落实于个体，它所希冀的实现方式不仅仅是通过外在的强制性规定，更在于落实于人心，表现为一派从容自得的和乐气象，这是中国文化人文化成的理想追求，也是推动中国文化发展的内在动力。

传统礼乐文化，在今天看来有很多已经不能被我们所接受了。习近平总书记就指出：“传统文化在其形成和发展过程中，不可避免会受到当时人们的认识水平、时代条件、社会制度的局限性的制约和影响，因而也不可避免会存在陈旧过时或已成为糟粕性的东西。”[①] 随着时代的不同，社会的规则理念也在不停地发生着变化，然而，中国传统礼乐文化将外

① 习近平：《在纪念孔子诞辰二千五百六十五周年国际学术研讨会暨国际儒学联合会第五届会员大会开幕会上的讲话》，载《习近平外交演讲集》第一卷，中央文献出版社，2022 年，第 192—193 页。

在的规则习惯内化为每个个体内在德性的方式却深深地影响了我们中国人，其礼乐精神仍然值得我们继承弘扬。正如孔子所说：“道之以政，齐之以刑，民免而无耻；道之以德，齐之以礼，有耻且格。”（《论语·为政》）道德启示和礼乐教化是疏导性的，它的作用虽然看起来不是那么迅速、有力和明显，却因深入人心而长久，因而能够唤起一种道德意识的自觉，使民众从内心里以为非作恶而感到羞耻，久之则舒展畅快，从心所欲，自然和乐。

第九章

天人合一的终极关怀

“天人合一”是中国文化史上一个内涵丰富、意蕴无穷的重要命题，有学者甚至认为这个观念是中国文化对人类的最大贡献，也是中国文化最具有特殊性与魅力的地方。中华文明之所以没有衍生出自己的宗教传统，缺乏外在的超越性信仰的维度，正是中国人的精神生活以“天人合一”为最终归宿、终极关怀的缘故。在中国文化看来，人生天地之间，就要参与、赞助天地的生生大德与化育精神，成己、成人、成物，最后在“天生人成”的生存框架之中与天地融为一体、合而为一。也可以说，人生的一切行为与活动都是与“天”有着密切关联的，人道即天道，人心即天心，一个人能否在人道中贯彻、参赞天道，在人心中体认、通彻天心，从而“为天地立心，为生民立命，为往圣继绝学，为万世开太平”，意味着他是否充分担负了生而为人的道德责任，也预示着他能否将自己的人生推至至高无上的“天地境界”。当然，在中国文化史上，不同的思想流派对“天人合一”做出了不同的诠释：老子的“天人合一”主张人应该在“为道日损”的减法之中将生命一步步带入素朴自然之境；庄子继承并发展了老子的思想，追求在“道通为一”的视域之中使“人之所为”契合于“天之所为”，从而追求齐物逍遥的畅快体验；儒家的“天人合一”则在老庄的超越精神之外更富有道德意识，“民胞物与”观念将人类与物类一视同仁，“乐天知命”观念则明确了生命的自由与必然之界限，从而更为切实而整全地将生命的意蕴阐发了出来。无论如何，中国文化中关于“天人合一”的观点堪称中国知识分子与民众的普遍追求，它对中国人的心灵与生活有着全方位的影响，并直接决定了中国人的生活态度、处事方式与精神状态。

一、道法自然，中华文化的本真诉求

无论是在中国的山水画还是山水诗、田园诗中，我们总能感受到一种清丽、宁静与自然的氛围，这种人与自然密切无间、合而为一的生命境界，实际上就是“道法自然”哲学思想的最佳体现。中国人总认为自然就是最为纯粹、本真的价值，从而对率真、纯朴的生活方式赞叹有加。“清水出芙蓉，天然去雕饰”，在我们的民族文化之中，天然的美就是最大的美，天地的美就是最大的美，我们所要做的，无非就是从中体会一种简单而真朴的生活。正所谓“人法地，地法天，天法道，道法自然”（《老子》），这个命题体现了以老子为代表的道家思想的终极诉求。在“人—地—天—道—自然”的价值序列之中，“人”作为行动的主体，需要从地、天、道、自然那里汲取智慧，最终才能够将人自身的价值实现，而由地、天、道、自然所组成的指引性的价值，则透显出某种超越性的意味。也就是说，“道法自然”的内涵实际上就是人如何通过对于道的效法而获得完美的生命价值，这正是“天人合一”的命题所应有的题中之义。

所谓“道法自然”的“自然”，其本义并非指大自然或自然界，而是“自然而然”“自己而然”的意思。当然，正如季羡林先生主张将“天人合一”解释为大自然与人的合一，将“道法自然”解读为“道效法大自然”也未尝不可。试想，有什么比大自然更能体现“天”或“道”的运行法则和和谐价值呢？中国古人对作为“大自然”的天有着深深的敬畏之情，孔子说“天何言哉？四时行焉，百物生焉”，老子更是对山谷、流水等自然事物及其法则由衷地赞叹。在这个方面，“道法自然”的含义即道效法或遵循大自然的规律。万事万物都以自然律为运行之法则，都有一种天然的自然欲求，谁顺应了这种自然欲求谁就能与外界和谐相处，谁违背了这种自然欲求谁就会同外界产生抵触。这种对“道法自然”的解释方式或许更能切中时弊，而给我们今天的社会发展提供了一种警示。改革开放以来，我国的经济社会发展取得了历史性的成就，但付出的环境代价也不容忽视，习近平总书记在二十大报告中提到，尊重自然、顺应自然、保护自然，是全面建设社会主义现代化国家的内在要求[①]。“道法自然”的思想则有助于我们树立正确的、健康的自然观和发展观，正确处理好自然与发展的关系，形成珍爱自然、呵护生态的社会风尚，从而保护并重建我们民族精神之中那种自然而美好的世界。

当然，为了更恰当地说明“道法自然”的归真思想，我们还须对这一命题的原意进行必要的说明。“道法自然”这一论题直接涉及道家哲学中最重要的两个概念，即“道”和“自然”。那么，什么是“道”？“道”是产生“万物”的根源，世间所有的事物，比如天地、山川、飞禽走兽、花草树木等都是由“道”而生成的，用老子的话来说，“道”就是“天地之母”，即天下万物的母亲。当然，“道”不仅产生“万物”，还是“万物之奥”，即万物的主宰者，某物得以生存、生长、长成都需要不断从“道”那里获得力量。然而问题在于，“道”作为万物的母亲并不像父母对待孩子那样，需要施加很多的教导和指引，才能让孩子长大成人，“道”虽然是“万物之主”但从来不以“万物之主”自居，不会去干涉或改变万物的成长过程，而只是让万物发挥自己的潜能和能力，从而让万物自己实现自己。也就是说，“道”从不主动地去主宰、控制和干预万物，这就是“道”的“无为”。“无为”即不控制、不干预万物，让万物自行活动、自行其是。如果说在“道”和“万物”的关系之中，“道”以“无为”的方式处理其与“万物”之间的关系，那么由“万物”而言，就会以“自然”的状态实现自己的价值。

“自然”这个词是老子发明并首先使用的，但老子所说的“自然”之

---

① 习近平：《高举中国特色社会主义伟大旗帜 为全面建设社会主义现代化国家而团结奋斗》，《求是》，2022 年第 21 期。

本义并非自然界那样的客观存在，而是指事物的一种特殊的存在方式和存在状态，也就是一般而言的“自然如此”“自己如此”。对于人类社会而言，这种存在状态主张通过“无为”，即不干预的方式让每个人都成为他自己所应该成为的那个样子。在宏观层面，这个世界上的所有存在物都是在“道”的作用之下产生的，“道”似乎像一个至高无上的神那样主宰着这个世界；但是在微观的层面，这个世界上的所有存在物都是在“自然”的状态之下生成的，或者说都是依靠着自己的内在本性而存在的，“道”必须对事物的这种内在本性加以肯认，才能在最根本的层面上形成对这个世界的“无不为”式的控制。正因如此，“道”具有统合了大与小、有与无的双重特性。

宏观层面的“道”当然是无所不包、无所不为的“大道”，而在微观层面的“道”则是有所不包、有所不为的“小道”；“大道”与“小道”是相互依存的关系，如果没有“大道”则“小道”根本无从产生，如果没有“小道”则“大道”无从呈现。对于“有”“无”而言，“道”的“有”体现为万物的现实存在，否则我们就无从得知任何关于“道”的消息；“道”的“无”体现为尽管万物的存在是如此的合理而有序，但我们却看不到任何外在的作用力强加于其上，因此只能说“道”是玄妙的、寂寥的，是不知其所以然而然的。“道”的“小”与“无”恰好成就了万物之“自然”，在这里，“道”似乎是在有意与无意之间选择了一种最为恰切的方式，从而不仅让万物得其所哉，更让自己的价值得到了淋漓尽致的呈现。由此而言，“道”似乎也是在以“自然”的方式运作着，“道”不仅以万物的自然为法，也以自己的自然为法，这才是“道法自然”可能具备的饱满内涵。可以说，“自然”是事物存在与发展的最佳状态，也是包括人在内的天地万物所必须遵循的最高法则。

“自然”的价值具有某种普适性，可谓处理“道”与万物、人与自然、人与社会、人与人、人与自身关系的最佳方式。“道”以其无为让万物得到了自然而然的呈现，即万物都通过自己并且以自己的方式实现了自己，这种万物实现自己的过程就是一个复朴或归真的过程。对于个体的生命而言，没有什么比素朴的、本真的自己更为值得追求的了。素朴与本真之境，就是一种道境，是一种生命的理想状态。下面，我们从政治与人生的层面对复朴与归真进行一些简单的说明。

在政治的层面，“道”与“万物”的关系可以嫁接到“圣人”与“百姓”的关系上面。也就是说，理想的政治状态是圣人通过无为的治理方式，让百姓生活在一种自然、自足的状态之中。统治者不应该以自己的权力意志来统治百姓，而应该“以天下心为心”，想百姓之所想，并还百姓以自由的生存空间。于是，统治者的“无为”便不是无所作为，而是一种对自己权力的主动节制，只有这样才能真正让自己“退隐”到百姓的生活之后，才能实现百姓只知道统治者存在但不知道也不想知道他做了些什么的理想政治。所谓“治大国若烹小鲜”（《老子》），即治理大的国家要像煎小鱼那样，不能过分地搅拌、翻覆，否则小鱼就会烂成碎屑。这个非常形象的比喻提示我们，老百姓是注定不会因威吓、镇压、剥削等强硬方式而心服口服的，统治者必须不折腾，通过清静无为的方式去治理国家，才能让百姓生活在一个有所居、有所食、有所养的环境之中，这就是所谓“以道莅天下”。让天下所有的人都生活在一个简单而纯净的关系之中，这就是一种复朴的政治；让天下所有人都能将自己的真性在生活中展现开来，这就是一种归真的政治。理想政治的本质就是宽容不扰民，让人民休养生息、安居乐业，让人民活出尊严、活出自信、活出自然，这样才能获得坚固的民心，才能积蓄强大的国力。

在人生层面，“道法自然”思想表达的是一种“卫生之经”，也即养生与生活的大道理。对于养生而言，世人追求的是各种欲望的满足，但老子认为人类所创制的各种满足口、耳、目的五味、五声、五色在本质上都是损害这些感官的，生命作为一种自然体，只需要满足基本的物质需求即可，根本不需要这些引发或放纵欲望的东西。《吕氏春秋·本性》以“肥肉厚酒”的美食为烂肠之食，以“靡曼皓齿”的美人为伐性之斧，可谓是对无欲思想的一种发挥。“少私寡欲”这种自然主义、素朴主义的态度才是值得提倡的，才是对生命真正有意义的。有些人非常注重养生却难以长寿，就是因为他们对生命太过在意了；“生生之厚”所导致的结果是生命成了一种被经营的东西，因此便与个体形成了一种相对性关系，这样的“生生”便与生命的本然背离了。生命本来是一个自然而然的展开过程，然而在注重养生的人那里却成了一种负担，成了一种靠自己的努力能够延长的东西，这种不合适的努力最终只能造成适得其反的结果。可见，“道法自然”的思想对于现代人而言是非常具有警醒意义的。

对于生活而言，“见素抱朴”是从“道法自然”中衍生出的生活态度，体现了崇尚自然的道德原则，这与儒家主张“文质彬彬”的人文理性是不甚相同的。如果说儒家主张在质朴的生命上面进行人文的修饰，“道法自然”则认为人文的东西已经遮蔽了质朴的生命。比如礼，这在儒家思想里面是不可或缺的对于生命的规制，因为只有这样人们才能按照一种规矩去生活；然而，当礼仅仅是一套世俗规范的时候，有时也会成为人们不讲诚信的根源。同样，仁、义、礼、智等道德观念本来是劝人行善的，在有些人身上也常流于虚伪，比如阳奉阴违、矫揉造作、弄虚作假。其实人性本来是朴质自然的，不应受任何人为观念的制约，仅仅依靠其自然的行为便可与道德相合，不用另外提倡，这种自然的道德要高于人为的道德。

可见，从老子那里产生的“道法自然”思想既有哲学的深度，也在政治与人生的层面能够给予我们非常多的启示。“道法自然”观念呼吁我们回归到自己的天性或真性之中，做一个“天真”的人，而不是一个“伪”人，这就是老子式的“天人合一”。在中国历史上，“道法自然”思想曾经在政治、人生的层面发挥了极大的作用，如西汉初期“休养生息”的政策即以其为核心，也许能使我们的生活与心灵消解困顿、摆脱物累。在今天，我们面对着更为繁缛的生活局面，应对着更为繁杂的工作事务和无所不在的压力，“道法自然”思想能够让我们的生命复归于简单与自由。

二、齐物逍遥，中华文化的自由观念

在老子之后，庄子提出了“齐物”的生命态度与“逍遥”的人生境界。与老子的“道法自然”不同，庄子对于“道”的演绎主要不是为了论证一种政治理念，或者提出治国平天下的道理，而是为了解决人的精神或心灵状态的问题。据说，楚王曾经派使者去请庄子做宰相，但庄子却问了使者一个问题：你愿意做一只在小池塘中游来游去的乌龟，还是一只被杀死之后供奉在神圣祠堂之上的乌龟呢？使者的回答当然是前者，于是庄子便说，他的愿望也是摇曳着小尾巴在池塘中自由自在地漫游，而不愿意被当权者的权力所束缚甚至伤害。从这里我们很明显地看出庄子对权力的冷漠态度，这与他着力于思考如何在政治生活之外建构一种值得过或者说有意义的生活方式的主题是相一致的。如何通过“齐物”的态度而追求“逍遥”的境界，从而使精神得以自由、生命得以自适，这便是庄子所着力思考的核心问题。可以说，庄子的思考为我们的民族文化开辟了一条颇为独异的道路，“齐物”的生命态度、“逍遥”的人生境界正是中国人豁达之心胸、博大之眼界、独立之思想、自由之精神的源头。

庄子既然被称为“道家”，就必然会对“道”有所关注与阐发。然而，庄子对“道”的认识不再像老子那样，着力于从宇宙生成论的角度去论述，庄子认为，如果我们去追问世界的本原这个问题的话，只能走向逻辑的无穷后退，也就是说，“道生万物”这一点如果成立的话，那是什么产生了道呢？如果说“道”是自本自根，自己产生自己的话，这种产生的过程又是从哪里开始的呢？基于这样的追问，庄子认为我们根本无法清晰地叙述世间万物的产生过程，这个层面的“道”或许是存在的，但却是无法被我们认知的，对于这种“已而不知其然”的“道”，我们最合理的态度就是“存而不论”，否则就会陷入理智的麻烦之中。“道”是不可认知、不可言说的，是一个完全“虚”的东西。而且，正是因为“道”是“虚”的，所以才能容纳下天地之间的所有事物，才能将万境纳入自身之中。由此而言，庄子的“道”就是“大全”，它所表征的是世界的整体性或一体性。

从“道”的“虚”我们很容易引出“通”的特征，因为“道”是没有任何规定性和界限的，所以它不是分裂的、有限的，而是圆整的、贯通的，所有的差别与不同在“道”那里都会消失得无影无踪。因此，不管是木梁还是木棒，不管是丑女还是西施，不管是多么稀奇古怪的东西，在“道”的观照之下都是“通为一”的。所谓“通为一”，并不是说万物在形态上是一样的、在价值上是等量的，这样的世界无疑是单调而乏味的，庄子所欲强调的是，如果我们愿意从万物所具有的内在价值角度来看，那么每一个存在者都有其不可剥夺的价值，都有存在的理由。实际上，从万物所具有的内在价值角度来审视万物并承认之，就是从“道”的角度来审视万物。这就是庄子所说的“以道观之，物无贵贱”（《庄子·秋水》），所谓贵贱、美丑、大小等属性都是人所作的区分，而对于每种存在物自己而言，是无所谓贵贱之别、美丑之分、大小之辨的。“道通为一”或“以道观之”的理论实质就是“齐物”，“齐物”之“齐”，并不是为了让万物整齐划一，而应该解释为“通”，“齐物”即“通物”，就是在参差不齐、千差万别的事物之中指点出一个共通的道理。一个人只有做到了“通物”，才能超越物境的牵累，而不是迷失甚至被奴役于“物”的世界之中。按照学者们的意见，庄子的“齐物”有着三种重要的理论指向——齐是非、齐万物、齐物我，我们将依次对之进行简单的阐述。

战国中期是中国文化史上百花齐放、百家争鸣的思想盛世，“齐放”就要争奇斗艳，“争鸣”就会唇枪舌剑，因此大家都会坚持认为自己的学派是正确的，其他学派是错误的，这就是“是非之争”。“是非之争”的背后当然是价值观念的争执与话语权的争夺，但庄子认为，儒家有儒家正确的地方，墨家也有墨家的合理观念。如果从儒家的正确出发去看待墨家，墨家的合理也便不合理了；如果从墨家的合理出发去看待儒家，儒家的正确也便不正确了：你与我的看法不同，以你的观点去看，我的观点就是错误的。在这里有一个视角的问题，“是非”实际上是随着视角的不同、立场的不同而变化不定的。而且，尽管儒家或墨家都认为自己是完全正确的，但也不过是“自认为”而已。“自认为”的正确并非实际的、完全的正确，因为在智慧、德性、生命等方面，人都是有限度的，所以不可能具备完全正确的思想。儒家、墨家只会在某些方面或某些时候呈现出合理性，却不可能在任何方面或任何时候都是合理的，因此我们实际上根本无从判定孰是孰非的问题，辩论在争执是非方面毫无用途。既然如此，我们便应放弃对是非之争的执迷，放弃无效的辩论，而以“齐是非”的态度看待各种思想观念。“齐是非”意味着每一种主张在特定的情境之中都具有正确性，但是每一种主张却都不完美，因此可以说都是错误的。当然，“齐是非”的目的并非取消知识的合理性，而是在提醒人们不能仅仅从自己接受的立场出发去看待世界与万物，这样的话我们就看不到一个完整的世界，也无法真正去“齐万物”与“齐物我”。

孟子说“物之不齐，物之情也”（《孟子·滕文公上》），万物是各不相同的，这是一个客观的实情。庄子当然不会连这种常识都要反对，因此“齐物”并不意味着石头可以像馒头一样吃，或者与黄金的价值是等同的。然而，石头、馒头或黄金在“道”那里是没有分别的，三者都是由“道”产生而来；这样，人们对它们的命名也是没有意义的，“道”的浑沦性、无别性本来就拒绝所有外在的“可名之名”。对于石头、馒头和黄金而言，在“实”的层面当然有不同的性质和用途，但在“名”的层面，如果我们的祖先将石头命名为黄金，黄金命名为馒头，馒头命名为石头，我们现在所说的“吃馒头”就应该是“吃石头”了，“买黄金”就应该是“买馒头”了。也就是说，所有的事物具有其客观的性质，但我们对它们的命名却是主观的，是不确定或可变化的，因此“名”是“齐万物”首先应该破除的固有观念，这是“齐万物”过程的首要一环。另外，“齐万物”的目的实际上是力图让我们的生活变得简单，避免陷入某物的束缚中去。比如，我们知道黄金有着重要的价值，它比馒头和石头更为惹人注目，但如果我们执着于对黄金的无度贪求，黄金就会成为生命的负累。更何况，黄金在很多情形之下根本不比馒头或石头重要，比如我们在沙漠之中的时候，一口馒头的价值是万两黄金都比不上的。可见，“齐万物”的观念不仅表达了一种哲学的洞见，更为我们指出了生活中对待外物的恰切态度。我们被“人”的立场束缚得太过严重了，所以才容易陷入人为设定的各种观念之中，从而无法超脱于“物”的限制，而“齐万物”则意味着要从“道”的立场上去看待外物、看待人生，这样才会有透脱的识见与豁达的态度，才能“物物而不物于物”。

“齐万物”是将万物放入“道”的境域之中一体看，但尚有“我”作为主语，所以这仅仅是“齐物”的开始，在这种状态之下“我”似乎是凌驾于万物之上的、与万物不同的存在。但实际上“我”也是“万物”之一，也是由“道”所生，因此要与万物融为一体，这就是所谓“齐物我”，不知何者为我，不知何者为物。如果“我”的意识太过于强烈，人就会从心底生发出不可一世的主体性，这种主体性也即扩张性，不仅会对外物形成伤害，还会反过来残生损性。所谓“天地与我并生，而万物与我为一”（《庄子·齐物论》），这种泯除物我限度的宣告在中国文化史上具有非常重要的意义。由此，我们可以说人不仅是个体的人、社会的人，更是宇宙的人，与环境、外物息息相关，具有普遍的关联性。中国哲学的“天人合一”观念，大多逃不出这种宇宙意识和整体观念。“齐物我”意味着要“丧我”，也即放弃自己的成心与私欲，避免自我中心主义与人类中心主义，只有这样，才能在梦到蝴蝶的时候真正体味到蝴蝶飞舞的畅适，才能够尊重大自然中的一草一木。

“齐是非”是对各种思想学说进行认识论的批判，重点怀疑的是是非标准的正当性；“齐万物”是让人们转变看待世界的角度，看到万物存在的自足性与自然性；“齐物我”则进一步要求人们从自我之中走出来，而进入更为整全的宇宙或道境之中。“齐物”的这三个步骤是步步推进、环环相扣的，而其最终的结果，即实现“逍遥”的人生境界。也可以说，“齐物”是在一步步破除成心与自我的限制，主要是在做破除或减损的工作，而“逍遥”是在此基础之上的积极的证成。在庄子看来，“逍遥”的主体无疑是人的心灵或精神，人们也常以“精神自由”或“心灵自由”称之；“逍遥”的场所则是一个虚幻的“无何有之乡”，而不是这个现实的世界。如果从我们的身体或肉体出发，根本无法得到“逍遥”，因为身体是上天所给定的，在身体的层面人们必须遵从生、老、病、死等自然的规律，这是不可抗的，从来不具有自主性；相反，心灵则是每个人自己所能主导或支配的，我们能成为什么样的人，完全取决于我们想成为什么样的人。这样来看，一个人能否实现“逍遥”，也完全取决于自身的认识深浅，取决于我们是否选择一条精神超越之路，通过不断抛却自己的成心与死心而实现心灵的转化，从而能够超越是非、外物及自我的束制，将自己的心灵与超越的天道贯通起来。同样，庄子认为在现实世界之中我们也无法获得真正的“逍遥”，因为现实世界也是一种不得已、不由己的限制，我们必然是某人的儿女，必然是某人的兄弟，这样的限制是“无所逃于天地之间”的。与身体和现实的拘束相反，“逍遥”要求我们从身体之牢笼、世俗之网罗中冲决而出，从而进入到一个精神的幻化之境，在这里，我们的心灵能够驾乘着云气与飞龙遨游四海，肆意驰骋于无是无非、无边无际、无古无今的自由与畅快体验之中，像大鹏那样展翅高飞，像蝴蝶那样翩翩遨游。因此，“逍遥”也便意味着与俗世的各种价值保持距离，对是非之念、名利之心、生死之别保持警醒，从而让自己的心灵变得恬淡、澄澈，就好像给心灵进行了斋戒与清洁一样。也就是说，“逍遥”的关键在于自我的心灵是否能够看透宇宙、世界、人生的本质，是否能够对超越性、整体性的“道”有所体认，是否能够将自己的生命空间从现实领域之中超脱出来；如果能够做到这些，这样的心灵才是“活”的，才是能够探得人生之真味的，才是能够与天道合而为一的。

中国历史上，老子、庄子之后，“齐物”“逍遥”一直是人们尤其是一些知识分子的精神追求。在魏晋时代，“齐物”与“逍遥”的观念得到了士人的普遍欢迎与践行，他们主张从各种繁文缛礼、名教束缚之中超脱出来，去追求一种旷达、率性、适意的生活态度。尽管他们的某些行为可谓矫枉过正或说矫揉造作，但总体上还是体现出一种独特而新颖的文化价值与人生美学。在中国历史上，每当社会陷入无边的黑暗，自然、齐物、逍遥的观念总会默默地守护、滋润着柔弱的个体生命，从而使得人们不至于太过悲观、激愤。在现实生活中，人尽其所能，然而社会诸多无常，仍难免存在挫折、困顿与失意，此时，领悟古人“齐物”“逍遥”之境，则能在一种精神的、理念的世界之中体会自由并得到最终的安慰。

三、民胞物与，中华文化的天地境界

原始的儒家思想虽然不乏对宇宙问题的关注，但更瞩目于对伦理或社会问题的解决，故而在宇宙论或本体论的理论层面显得比较薄弱。但是，经过《易传》《中庸》《孟子》等文本对宇宙本体问题的阐发，儒家的形而上学日渐丰富了起来。从中国哲学史来看，儒家本体论或形而上学在宋明理学家那里得到了最完整而富有深度的阐发，这与魏晋玄学和隋唐佛学的兴盛不无关系，可以说正是因为道家和佛家的理论刺激，才有了宋明理学的形而上学建构。周敦颐、张载等宋代理学的先驱，正是吸收了道家与佛教的宇宙论、本体论思想，并与儒家的本有思想融贯在一起，才使儒家思想进入到了全新的发展阶段。也可以说，宋明时期的儒学在理论上更丰富、更完整、更深刻了。在这里，我们将以张载的著名命题“民胞物与”为例，说明理学家对儒家“天人合一”思想的意义何在。

“民胞物与”的命题出现于张载的名篇《西铭》，程颢认为这篇文章立意非常完备，并将儒家仁学的本质呈现了出来。的确，这篇文章的文字畅达无滞，义理通透圆融，洋溢着深沉的宇宙意识与人文关怀，堪称理学系统中“天人合一”思想的典型范式。我们不妨将这篇文章的大义陈述如下。乾坤分别是人的“父母”，天地之间所有的一切都与“我”休戚相关，天地之间的统帅就是“我”的天然本性。百姓是“我”的同胞，万物是“我”的同类；君主是天地的长子，大臣是长子的管家。尊老是为了礼敬同胞中年长的人，爱幼是为了保育同胞中的幼弱之属。圣人是与天地之德相合的人，贤人则是优异俊秀之辈。无论是衰老、残疾、孤苦的人，还是鳏夫寡妇，都是“我”处于穷困之中的兄弟姐妹，及时帮助他们，是子女对“父母”应有的协助；快乐地帮助他人而不为己忧，是对“父母”最纯粹的孝顺。对此有所违背就叫作“悖”，伤害仁德就叫作“贼”；助长凶恶的人是“父母”的不肖之子，而那些能够将天性表现于身的人就是孝子。知晓天地之造化就可谓善于继述“父母”的事迹，洞彻造化的不可测之奥秘则堪称善于继承“父母”的志愿。即便在漏雨的陋室之中也无愧无怍，才不辱没了“父母”；时时存仁心、养天性，才可谓无所懈怠。大禹厌恶美酒而力行不懈，颍考叔致力于培育英才，都是这方面的典范。通过不松懈的努力让父母欢悦，这是舜的功绩；顺从父命，哪怕被烹戮也不逃走，这是太子申生的恭顺。临终时将身体完整地归还给父母的是曾参，善于听从以顺父命的是伯奇。富贵福禄的恩泽，是乾坤父母的恩赐；贫贱忧戚，是乾坤父母用以成就我们的方式。活着的时候，顺从天地之理；死去的时候，不妨安宁而去。

在儒者的思想视域之中，天地之间所有的一切就像是一个大家庭，所有的人与物都是“我”的兄弟姐妹，都与“我”有着先天的血脉关联，因此我们生活在一个有情有义的世界之中；在这个大家庭里面，最重要的是要懂得孝顺父母，即天地，而孝顺父母的最佳方式则是修养自己的德性，以帮助他人、体恤弱者，并做好自己的分内之事。只有如此，才能不管是贫困还是富贵，在活着的时候理直气壮，在临死之际无愧于心。

我们看到，这是一个天人一气、万物同体的博大精深的宇宙论体系。人与万物之所以在本质上是相同的，在性质上是相通的，都是因为“太虚之气”变化流行的结果。太虚之气不仅充塞天地，更充塞人体，天地与人本来就是一体的。生命存在的本质就是太虚之气的凝聚，死亡即为太虚之气的消散。太虚之气的聚散就是这个世界运行与变化的原动力。在张载看来，如果说“太虚”即“天”，“气化”的过程就是天道流行的过程，在这个过程之中，人们被赋予的道德本质就是“性”，而人性与知觉的结合就构成了“人心”。可见，如果我们把这个过程翻转过来，人心就能直接上通到“太虚”即天的境界，个体意义上的“小我”也就成为充塞天地之间的“大我”，有限的生命个体就被赋予了无限的意义。这种气化观念，打通了天人之隔，消泯了生死之别，给人在时空中进行了重新定位。在以张载为代表的正统知识分子看来，“人”已从个体的人或社会人发展成为宇宙的人，个体与宇宙的关系达到了前所未有的一体性，这就是张载认为“我”与其他存在物都息息相关的缘由之所在。

然而，如何才能像张载说的“为天地立心”或者说成为天地的“孝子”呢？他说：“大其心则能体天下之物，物有未体，则心为有外。世人之心，止于闻见之狭。圣人尽性，不以见闻梏其心，其视天下无一物非我。”（《正蒙》）也就是说，认识有两个迥然不同的境界，即“闻见之知”和“天地之知”，前者局限于狭小的空间，后者则能贯通于天地。“闻见之知”以“我”为中心，封闭于自身的内在，无法获得超越之境界，从而只会在狂妄自大与故步自封之中迷失自我。“天地之知”则有另一番境界，是通过“大其心”的工夫而实现的，“大其心”即能够从自我之外、功利之外的视角去看待这个世界，从而能够将天下万物都视为与我通体的存在。通过上面的论述我们可以看出，“大其心”的实质就是道德直觉的发动，这种道德直觉能够体会到人性的本质与天道的本体，才能在成就人之所以为人的同时，实现“为天地立心”的宏伟志愿。

在当今社会，人类各方面的发展都呈现出越来越多的“异化”特征，我们的意义世界在不断地异化之中被一步步解构和虚无化，“民，吾同胞”的思想完全能为我们提供一种道德理想与人生理念，从而有利于促进国与国、人与人、人与自然关系的和谐发展。在中国文化视域中，圣人、贤人乃至各种不幸的人都像兄弟一样，这是一种崇高而美好的情怀和信念，是对传统儒家“爱人”思想的延续。从人们的情理出发，一个人爱别人的父母、孩子，不可能像爱自己的父母、孩子那样深切，但如果仅仅满足于这样的爱，在张载看来则是一种“自私”。孔子主张“泛爱众”“四海之内皆兄弟”，向往“人不独亲其亲，不独子其子，使老有所终，壮有所用，幼有所长，矜寡孤独废疾者皆有所养”（《礼记·礼运》）的“大同之世”，很明显超越了一己之爱或一家之爱。“民胞物与”的思想正是对孔子思想的进一步发扬光大，充分体现了传统文化中的人道主义和宇宙意识。这种“推己及人”“推己及物”的爱是一种意境高远的人生境界，以这种人文视野来观照宇宙、社会与人生，无疑会增强我们对他人、社会、世界、宇宙的认同感。人从来就不是独立的、分离的个体，每个人都承担着对家、国、天下，乃至宇宙的责任，因此必须从身心修养开始做起，才能在与自然、社会、自身的和谐之中实现自己、完善自己。张载试图告诉人们，每个人对社会、世界都是负有重大责任的，我们必须通过道德意识的苏醒来重建这种休戚相关的内在联系，这样的话，我们才能活在一个其乐融融的世界之中，而不是冷漠以对、兵戈相向。

“物吾与也”的观念也能为人与自然和谐相处奠定理论基础。虽然工业文明的发展，科学、技术的进步，人们对自然与宇宙的利用程度与开发水平都达到了前所未有的地步，但是另一方面，我们也面临着人与自然关系的失衡与危机。习近平总书记强调："生态文明建设是关系中华民族永续发展的根本大计。中华民族向来尊重自然、热爱自然，绵延五千多年的中华文明孕育着丰富的生态文化。"[①] 在当今时代，我们必须走向绿色的生态文明，它以尊重和保护自然为前提，以人与人、人与自然、人与社会和谐共生为宗旨，以建立可持续的生产方式和消费方式为内涵，站在人与自然和谐共生的高度谋发展。生态文明强调人的自觉与自律，强调人与自然环境的相互依存、相互促进、共处共融，既追求人与生态的和谐，也追求人与人的和谐。生态文明的提出是人类对传统文明形态特别是工业文明进行深刻反思的成果，是人类文明形态和文明发展理念、道路模式的重大进步。张载"物吾与也"的思想视天地万物为一体，从本质上讲，是一种生态意识和宇宙意识，它强调自然不是人征服的对象，而是人类的朋友，与人类息息相关，命运相连。人只有与宇宙共生、与宇宙同行、与生命沟通，才能达到物质与精神的平衡，这是人与自然和谐相处、共生进化的崇高目标和理想境界。生态道德不仅反映了人与社会的对话，更反映了人与自然的对话，是人类迈向生态文明社会的需要和要求。

以张载的"物吾与也"为代表的中国传统哲学的"天人合一"思想，强调人的行为不但应符合天道的要求，而且应以实现天道的要求为己任，强调天道与人道、人与自然的紧密联系与有机统一，追求天道、地道、人道整体和谐、交融。这种"天人合一"的观念具有强烈的泛道德色彩，它将人的仁爱的本心、本性推及宇宙万物，孟子的"仁民而爱物"，程颢的"仁者浑然与物同体"，均是这种推扩的具体说明。儒家的"民胞物与"观念能够引导人们正确认识和处理人与人、人与社会、人与自然、局部利益和全局利益、眼前利益和长远利益的关系，使全社会的生态意识、环保意识得到加强。从这个意义上讲，儒家的"天人合一"思想是

---

① 习近平：《论坚持人与自然和谐共生》，中央文献出版社，2022年，第1页。

具有非常重要的现代意义的。在建设美丽中国的今天，“民胞物与”“天人合一”思想也许能为我们提供一种更深沉更合理也更有力的支撑。

四、乐天知命，中华文化的生命态度

中国人天生都是乐天派，无论生活多么艰难、世事多么坎坷，我们总能够通过自己的创造力与想象力为自己的生活增添乐趣，这种“乐天知命”的传统也构成了我们文化的重要方面。张载的《西铭》以“存，吾顺事；没，吾宁也”为结尾，意思是活着“我”就顺从天意的安排，死的时候也会安宁地接受，这种豁达的人生态度实际上是中国文化“天人合一”思想的题中之义。正是因为生命能够实现与道、天等的合一，所以能够抵达超越生死、穷达人生的现实性境域，从而以一种“纵浪大化中，不喜亦不惧，应尽便须尽，无复独多虑”（陶渊明《形影神诗》）的态度面对人生，这就是所谓的“乐天知命”。这里的“天”与孟子“尽心、知性、知天”的“天”有着不同的内涵。如果说“尽心知天”的“天”意指一种道德原则，是自由意志所欲抵达的“彼岸”，是人获得超越性的形上根据，“乐天知命”的“天”则指涉着一种外在的必然性，这种必然性也是现实性，是人们无法控制的命理、命运、命数。这种“命运之天”构成了人的天然限制，而不像“道德之天”那样给人敞开了无限的可能，让人可以在其中鸢飞鱼跃。然而，如何处理这种必然性的现实命运，也是“天人合一”观念正视的问题，如果一个人不能够在现实中安时处顺地活着，他就根本没有去追求并实现“天人合一”之境界的可能。孔子的思想之所以“与命与仁”，就是要在这种“命”的必然性与“仁”的自由性之间将生命的空间全副打开。

在孔子那里，司马牛因病而面临死亡是“命”，颜回短命而死是

“命”，天道能否在人世间得到实现也是“命”，“知命”是一个君子所必备的修为，否则就无从成为一个有德性的人。正所谓“死生有命，富贵在天”（《论语·颜渊》），孔子的一生就是在对“命”的渐次体味之中徐徐展开的优美画卷，当孔子说“五十而知天命”的时候，他就完全意识到了生命中不可改易或者说残酷的一面。孔子的一生可以说是郁郁不得志的一生，尤其在晚年的时候，他流浪在通往各诸侯国之间的道路上，为了游说诸侯而口干舌燥、心灰意冷，又遭遇了诸多之困厄，承受着难耐之饥渴，以致被人形容为“累累若丧家之犬”。一个具备着深厚德性的人，竟然要生活在这样穷困潦倒的境遇之中，这种“德”与“福”不一致的情形当然令人难以接受。孔子在陈国和蔡国之间流浪的时候，就遭遇了七天没有粮食的绝境，跟随孔子周游列国的弟子们都已经奄奄一息，但孔子依然是讲诵弦歌不绝，依旧照常进行着自己的礼乐教化。这时候子路便因为愤怒而提出了自己的疑问：“君子亦有穷乎？”（《论语·卫灵公》）意思是：难道一个君子还需要承担这样穷困的现实吗？子路的愤怒当然不是针对孔子的，他只是想不通为什么道德修养高如孔子，竟然连饭都吃不上。但孔子讲诵弦歌不绝的行为却展示出孔子在面对这一切时的超然态度，“君子固穷”便是他对子路疑问的回应。“固穷”的意思是当一个君子在面临困境的时候，他也会明白自己是一个君子，因此才能宁可安于贫苦也不去做蝇营狗苟之事。在这里，孔子是“知命”的，子路是“不知命”的。在孔子看来，真正的穷困是德行的穷困，与之相比，外在的物质性困乏是不值一提的。当然，不值一提并不意味着对这种困境视而不见，在陈国、蔡国之间受困时的这种饥饿对于孔子而言是一种切肤之痛，然而，处身于那种境域之中，孔子又能如何呢？他不是神，不能在危难的时刻用超自然的力量变化出食物和水，他所能做的也不过是继续讲学勉励大家、鼓琴激励大家而已。讲学与弹琴丝毫无助于缓解难忍的饥渴，但孔子正是以这种方式来让学生们明白，艰难的困境是人力所无可奈何的，也不是任何人自己能决定的，当我们遭遇了这样的困境的时候，所能做的也不过是做好自己能做的事情，这就是一种面临不得已、无可奈何之事时应有的态度，这样我们才不至于被困难吓破了胆，而有勇气迈出自己的下一步。

可以说，孔子的“命”虽然是限制性的，但绝不是破坏性、毁灭性的力量。在某种情形之下，这样的“命”反而具有建设性的作用。或者说，“命运之天”有时候也有助于促成主体对“超越之天”的追求，因为，现实越是惨淡残酷，人们或许就越能意识到“超越之天”的珍贵与自由之所在，这就是孟子所说的“天将降大任于是人也，必先苦其心志，劳其筋骨，饿其体肤，空乏其身，行拂乱其所为，所以动心忍性，曾益其所不能”（《孟子·告子下》）——当上天真的想成就一个伟大人格的时候，就会不断地磨炼他的心性，劳乏他的身体，而让他处于全方位的困境之中，这个时候，如果他能够做到“动心忍性”，能够用自己的智慧识破上天的“诡计”的话，就会对自己的德性修为产生莫大的助力作用。孔子的一生正是这样的一生，数不清的现实挫折恰好成为孔子不断进步的动力，让孔子得到了不断的进步与蜕变，终而修成了“从心所欲，不逾矩”的天地境界。司马迁的《报任安书》也为我们提供了这样的一个因艰难而成就自己的圣贤谱系，他说，周文王因被商纣王刑拘而作成《周易》，孔子因为屡遭困厄而作成《春秋》，屈原因被放逐才作成了《离骚》，左丘明失明之后才有了《国语》，孙子被挖去膝盖骨才有了《孙子兵法》，吕不韦被迫迁往蜀地才有了《吕览》，韩非被囚于秦才作成了《说难》《孤愤》，《诗经》的三百篇大概也是这样产生的。实际上，司马迁正是在借这些先贤的酒杯浇自己的块垒，若他不被汉武帝施以宫刑，恐怕也不会有如此彪炳的《史记》之产生了。现实的悲剧性命运正是成就大圣大贤的一种巨大力量，“命运”的不可捉摸与难以预料，正是古人奋发作为的动力。

《周易·系辞》说：“乐天知命，故不忧。”意思是，能够做到知天命的人是不会忧愁或忧虑的。之所以不会忧虑，如果以孔子为例的话，是因为他在“厄于陈蔡”的时候不会因缺少食物而感觉到心急如焚，在他看来，食物在任何时候都不是最重要的东西，“德性”才是一个人之所以为人的根本所在。一个无德的人哪怕山珍海味、锦衣玉食，也不会体味到真正的快乐与幸福，更不要说对人生的价值和意义有所了解了。因此，“知命”并不仅仅是一种理智的行动，更是可以纳入德性修养的工夫。“知命”能够让人知道人的限制之处何在、超越之处何在，从而能够以清明的态度去看待生命中的起伏与坎坷。“君子不忧”，正是建立在君子能够分辨何者对生命而言是重要的、何者对生命而言是附属的基础上的，这样的人才能体味到最真实的快乐与幸福。

实际上，中国文化关于“命运”的观念在很大程度上是与处理“生死问题”有密切关系的，在一个缺乏“彼岸世界”或上帝信仰的文化传统之中，如何恰当地处理死亡问题是非常需要智慧的。我们看到，不管是儒家还是道家，都倾向于把死亡问题看成命运之一种，从而以一种“知其不可奈何而安之若命”的态度去审视，从而产生了非常独特的死亡观。我们不妨以庄子为例来说明这个问题。在庄子看来，人的生与死都是由上天“安排”的，或者说人就是被“抛入”或“带离”这个世界的，对于肉体来说，一切变化都身不由己。如此而言，如果人真的对自己的生命在意的话，就不会去过分关注关于生死这种我们没有发言权的话题，而是应该瞩目于对心性的修炼，或者说对生命本己价值的提升。比如庄子在其妻子死去的时候，他的表现不是哀痛不已，而是“鼓盆而歌”，这种行为看似是无情的，但却不失为一种理智的处理方式，人的死亡是一个气化流行的必然过程，再大的哀恸也不会让其死而复生。而在庄子将要死去的时候，他的弟子计划将之厚葬，但庄子却认为厚葬埋在地下与抛弃在野外是没有区别的，抛尸荒野是被鸟雀之类的动物吃掉，埋在地下不也会被老鼠与蛇吃掉吗？更何况，抛弃在野外的话，天与地就是一个大棺材，而日月星辰等一切自然物都是陪葬品。这是何等豁达而幽默的死亡观念！中国圣贤对待生死的达观态度，影响了中国的风俗习惯并一直延续至今，比如人的自然死亡虽然令人悲伤，但是仍然是一桩“白喜事”，因为，这是一种尽天年，并无遗憾，并无缺陷，而是人的生命的一种自然完成。

当然，中国哲人“乐天知命”的观点并不是为可能的艰难时世、困苦命运找理由，或者说拒绝通过自己的努力去追求财富与社会地位，过上更富足、更有尊严的生活。在传统的思想观念中，所谓“善有善报，恶有恶报”，德性和福报应该是一致的，一个有德性的人不应该活得很困苦；或者说，“命运之天”与“超越之天”应该是二而为一的关系，这是终极境域之中的“天人合一”。孔子等人“乐天安命”，其意义是：当我们处于顺境之中的时候，我们应该时刻保持警醒，不能被物欲或享受蒙蔽了真正应该追求的东西；当我们处于逆境之中的时候，也不能灰心丧气、怨天尤人，而更应专注于对德性的修养，“仁则荣，不仁则辱”。可以说，“乐天知命”的观念统合了“仁”与“智”，它促使我们向“仁”努力，并且体现为一种清明的理性态度，而这正是“天人合一”思想的深刻展现。

总之，“天人合一”是中华文化的一种核心表达，是最高迈、最深邃的智慧，并具有跨越时空、超越国界的时代价值，能为人类社会的发展提供精神指引。我们认为，“天人合一”既是一种超越性的生存理想，也是一种整全性的思维模式，更是一种充实而饱满的实践智慧。在这种“天人合一”的生存关切之中，人的生命、生活可以与永恒而超越的大化流行相融为一，当下即永恒，凡俗而超越。

第十章

中国式现代化的精神基石

中国式现代化是人口规模巨大的现代化，是全体人民共同富裕的现代化，是物质文明和精神文明相协调的现代化，是人与自然和谐共生的现代化，是走和平发展道路的现代化。中国式现代化，需要植根于中华文化，这是根本的精神基石。

张岱年先生曾说："在一个民族的精神发展中，总有一些思想观念，受到人们的尊崇，成为生活行动的最高指导原则。这种最高指导原则是多数人所信奉的，能够激励人心，在民族的精神发展中起着主导的作用。这可以称为民族文化的主导思想，亦可简称为民族精神。"[①] 民族精神是一个民族赖以生存和发展的精神支柱，是人民幸福、社会团结、国家昌盛的精神纽带，也是建设中华民族精神文明的基石。

五千多年来，在中华大地这片沃土上形成的中华文化丰富而多彩，博大而精深，涉及个人、家庭、国家、社会各个方面。对个人而言，中华文明要求健全完整的人格，以个人的道德修养为基础，由内圣而外王，挺立生命的主体性。对家庭而言，中华文明形成了一个奠定在血缘情感之上的严密而温和的伦理体系，以孝为本，追求父慈子孝、互尊互爱的伦理秩序，并以此为起点，推己及人，泛爱众以兼济天下。从"小家"到"大家"，从家庭到国家、社会，在家国同构的认知下，中华文明强调积极入世与理性建构，强调担当意识、责任意识和牺牲精神，并讲求"立人达人""己所不欲，勿施于人"的忠恕仁道，以使万邦协和、天下安宁。相对于其他文明，中华文明更具内在而超越的品性，它使人充盈而自足，洞彻命运、顺化生死，与天命流行协调，与宇宙气息相通。也

---

① 张岱年：《张岱年全集》第六卷，河北人民出版社，1996 年，第 222 页。

正是这一内在而超越的精神，造就了中华文明“天人合一”的核心价值关怀，形成了中国人独具的“极高明而道中庸”的生命智慧。总而言之，中华文明沿着修身、齐家、治国、平天下的生命逻辑展开，是每个中国人安身立命的基础、建功立业的保障、安康幸福的源泉，是我们的社会有序发展、和谐运转、健康成长的动力，也是我们的国家富强、民主、文明的理念支撑。总而言之，中华优秀传统文化是中国式现代化的精神基石。作为活的精神，中国式现代化需要积极回应人类世界中的生活、社会、政治、文化等主题，在全球化、现代化程度已经比较充分的今天，借由文化创新与文明对话，中华文明必将在交流互鉴的开放过程中成为建构世界文明的重要资源，并为当今世界普遍存在的生存危机、精神危机、信仰危机提供良好的解决方案，成为世界共享、民族互通的精神价值。

“为天地立心，为生民立命，为往圣继绝学，为万世开太平”，张载的这句话可谓凝结了中华文明的饱满内涵。唯当立基于此，我们才能在高速发展、不断变革的现代化进程之中避免精神上“无家可归”的尴尬，而以连续、包容、创新、和平的品质塑造中华民族现代文明，以自立、自信、自强、自新的姿态挺立于世界民族之林。

一、传统文化，富国强邦的精神动力

文化是一个国家的精神家园，是一个国家统一、稳定的保障，更是一个国家发展进步的精神动力。中国式现代化深深植根于中华优秀传统文化，体现科学社会主义的先进本质，借鉴吸收一切人类优秀文明成果，代表人类文明进步的发展方向，展现了不同于西方现代化模式的新图景，是一种全新的人类文明形态。中华优秀传统文化是中华民族的文化根脉，是中国式现代化的文化根基、精神动力，尤其是在当今时代，面对国际综合国力竞争的“新常态”，弘扬培育强大的中华民族精神，发扬本土文化，不但有利于增加民族自信、民族自豪感，更是增强中华民族凝聚力和向心力以提高综合国力、富国强邦、应对国际竞争新态势的迫切需要。习近平总书记说：“中国优秀传统文化的丰富哲学思想、人文精神、教化思想、道德理念等，可以为人们认识和改造世界提供有益启迪，可以为治国理政提供有益启示，也可以为道德建设提供有益启发。”[①] 在中国传统文化之中，儒家主张修身进而追求治国、平天下，道家主张治身与治国融为一体，无论是中华传统倡导的“民本”思想、“仁政”思想、“礼法合治”的观念、“大一统”的观念，还是历朝历代所创设的具体政治制度与治理方法，都是我们富国强邦、现代国家治理所应大力借鉴的资源。

马克思主义认为，人民群众是社会物质财富与精神财富的创造者，是推动社会历史发展的决定力量，是社会变革的决定力量。这种观点与中国文化中本有的“民本”思想是不谋而合的。中国的“民本”思想结胎于《尚书》、孕育于孔子、建立于孟子，并为后世中国知识分子所认同并奉行、发展。无论是孟子的“民为贵，社稷次之，君为轻”，黄宗羲的“天下为主，君为客”，还是谭嗣同的“因有民而后有君，君末也，民本也”，都在贵贱、主客或本末的层面上论述了民众优于国家或君王的价值层级，明确了人民的政治主体地位。没有人民就无所谓国家与君主，这就内在要求执政者必须通过各种方式去保民、养民，满足人民群众在物质、精神、文化上的需要。在现代社会的语境之下，中华传统民本思想与民治、民享、民有等以人为本的现代政治价值结合起来，在日常政治生活中得到了落实与发展，这既不违背普遍、现代的价值，又具有鲜明

① 习近平：《在纪念孔子诞辰二千五百六十五周年国际学术研讨会暨国际儒学联合会第五届会员大会开幕会上的讲话》，载《习近平外交演讲集》第一卷，中央文献出版社，2022年，第189—190页。

的中国特色，从而为“中国道路”的探寻开辟了一条广阔的康庄大道。

孔子说“为政以德，譬如北辰居其所而众星共之”（《论语·为政》），将政治的本质归于统治者的德性。这种道德与政治的合一，正是传统政治文化一以贯之的核心主张，孟子的“仁政”可谓其典型的理论体现。所谓“仁政”，实际上就是在“民为贵”的基础上所行的一系列富民、安民、尊民政策的结合。执政者要与百姓同心同德，能够想人民之所想、急人民之所急，“以百姓心为心”，才能让国家、民族的富强与人民群众的幸福切实结合起来，才能让国家在稳定与和谐的交响中不断进步。换言之，执政者要得到人民的支持，就必须自觉与人民同呼吸、共命运，全心全意为人民服务，从而实现“老有所终，壮有所用，幼有所长，矜寡孤独废疾者皆有所养”（《礼记·礼运》）。实际上，“仁政”的真正内涵是一种尊重人格尊严的体制安排，每个人都有着天赋的道德资本和道德尊严，执政者要为这种价值的实现和尊严的树立提供足够的空间和机会，为民众提供更多的福利，尊重民众的各种天然权利。

我们还应当看到，在中国文化史上，古人已经意识到了“徒善不足以为政”，也就是说一腔仁心并不足以保证国家的有序运行，于是形成了一系列国家治理之道，建立了健全的礼法体系。礼法相合而治、德刑相辅而理，才能让仁政切实地行之于世。“礼”是人与人之间、人与社会之间、人与国家之间的行为准则和规范，其主要功能为“经国家，定社稷，序民人，利后嗣”（《左传》），周公之所以被后世儒家所赞叹钦佩，正是因为他总结并创立了一套“礼乐体系”。“法”在古代一般主要是指“刑”，是一种惩罚性、警戒性的制度。与“德”这种内在价值相比，“礼法”主要是一种外在的制度或规范，在中国文化之中，“德”为内、为本、为主，“礼法”为外、为末、为辅。在国家治理层面，“德”的获致必须依靠“礼法”的推行才不至于流于空想，“礼法”的推行也必须以“德”为依归才能避免严酷。唐高宗时制定的《唐律疏议》说：“德礼为政教之本，刑罚为政教之用，犹昏晓阳秋相须而成者也。”可谓一语道破了中国政治制度的根本性特点。在建设中国特色社会主义的今天，我们必须在坚持“以德为本”的同时重视法治观念的巨大力量，树立法治意识、运用法治思维、推进依法治国，将我们的国家建设成为一个有条理、讲公平的“法治社会”。

中华文化之所以强大，主要体现在它对人民能够形成极强的感召力、引导力、凝聚力和协调力，形成强大的爱国主义精神，也就是所谓的“万民归心”。中国自古以来主统一，不主分裂，中华儿女对此有着深切认同。今天，中国式现代化之所以能够引起全国各族人民的强烈心理共鸣，就在于这种提法不仅契合国家的发展、民族的需要，更是人民群众的普遍诉求。可以说，它统合了全体民众的情感、意志和愿望，能让人民和政府相互理解和信任，能让人民愿意把自己的命运同国家的命运紧紧联系起来，从而使全国人民万众一心。正因如此，一旦被全国人民所接受和理解，中华文化就能端正人民对民族和国家的态度，激励人民对民族和国家的自豪感和责任感，从而将国家的精神风貌、思想风格、人格风度全面展示出来。

总而言之，中华文化能够通过两个层面的作用促进我们国家的繁荣昌盛。一是它能在健全政治、法律制度的层面为我们提供一些治理理念和政治资源，有利于探寻中国国家治理的现代化与中国化之路；二是它能够为民众提供一套价值理念与道德准则，从而加强中华民族的凝聚力与向心力，增强人民的民族自豪感和文化自觉意识。中国特色社会主义事业是一项艰巨的开创性的事业，没有可以借鉴的先例，也没有现成的经验，随着这一开创性事业的不断推进，我们碰到的风险、考验和困难可能会更多，没有自强不息、不畏艰难、勇于创造的精神，就不可能成功；没有勤劳勇敢、顽强拼搏、开拓创新的精神，就不可能成功；没有天下为怀、热爱祖国、团结统一的精神，就不可能成功。依靠强大而磅礴的中华文化，我们的社会主义建设才有根本性的支撑，我们的中国道路才会更为坚定明确，我们的中国式现代化才能得到最终的落实。

二、追求和谐，构建社会秩序的根本

中国传统文化一方面充分肯定个体存在和发展的根本性价值，另一方面又主张个体生命的存在和发展必须同他人的存在和发展统一起来。人不仅是个体的人，也是社会的人，两者应当处于一种和谐的关系之中，而不能互相敌对。当孔子说自己的志向是“老者安之，朋友信之，少者怀之”的时候，他便非常具体地表达出了追求个体与社会和谐统一的人生理想。正如马克思所说，人的本质是一切社会关系的总和。一个人的价值实现程度与他对社会的贡献和责任是紧密结合在一起的。在这种意义上，中华民族精神正是构建和谐社会的精神保障，它能够为我们的整个民族提供共同的精神家园和价值认同，激发社会成员的责任意识和奉献精神，协调社会成员的不同诉求，从而推动我们的社会在文化、政治、经济等方面健康快速地发展。

我们应当看到，“天下兴亡，匹夫有责”“先天下之忧而忧，后天下之乐而乐”的担当意识，在中国传统文化中一直是非常重要的内容。中国文化的核心概念“仁”不仅仅是一种内心的道德修养或伦理自觉，更是一种朝向他人的责任意识。“仁”在字形上“从人从二”，这意味着它是处理人与人之间关系的一种素养。正所谓“仁者爱人”，只有当我们真正视人如己，才会对他人产生真正的爱惜之情；以这种爱惜之情为基础，我们才能“己欲立而立人，己欲达而达人”，在成就他人的过程之中完善自己，自觉认知自己所应承担的社会责任，并依照社会规范去行事，实现“天下归仁”“天下为公”的理想社会。因此，在如何处理个人利益与社会利益的关系问题上，中国文化强调集体先于个人、公利高于私利，这种价值取向使中国知识分子强调个人对社会应该承担的责任和义务，并以之为自己的生命理念。一个和谐有序、欣欣向荣的社会必然是一个社会责任感无比强烈的社会，只有当社会成员自觉到自己是“社会”中的一员并产生责任意识的时候，他才能够在家庭中行孝悌、在社会中讲公德，才能切实地做好自己的本职工作，并愿意为他人谋福利，为民族发展尽心尽力。中华民族精神中的担当意识与责任意识对社会发展的能动作用是巨大的，它能使整个社会产生一种充满诚信与合作、温情和敬意的氛围，从而将社会成员从孤立的个体之中解救出来，赋予其广阔自由的空间，激发其全部潜能，形成合力，为社会的发展贡献更为强大的力量。

如果说担当意识和责任意识主要是讲公德、谋公利的话，那么更进一步则是奉献、牺牲精神。奉献精神是中华民族的传统美德，孔子、孟子之所以主张“成仁取义”，就是因为在儒家看来，仁义代表着一个人所能给予社会的最大公益，而生命则是一个人所能付出的最大奉献。在市场经济蓬勃发展的今天，奉献精神显得尤为重要。市场经济意味着追求私利，奉献则意味着无私助人，两者之间似乎存在着不可调和的矛盾。然而，市场经济的运行并非简单地遵循市场规律，奉献精神与市场经济的关系也并非水火不容、针锋相对，孔子便宣称“富而可求也，虽执鞭之士，吾亦为之”，公益心的存在不会妨碍人们去追求正当的个人利益。私利的存在并不是对公益与奉献的否定，而是公益与奉献的基础保证；公益与奉献也不是对私利的泯除，而是在私利上的价值提升。可以说，奉献精神是超越市场经济的行为，是超越个人功利的追求，它之所以伟大、崇高，就是因为奉献者能够以其高度自觉的大我意识和良知观念来成全他人、服务社会。社会的存在在本质上是因为人们能够让渡自己的利益与权利，否则社会是无法存在、无法运行的，一个讲奉献精神的社会必然是一个人道主义的社会，它避免了社会的冷漠、血腥和动物性弱肉强食，而能在“推己及人”“立人达人”的追求之中促进社会的和谐。

张岱年先生曾说：“中国传统文化比较重视人与自然、人与人之间的和谐统一的关系，西方文化比较重视人与自然、人与人之间的分别对立的关系。”[①] 中华民族向来是一个注重和谐、主张和睦、爱好和平的民族，“以和为贵”是中华民族处理人与人、人与社会关系的基本价值选择，其立足点是人际关系的和谐，目标则是追求社会的稳定与协调。“礼之用，和为贵”“天时不如地利，地利不如人和”，和谐是一切社会规则和规范的最终要求，也是一个社会发展所依赖的最强大的力量。“和谐”意味着化解人际关系中的矛盾与冲突，缓和剑拔弩张的紧张局面，增进社会成员之间的信任、理解和沟通，从而实现互尊互敬、互助互爱、协作共赢。

和谐的对立面是矛盾、斗争，冯友兰先生在论述两者之间的关系时曾说过，“‘仇必和而解’是客观的辩证法……人是最聪明、最有理性的动物，不会永远走‘仇必仇到底’那样的道路。这就是中国哲学的传统和世界哲学的未来”[②]，他认为“斗争哲学”只不过是暂时的现象，“和解”才是一切矛盾最终的归宿，是人的理性的必然结果。进言之，“以和为贵”并不意味着同质化，“和而不同”是对和谐思想的基本表达。在中国文化中，“同”意味着排除一切“异”，“和”则要求包容“异”，而且必须存在“异”才有所谓“和”。只有一种声音、一种思想的社会是死气沉沉的，只有不同声音、不同思想的交响才是美妙的、和谐的。对于社会主义和谐社会的建设来说，中华文化中的和谐理念给我们的启示就是，一方面要重视作为社会发展之基础的稳定，另一方面也要努力维护各种思想的异质性和多元性，这样，“和谐社会”才能在千姿百态之中有条不紊、日新月异地建设与发展。

---

① 张岱年：《张岱年全集》第六卷，河北人民出版社，1996 年，第 145 页。

② 冯友兰：《三松堂全集》第十卷，河南人民出版社，2001 年，第 657 页。

三、以人为本，幸福生活的源泉

在一次演讲中，楼宇烈先生曾经这样概括中国文化最根本的精神："与西方文化相比，以人为本的人文精神是中国文化最根本的精神，也是一个最重要的特征。中国的文化不是靠一个外在的神或造物主，而是靠人自己道德的自觉和自律，强调人的主体性、独立性、能动性。中国家庭秩序和社会秩序的维护都是靠人的道德的自觉和自律。这就是中国文化以人为本的人文精神。"[①] 中国文化是"以人为本"的人文性文化，关注的是人格独立、人格健全、人格超越，追求的是生活的幸福与美满。对中国人而言，人格健全而饱满，积极地看待并参与社会生活，"通权达变"而圆融地处世，德业双修，仁智双彰，同时乐天知命，彻内彻外，就意味着幸福美满的生活。

在中国古代，对个人人格的培育是一个渐次展开、不断深入的整体过程，从"洒扫应对"的"小学"到"在明明德，在亲民，在止于至善"的"大学"，从礼、乐、射、御、书、数之"六艺"到《诗》《书》《礼》《乐》《易》《春秋》之"六经"，从家塾、党庠乃至国学，古人正是在这种生活、经典与教育的相互交融、促发之中不断进境而成就君子人格，应对人生社会的。与西方教育致力于培养具备专业知识技能的人不同，中国"君子不器"的理念对人格有更高的要求，可以说中华文化中所谓完整健全的人格是足以面对自我、面对社会、面对宇宙人生诸多问题的人格。而如果一个人缺乏对于理想人格的歆慕，缺乏对于道德修为的自觉，就意味着他从根本上丧失了获得幸福的可能。人格理想就好像是生命中的盐，缺少它的调味，无论生命如何多姿多彩，终究是温吞乏味、

---

① 楼宇烈：《中国文化中以人为本的人文精神》，《北京大学学报》2015 年第 1 期。

软弱无力的。因此，与功名利禄等短暂、虚幻的外在人生追求相比，中华文化所追求的更是内在道德修为与境界提升的充实与真实，在中国人看来，追求成为正人君子，就是生命中的大充实与大真实，就是“充实之谓美”，由此而生的愉悦感与幸福感是无与伦比的。这也是当今我们面对虚空世界的最好药方。

在中国人看来，道德存在是人的本质性存在方式，但不是唯一合理的存在方式，一种合乎理性的道德与一种合乎道德的理性才是最为谐和的状态，才是完美的存在方式。因此，除了德性层面的观照，中华民族精神中也注重理性层面的深切思考。这是由现实状况和人们的需求决定的，一方面，在世俗生活和社会中，人们内在的道德如何有效地、正确地实现是一个重要问题，因此，中华文化注重“通经达权”“通权达变”以处世，因为这样，道德才是畅通的，不会受到阻滞；另一方面，中国人也认为世俗幸福需要适度的科学理性精神，从古至今，中国都重视经验的积累传承，注重实地观测的验证，注重科学的开拓创新，中国人当然知道，福禄康寿等世俗幸福的获得，需要智力水平的开发，需要更好地认知事物、理解事物、创造事物，所以《天工开物》《齐民要术》《水经注》等伟大著作所涉及的方方面面，也就是中国科学精神所笼罩的方方面面。而因为对理性精神的强调，中华民族发展出了真正的人文理性、道德理性、制度理性，这一理性传统对当下正处在转型期的中华民族来说同样十分重要。但是应当看到的是，由于古人更多地关注“人之所以为人”的本质一面，更多地强调以道德为主脑，主张道德为科学立法，这使我国古代终究无法孕育出西方那样的科学理性。在现代化的今天，我们对于理性与科学的重视已经大大提升，并且取得令人瞩目的成果，中华民族的理性精神发展到了一个新的层次，弘扬中华民族的科学精神，对经济的发展、财富的增加、社会的健全以及全面进步无疑大有裨益。

中华文化是一种入世精神，它要求人们依靠内心的道德意识与理性精神积极参与社会，改变现实，指导我们的生活实践，将理想转变为现实幸福。因此，真正的理想主义者也必然是现实主义者。在中国，真正的人生格局要求内外兼修，不放弃对世界、国家、社会、人生的关注，儒家文化便主张用道德理性去经世致用、治国安邦。更为重要的是，只有在入世的过程之中不断地让思想自觉引导行动自觉、让行动自觉深化思想自觉，才能检验理性与理想的成色，才能让理性与理想真正成为成就生命、追求幸福的不竭动力。中华民族的入世精神，就是呼吁人们“知行合一”以建设自己的生活，同时也推动国家的发展、社会的进步，只有如此，幸福生活才不只是一种愿景，而能够得到切实的展开。当今时代，以“自强不息”的入世精神行事，在不懈努力中将我们的所思所想、所听所闻付诸实践，避免空谈理想、空谈心性、空谈理性的做派，尽人事同时乐天知命，才可能真正过上美好、幸福的生活。

今天，西方文化不断冲击着我们的民族文化，渗透我们的精神与生活世界。处在中西、古今的碰撞中，有些中国人甚至产生了“背井离乡”、精神家园遗落之感。然而，中华文化无论在何时都应该是我们的价值之源，离开了它的滋养，我们的精神就会贫瘠，我们的生命就会干涸，我们将在这个世界迷失而无处安顿。费孝通先生便认为，只有当生活在一定社会中的人对其文化有自知之明，明白其来历、形成过程、特色和发展趋向的时候，文化转型才会有适应新环境、新选择的自主能力和自主地位。[①] 因此，对于中国人而言，要想过上幸福美满的生活，就必须重新汲取民族精神这股源头活水，以浇灌我们的心田，唤起我们的文化自觉意识和民族认同感。

---

① 费孝通：《文化自觉的思想来源与现实意义》，《文史哲》2003 年第 3 期。

四、厚德包容，世界共享的价值

在经济全球化的影响与带动之下，当今世界在政治、文化等价值层面的交流也日益频繁起来。然而，与“经济一体化”的发展趋势不同，随着交流的不断加深，我们越来越发现在政治、文化层面存在着许多歧异或矛盾，并由此导致了国家、民族的冲突及其不断加剧，这就是所谓“文明的冲突”所导致的一系列问题。面对文明的冲突问题，有两种解决路向是不可取的：一是从维护自己的利益或习惯出发，以自己的价值观强加于人，甚至由此而引发战争；二是为了保持自己民族文化的完整性和独立性，形成一种极端的保守主义，排斥外来的价值，从而形成思想层面的“闭关锁国主义”。就这两种解决方式而言，前者过于激进，试图以己之所欲强加于人，后者则过于保守，试图以己之力解决现代化所遭遇的一切问题，两者都不利于世界文化的多元性并存与创新性发展。

中国文化是包容性很强的文化，由于中国环境地理等众多因素的影响，中国人一开始思考问题就着眼于普遍性，具有开阔的视野。在对世界文明的冲突问题上，中国的“己所不欲，勿施于人”“和而不同”等思想，或许能为其找到一条解决之路，促进世界文明价值的共享和互通。当今学界普遍将《圣经》中的“你要别人怎样对待你，你就怎样对待别人”视为伦理学的金律，也即最为珍贵、合理的道德律令。实际上，孔子所说的“己欲立而立人，己欲达而达人”即先行表达了这种理念。“己欲立而立人，己欲达而达人”并非意味着“己之所欲，亦施于人”，将自己的想法强行推及他人，孔子所说的“立”不是指“立功”或“立业”，“达”也不是指“官运亨通”或“财运发达”，我们可以把“立”理解为“尊重人”，把“达”理解为“帮助人”，这句话的意思就是：如果你想得到别人的尊重，你就要尊重别人；如果你想得到别人的帮助，你就要帮助别人。这与《圣经》中的金律所表达的是相通的意旨。不仅如此，孔子还说“己所不欲，勿施于人”，则从否定性的角度表达了与金律相配的道德律令——如果某种观念或结果是我所不欲的，我就要“将心比心”，不将之强加于别人的身上；或者说，我不想别人欺骗、伤害自己，就不要欺骗、伤害别人。毫无疑问，中华民族精神中这种“立人达人”“勿施于人”的观念是一种普遍有效的道德准则，是解决民族矛盾、国家对立、宗教冲突的不二途径。在此基础上，国家之间的交流才能超越利益的考量而进入公正道义的评判，文明之间的交流才能超越紧张的冲突而化为和谐的对话。

孟子说：“物之不齐，物之情也。”（《孟子·滕文公上》）世界万物万事总是千差万别、多姿多彩的，一枝独秀不是春，万紫千红才是春，如果万物同一，没有碰撞激发，事物的发展、世界的进步也就会止步不前。正如前文中提到的，“和而不同”思想的前提就是承认事物的“不同”，丰富多彩的人类文明都有自己存在的价值，每一个国家和民族的文明都是独特的，这就要求每一种文明必须承认、正视、尊重其他文明的独特意义和存在价值。尊重他人就是尊重自己，就能够在比较之中看到自己的短处并改进这些短处、看到他人的长处并学习这些长处。“和而不同”的“和”就是和谐，就是尊重，就是兼收并蓄、多元发展，其目的则是在一种平和、谐和的状态之中促进文明间的互相学习、对话、借鉴和融通。“和而不同”的理念之所以应该被世界各国所重视，并成为世界共享的普遍价值，就在于它摆脱了具体的视域、利益的束缚，而能以“相尊相蕴”也即互相尊敬、互相蕴畜的态度去看待自我与他者，这样才能解决本土化与全球化的难题，避免冲突与战争为世界带来伤害，化“文明的冲突”为“文明的对话”。杜维明先生对此有一段经典论述：“对话主要是了解，同时自我反思，了解对方，同时也反思自己的信念、自己的理想有没有局限性。因为这个原因，所以对话的结果应该是互相参照，不仅是互相参照，而且是互相学习。只有在这个基础上，对话才有可能，才是真正的平等互惠。”① 文明天生具有流动和开放的根本性质，具有创新和发展的内在需要，各个国家都应该采取学习借鉴的态度，都应该积极吸纳其中的有益成分，使人类创造的一切文明中的优秀文化基因与当代文化相适应、与现代社会相协调，将跨越时空、超越国度、富有永恒魅力、具有当代价值的优秀文化精神继承之、发扬之。

如果说“和而不同”的理念在方法论的一般层面为世界文明的互通共享提供了前提和保障，那么具体而言，我们在前文论述的中华民族精神中的“天人合一”之学尤其能够为当今世界的价值重建提供理论资源。作为中华民族独特的价值理念，“天人合一”思想不仅仅是属于中国的，还应该是属于世界的，它能为解决世界和平与发展的问题提供恰切答案，能够为人类解决生命价值问题及处理人与自然之间的关系问题提供理论参考。

“天人合一”首先要求人充分认识、敬畏必然性。因为必然性意味着不可改变，意味着人终究是有限度的人、不完美的人，这种限度要求我们要对人性有着充分的了解，在一种对天的敬畏中去生活，这样就不会夸大理性的能力，不会滥用我们的知识；在此基础上，人要充分发挥自己的道德理性，不断修养内在的德性，在生命境界的提升之中体味道德义理的超越性质，从而获得“从心所欲，不逾矩”的自由体验。而就在这种约束与自由中，人能够对自己的生命产生充分的觉解，认识到知识与理性的限度。在科技快速发展过程之中，我们应该充分意识到科学技术作为“第一生产力”的优势与局限之所在，科学与理性不能解决生命与生活的一切问题，这些问题的解决需要更为细腻而饱满的情感体验，需要更为充实而美好的道德追求。毫无疑问，全人类都应从这种生命的理念中获得灵感与启示。梁漱溟先生曾以“意欲”的朝向为标准分梳了

---

① 杜维明：《文明对话的发展及其世界意义》，《南京大学学报》2003 年第 1 期。

三种文化类型：一是以意欲向前要求为根本精神的西方文化，它讲求物质的满足以及人个性的伸展，从而形成了征服自然的科学意识以及反抗权威的民主思想；二是以意欲调和、持中为根本精神的中国文化，其基本方向是趋向于自我和环境的协调，追求感性上满足的生活，并获得极大的内在惬意感和生活的快乐；三是以意欲反身向后要求为根本精神的印度文化，认为世界不过是一种幻觉，因之要寻找绝对的觉悟。就中西文化的比较来看，梁漱溟先生虽然承认西方文明取得了相当大的成就，但也注意到“西方人风驰电掣的向前追求，以致精神苦闷，所得虽多，实在未曾从容享受”的特点，在这一点上，中国式“天人合一”的思维方式和价值追求无疑能够补充西方文化的不足，从而理应成为世界文化发展的下一个阶段的主导性思想。梁先生认为，世界未来的文化应该是融合并超越了物质、法律、科学的文化形态。中国文化的“天人合一”观念能够为人类提供一种对生命价值的不同理解，有助于我们走出现代化困境所导致的生命价值迷失状况。①

天与人的合一，其指向主要是为了解决生态与人的发展之间的矛盾。生态思想是现代社会的产物，是随着人对自然的改造、征服与破坏而兴起的一种反思思潮。在今天，我们已经对破坏自然环境所导致的恶果有了充分的体验，淡水和大气受到严重的污染，臭氧层遭到难以恢复的破坏，大量生物灭绝，这些现象无不威胁着人类的未来发展甚至生存。钱穆先生说：“中国思想，则认为天地中有万物，万物中有人类，人类中有我。由我而言，我不啻为人类中心，人类不啻为天地万物之中心，而我又为其中心之中心。而我之与人群与物与天，寻本而言，则浑然一体，既非相对，亦非绝对。”② 在中国文化中，人本来是大自然的一部分，追根究底两者是浑然一体、密不可分的。可见，对于解决人与自然的关系而言，中华民族精神的确能够为我们提供丰富的理论资源与现代启示，

① 参见梁漱溟《东西文化及其哲学》，商务印书馆，1999 年，第 156 页。
② 钱穆：《中国思想史》，学生书局，1988 年，《自序》第 5 页。

“天人合一”思想是能够与世界分享的人文价值。

除了“立人达人”“和而不同”“天人合一”的思想，中国文化还能为世界文化贡献出大量的思想与学说，以医治当今世界范围内出现的一系列家庭危机、社会危机、信仰危机。中华民族精神是能够“协和万邦”，让世界走向和平，让人类更加幸福的精神观念。对于世界与人类而言，中华民族灿烂光辉的历史文化传统是不可或缺的宝贵财富，我们对之应该充分认识、理解，并善加利用、传播，为世界的和平与发展、文明的共存与进步贡献应有的力量。

五、继往开来，中华民族的日新精神

正如梁漱溟先生所言，中华文明具有“理性早启”“文化早熟”的特征，远在夏商周时代便形成了较为成熟的政治制度与思想统系。因此，中华文明有着鲜明的“好古”色彩，非常重视传统的传承。所谓“执古之道，以御今之有”（《老子》），在中国人看来，传统与历史中存在着恒久的价值与精神，能够给所有的时代以莫大的启示。与此同时，所谓“苟日新，日日新，又日新”（《大学》），中国文化也是生生之道、日新之道，中华民族之所以能够生生不息数千年，就是因为它总是能够顺应时代的变化、引领时代的潮流。也就是说，中华民族精神是一种统合古今、既恒久又日新的精神系谱，它既有着“如日之升，如月之恒”般的价值根基，又有着唯变是从、与时俱进的时代精神。

继往而开来、返本而开新，这就是中华民族的日新精神。习近平总书记说：“不忘历史才能开辟未来，善于继承才能善于创新。优秀传统文化是一个国家、一个民族传承和发展的根本，如果丢掉了，就割断了精神命脉。我们要善于把弘扬优秀传统文化和发展现实文化有机统一起来，紧密结合起来，在继承中发展，在发展中继承。”[①] 可谓一语道破了传统文化与民族精神之产生、发展的客观规律，以及在现阶段我们在面对民族精神时的根本任务。

所谓“继往”，就是要重新整理、继承我们的传统文化精神，将历史担荷于我们的肩上，不使斯文坠地，不让文脉断流。孔子之所以在中国文化史上有着无与伦比的重要地位，就在于他能够“以述为作”“好古以求”，通过对传统的继承与学习来发扬古圣先王的慧命，使得西周的礼乐文明不至于随着礼坏乐崩的局面而灰飞烟灭。孔子以“仁”为己任，以弘道为使命，以复兴礼乐为职志，从而让中国文明能够浴火重生，焕发出新的生机。孔子之后的大部分知识分子都对历史有一种敬畏感和责任意识，“为往圣继绝学”遂成为他们毕生的志向。可以说，中国传统的历史观是一种人文主义的历史观，在这种历史观念里面，历史不是历史事实的机械堆积，而是人文价值的有机展现，历史的作用就是在求真的基础上求善。正因如此，中国文化从来没有产生过历史虚无主义的观念，甚至可以说，历史就是中国人的宗教。余世存先生对这个论题有着精确的论述：“中国人缺少宗教，准确地说，缺少形式宗教，缺少外在的超越信仰，但中国人不是没有超越的时刻，不是没有道德的坚守。在别人那里，由宗教提供的东西，我们这里，由历史提供。我们相信，人可以通过他的德行、言论或功业来成就一生的价值，来流传后世。我们不相信末日审判，我们相信历史的审判。我们不相信有公正的上帝，我们相信有公正的历史。我们不相信有天堂地狱，好人死后会升天堂永享至福，坏人死后会下地狱永遭惩罚，我们相信历史，相信好人能流芳百世，坏人将遗臭万年。”[②] 孔子作《春秋》是为了让乱臣贼子惧、为万世开太平，司马迁写《史记》的目的是“究天人之际，通古今之变，成一家之

① 习近平：《在纪念孔子诞辰二千五百六十五周年国际学术研讨会暨国际儒学联合会第五届会员大会开幕会上的讲话》，载《习近平外交演讲集》第一卷，中央文献出版社，2022 年第 192 页。

② 余世存：《今天怎样读历史？》，《新文化报》2008 年 6 月 30 日。

言”，中国历史的确有着这种准宗教的功能，是批判社会、追求太平的利器，是思接天人、言通古今的载体。正因为中国人的历史观富有价值意味，才有了“以史为鉴”“史以载道”的各种观念，而中国历史在世界文明中最悠久而丰富、连续而完整，便也是情理之中的事情了。简言之，中国人最注意总结历史的经验教训，也最善于提取历史中的价值观念，使之有了契合于时代的现实意义。如果缺乏“继往”“返古”的维度，我们将无从理解中国历史的源流与兴衰，也将无从确认自己的精神身份。我们在此对中华文化进行历史性追述与阐释，就是试图揭示中国历史的光亮，使之成为我们前进道路的精神指引。雅斯贝斯曾说：“直至今日，人类一直靠轴心期所产生、思考和创造的一切而生存。每一次新的飞跃都回顾这一时期，并被它重燃火焰。自那以后，情况就是这样。轴心期潜力的苏醒和对轴心期潜力的回忆，或曰复兴，总是提供了精神动力。”[①] 对于传统文化，我们也要具备雅斯贝尔斯式的基本认知——传统是我们赖以生存的文化根基，也是我们不断前进的精神动力。

所谓“开来”，就是我们在继承中华文化的同时，也要直面当前人类社会发展的现状与问题，予历史以新的解释，予传统以新的发展。在我们看来，历史与传统从来不是黑暗的、沉寂的过去，历史的本质意义直指未来，是对不可知之未来的珍贵启明。对于当代的中国人而言，“继往”的目的就是要把中国历史的高贵精神继承起来，把中华民族的永恒精神发扬下去，这样我们才既不会忘掉本来，又不会失去未来。文化与精神传统是在不断损益的过程中自我更新与蜕变的。文化在其形成和发展过程中，不可避免地会受到当时人们的认识水平、时代条件、社会制度的局限性的制约和影响，因而也不可避免地会存在陈旧过时或已成为糟粕的东西，这就要求人们在学习、研究、应用传统文化时坚持“取其精华、去其糟粕”的原则，这样才能去除传统中沉滞的、僵化的、呆板

① 卡尔·雅斯贝斯：《历史的起源与目标》，魏楚雄、俞新天译，华夏出版社，1989 年，第 14 页。

的因素。与此同时，我们也要看到传统中那些具有恒久价值的精神观念，并在实际的生活中将之古为今用、以古鉴今。当然，面对全新的时代状况，我们也要善于推陈出新，生态、民主、自由等问题是古代思想家未及深入思考的问题，但我们在他们的著作之中未必就找不到与这些现代问题相契合的思想因子。社会主义核心价值观将传统文化精神与现代问题进行结合，吸纳其他文明中合理的价值主张，论证具有中国特色的生态、民主、自由观念，意味着我们在新的时代对传统文化的发展。传统文化必须与时代现状紧密结合才能有所依附，也只有在回应时代现状的挑战之中，才能展现出其强大的生命力。这样，中华文化才能在不断的日新过程之中获得充实的力量、饱满的活力。

总之，“继往开来”意味着认清中华文化之中的“不易”与“变易”，在时代的刺激与滋养之下找到中华文化的生生之道与日新之路。以时代为燃料，以传统为火种，我们期待着中华民族能在薪火相传的日新之途中不断推进中国特色社会主义文化建设、重建中华民族现代文明，燃起熊熊火焰、绽放灿烂光辉，唯有坚定文化自信、实现精神自主、秉持包容开放，中国的未来才有本有源、有理有据，中华民族的伟大复兴才能指日可待，中国式现代化的崇高事业才能一往无前！

◈结　语

中华文化，建设中国式现代化的不竭动力

中华文化是世界文明中重要的一支，它不仅在过去数千年间熠熠生辉，而且在未来也将为中国和世界的可持续发展提供不竭的丰厚资源。

2023 年 6 月 2 日，习近平总书记在文化传承发展座谈会上指出，中华优秀传统文化塑造出中华文明突出的连续性、创新性、统一性、包容性、和平性，这五个特点使得中华文化在数千年的历史中不断自我调整与完善，从而“周虽旧邦，其命维新”。这一古老的文化传统生生不息、绵延不绝，在面对各式各样的挑战时总能推陈出新、不断复兴，因此它不仅是中国人的立身根本、生命营养，还是全人类的重要财富、文明资源。

中华文化具有突出的连续性。从“满天星斗”的二里头文化、良渚文化、仰韶文化、红山文化到“轴心时代”之开启的春秋战国，从帝制中国的秦汉王朝到君主立宪的戊戌变法，从旧民主主义的辛亥革命到改革开放的中华人民共和国，中华文化历经数千年而延续至今。尤其难能可贵的是，敬畏自然、天下为公、以民为本、崇尚道德等宇宙观、天下观、社会观、道德观在中华文化中不断发挥作用，让中华文化以高度文明的形态屹立于世界文化之林。

中华文化具有突出的创新性。数千年的中华文化并不因其古老就失去了创新的能力与更新的力量，而是恰恰相反，居安思危的生存意识、古今损益的历史认识、日新其德的生命追求，让中华文化始终在不断进

行自我更新与自我完善。中华文化在数千年的历史进程中遭受过来自内部、外部的各种挑战，各种各样的政治、经济、军事、文化危机都对中华文化造成不同程度的冲击，但是中华文化凭借自己强大的创造性转化和创新性发展能力，风采更胜往昔。即使在清末面对“数千年未有之大变局”，中华文化也没有丧失自我，而是在经过深刻的自我反思、内部调整、重新建构后，在二十一世纪的今天再次展现出蓬勃的生命力。

中华文化具有突出的统一性。不同于西方文化之城邦文明的差别化特征，中华文化从一开始就强调在广土众民基础上的文化统一性。从《尚书》开始的文明记载就将中华文化描绘成一个统一性的文化共同体，生活在“宅兹中国”这方土地上的民众们，可以有族属的不同，但文化的信念是一致的——敬自然的宇宙观、重民本的政治观、崇道德的价值观、遵礼乐的生活观，乃是这一文化共同体的统一信念。这些富有人文主义的文化信念，令生长于斯的民众们既能在太平时代追求更美好的生活，也能在战争乱世为了实现正义与价值而抛洒热血，从而进一步维护中华民族的统一性。

中华文化具有突出的包容性。中国这片土地从来就不是隐匿的、不为外人所见的世外桃源，而是经由东部、南部海洋与西部、北部陆地和各民族、各文化广泛关联在一起的。在这种关联中，中华文化以高度的包容性对待各种异质的文化。面对印度文化，中华文化以文明互鉴的精神吸收其精华，形成了华严宗、天台宗、禅宗等中国佛教的著名宗派；面对日本、韩国、越南等国的文化，中华文化以文明共享的态度与之互动，促进了东亚文明的整体发展；面对西方文化，中华文化以文明对话的精神深刻借鉴西方文明的优秀内容，从而实现了自我的文化新生。

中华文化具有突出的和平性。中华文化绵延发展的数千年间，始终以和平的态度对待其他文化。中华文化认为天下一体，生活在这个世间的各民族、各文化的民众都是平等的，大家共生于这个堪称人类宇宙论意义之父母的天地间，分享着天地间的诸种资源。因此，人类之间不应当是狼的禽兽状态，而应当是互相尊重、互相成全的和谐状态。故而中华文化在历史上始终不称霸，不搞文化霸权，只是以文明的代表和文化的高度对世界起着自身应当起到的作用。

中华文化所具有的这五个突出特点，让它成为我们应对当前中国发展和世界难题的珍贵资源与思想宝藏。仔细审视当今世界可以发现，我们正处在一个变化之剧烈程度前所未有的时代。生物技术的不断突破，互联网、物联网、大数据、云计算、人工智能的飞速发展，极大地推动了人类文明的发展，同时又对人类文明提出了大量的新问题、新挑战。特别是这些问题和挑战可以让我们思考：人之所以为人的根本在哪里，人类的未来在何处？例如，大数据应用在带来各种难以想象的方便的同时，信息安全的自主可控也受到了挑战，在这种情况下，人类的自由与隐私需要如何进行保障？人类的生活将如何实现真正幸福？例如，人工智能在大幅解放生产力、带来生活便利的同时，也带来了某种可能，如科幻电影《终结者》般的人类结局，那么，与机器相比，人的存在意义究竟何在呢？可以更具体一点，比如和阿尔法狗相比，人类棋手存在的意义何在呢？又如，生命技术的各种探索与突破不仅可能产生局部能力强化的新人类，而且可能带来真正意义上的克隆人，人类将以何种伦理观念来面对这些生命体？总之，当今科学技术的发展已经将人类推到了一个必须从根本上反思自身、重建自身的时代。

不仅科学技术带来了对人类文明的重要挑战，而且人类的政治、经济、社会、文化生活本身也正在发生难以预计的变化。英国的脱欧公投、德国的难民危机、法国的“黄丝带事件”等，引起了欧洲各国对以欧盟为代表的近几十年欧洲观念的新反思。特朗普、拜登所带来的对美国的未来构想与现实政策，一方面冲击着人们对美国的固有印象，另一方面也让人们不得不反思美国的文化与思想底色到底是什么。而全球性金融危机发生频率的日益加快和资本主义高福利社会的难以维系，使人们不得不正视各种所谓“正统”的经济学理论已经越来越无力解释这个时代的经济现状。不断发生在世界各地的局部冲突，宗教与种族矛盾，以及世界性的贫富差距日益拉大的现象，使得人们更深刻地认识到简单移植西方模式的不可能性。诸如此类的情况告诉我们，近代以来占据世界统治地位的西方思想理论与西方历史叙述，实在不足以解释和应对现实的世界问题。

因此，要想更好地面对与反思当下，思考与应对未来，更好地推动中国式现代化，必须调动一切可以利用的思想与文化资源。中华文化正是可以用来应对现实并再次出发的一种极其有益的文化资源。中国人相信天人之间是和合相济的关系，因此天道生生不息，人道也应不断进行自我创造与更新。这就是说，历史不会“终结于”某种意识形态及其制度，更不会有所谓的“最后之人”，而是会因着各文化主体的自身创新，不断创生出适合各文化生命体的制度与文明。“周虽旧邦，其命维新”，一个古老的文化并不一定会因为其古老而失去生命力，因为古老又能绵延至今恰好说明其是具有普遍的，它能延续就在于能够不断审时度势、深省自身、顺应时代。它能持续地更新自我，就不仅不会被时代所淘汰，还能因着自身悠久的历史传统和深厚的文化资源，更好地理解与应对当下，进而引领未来。因此，中华文化中的宇宙观、天下观、社会观、道德观，有助于解决当今日益紧张的人与环境的关系、自我与他人的关系、本社群与他社群的关系等一系列问题。而中华文化对德行的重视与推崇，使中国人特别重视在自然层次与功利层次之外的道德层次与天人层次。虽然在经济全球化的今天，泛论道德似乎有些无力，但两个有趣的现象正提示我们，世界范围的道德回归正成为未来的一种趋势：一是西方伦理学中美德伦理学的兴起，二是西方对现代化的重要成果之一——世俗社会的批评越来越多、越来越深刻。因此，重新思考中华文化中有关德行的重要资源，可以使我们更好地反思当下、走向未来：孝亲敬长的思想可以让我们的周围变得更加温馨，仁者爱人的观念可以让我们的社会变得更加友善，美美与共的理念可以让我们的世界变得更加和谐。

更为重要的是，中华文化对人的理解，从来不是从西方一元论的理论思维出发的，它既不是一神论宗教下的神本主义，也不是强势的人类中心主义的人类观，而是在天地人的多元互动和人与物的多维张力视野下来理解人。所以，它是人文主义，其中包含宗教性的超越精神，但又不会陷入宗教冲突中，而由此种精神人文主义出发，可发现人和机器的根本差异所在；它是具有自己一套独特的对人所生活于其中的政治、经济、社会的理解，其中很多内容看起来很不“现代”，比如经世济民的经济观念、太平大同的天下观念等，但这些思想资源可以经过当代的重新阐释而发挥巨大的思想活力与现实作用；它是重视人在世界中的价值的，但同时正视其他生命的存在权利和人的共生关系，这样就可以突破与消弭歧视与误解，而给予各种生命以恰当的位置；它强调在人类的价值观中，除了权利、法律、理性、个体、自由等外，也要有义务、礼节、情感、公平、和谐等，因此对于人类未来所生活的这个世界来说，只有把这种种对立的二元很好地调节与整合起来，人的幸福生活才是可能的。

而依照中华文化对人的生活世界的划分——个人、家庭、社会、国家、天下，我们可以发现，中华文化对人的每一个生活层次，都仍旧具有现实及长远的价值。

社会原子化现象导致的极度膨胀的个人主义，资本主义诱导的穷奢极欲的消费主义，使人对自我的理解变得极度狭隘乃至陷入虚无主义，而中华文化对自我的理解与之不同：中华文化可以使人了解到真正的自我并不是剥离了他人的孤零零的自我，由此人可以逐渐在人己之间获得平衡；可以让人了解到真正的自我并不是单纯物质性的存在，而是有精神性、超越性，并且和万物共同分享着同一个世界的存在，由此人可以知晓消费的限度所在。在家庭层面，对于个体的极端强调使得家庭观念变得日益薄弱，催生了很多社会问题，尤其使得个体在看似个性化的“正确”过程中变得脆弱无比。中华文化对家庭情理的认识、对父母子女之间互动关系的强调，可以使我们重新认识家庭之于人生的意义，进而重获温馨的家庭生活。中华文化对社会和谐、求同存异、忠恕之道的提倡，可以让人们重新反思社会到底应当怎样运作以及什么才是一个社会的理想形态，从而致力于优良社会的建设。面对当下全球贫富差距扩大、社会流动减弱、老龄化等问题，中华文化中的均贫富、重教育、敬老尊亲等观念，可以推动政府思考治理中的问题所在，让国家的发展日趋合理、完善。在整个世界层面，当今世界变化之剧烈、各种局部冲突之持续不断，使得中华文化和而不同、美美与共的天下观念，具有更加重要的思想价值，它可以使人们反思民族国家观念的局限，而从全人类、人类命运共同体的角度来思考世界的未来，这样真正的全球化才是可能的，不再是某一种文明类型的全球化，而是全人类的全球化。

现在，中国式现代化新征程已经开启。中国式现代化，它是人口规模巨大的现代化，是全体人民共同富裕的现代化，是物质文明和精神文明相协调的现代化，是人与自然和谐共生的现代化，是走和平发展道路的现代化——以中国式现代化全面推进中华民族伟大复兴，这个过程并不容易，任重而道远！但正如习近平总书记所说，中国式现代化，深深植根于中华优秀传统文化，而中华文化中的很多思想和理念，不论过去还是现在，都有其鲜明的民族特色，都有其永不褪色的时代价值，中华优秀传统文化是中华民族的精神命脉，是涵养社会主义核心价值观的重要源泉，也是我们在世界文化激荡中站稳脚跟的坚实根基，不忘历史才能开辟未来，善于继承才能善于创新。只有坚持从历史走向未来，从延续民族文化血脉中开拓前进，我们才能做好今天的事业。

总之，立足个人、家庭、社会、国家、天下，具有连续性、创新性、统一性、包容性、和平性的中华文化，涉及中国发展的方方面面，蕴含着中国走向未来的丰厚资源。它是中国人的精神家园，是中国式现代化的文化根脉，更是中华民族伟大复兴的强大精神动力。

参考文献

［1］中共中央马克思恩格斯列宁斯大林著作编译局编译．马克思恩格斯选集：第1—4卷［M］．北京：人民出版社，2012.

［2］毛泽东选集：第1—4卷［M］．北京：人民出版社，1991.

［3］习近平．习近平谈治国理政：第1卷［M］．北京：外文出版社，2018.

［4］习近平．习近平谈治国理政：第2卷［M］．北京：外文出版社，2018.

［5］习近平．习近平谈治国理政：第3卷［M］．北京：外文出版社，2020.

［6］习近平．习近平谈治国理政：第4卷［M］．北京：外文出版社，2022.

［7］习近平．论坚持人与自然和谐共生［M］．北京：中央文献出版社，2022.

［8］习近平．习近平外交演讲集［M］．北京：中央文献出版社，2022.

［9］中共中央宣传部编．论文化建设——重要论述摘编［M］．北京：学习出版社，2012.

［10］诸子集成：第1—8册［M］．影印本．上海：上海书店，1986.

［11］梁漱溟．中国文化要义［M］．上海：学林出版社，1987.

［12］梁漱溟．东西文化及其哲学［M］．北京：商务印书馆，1988.

[13] 费孝通. 乡土中国 [M]. 北京：人民出版社，2015.

[14] 冯友兰. 中国哲学简史 [M]. 北京：北京大学出版社，1985.

[15] 冯友兰. 三松堂全集 [M]. 郑州：河南人民出版社，2001.

[16] 韦政通. 儒家与现代中国 [M]. 台北：东大图书公司，1984.

[17] 宋志明. 现代新儒家研究 [M]. 北京：中国人民大学出版社，1991.

[18] 孙隆基. 中国文化的“深层结构”[M]. 香港：壹山出版社，1983.

[19] 张岱年. 文化与哲学 [M]. 北京：教育科学出版社，1988.

[20] 张岱年，程宜山. 中国文化与文化论争 [M]. 北京：中国人民大学出版社，1990.

[21] 张岱年. 张岱年全集：第 6 卷 [M]. 石家庄：河北人民出版社，1996.

[22] 乔健，潘乃谷主编. 中国人的观念与行为 [M]. 天津：天津人民出版社，1995.

[23] 沙莲香等. 中国社会文化心理 [M]. 北京：中国社会出版社，1998.

[24] 庞朴. 文化的民族性与时代性 [M]. 北京：中国和平出版社，1988.

[25] 季羡林等编选. 东西文化议论集：上、下 [M]. 北京：经济日报出版社，1997.

[26] 李泽厚. 中国现代思想史论 [M]. 北京：东方出版社，1987.

[27] 王玉哲主编. 中国古代的物质文化 [M]. 北京：高等教育出版社，1990.

[28] 许苏民. 文化哲学 [M]. 上海：上海人民出版社，1990.

[29] 刘进田. 文化哲学引论 [M]. 北京：法律出版社，1999.

[30] 刘梦溪主编. 中国现代学术经典·钱宾四卷 [M]. 石家庄：

河北教育出版社，1999.

[31] 许倬云. 历史分光镜 [M]. 上海：上海文艺出版社，1998.

[32] 张广志. 文明的历程：西周 [M]. 上海：上海科学技术文献出版社，2020.

[33] 陈来. 古代宗教与伦理——儒家思想的根源 [M]. 北京：生活·读书·新知三联书店，2017.

[34] 余敦康. 中国宗教与中国文化：第 2 卷 [M]. 北京：中国社会科学出版社，2005.

[35] 杨宽. 西周史 [M]. 上海：上海人民出版社，2019.

[36] 牟宗三. 中国哲学的特质 [M]. 上海：上海古籍出版社，1997.

[37] 钱穆. 中国思想史 [M]. 台北：台湾学生书局，1988.

[38] 钱穆. 国史大纲 [M]. 北京：商务印书馆，1996.

[39] 丁钢主编. 文化的传递与嬗变 [M]. 上海：上海教育出版社，1990.

[40] 王列，杨雪冬编译. 全球化与世界 [M]. 北京：中央编译出版社，1998.

[41] 丰子义. 现代化的理论基础——马克思现代社会发展理论研究 [M]. 北京：北京大学出版社，1995.

[42] 叶坦，赵光远主编. 文明的运势 [M]. 北京：人民出版社，1992.

[43] 李秀林等主编. 中国现代化之哲学探讨 [M]. 北京：人民出版社，1990.

[44] 李京文主编. 科技进步与中国现代化 [M]. 北京：中国物资出版社，1998.

[45] 李淑梅. 社会转型与人的现代化重塑 [M]. 太原：山西教育出版社，1998.

[46] 许纪霖. 寻求意义：现代化变迁与文化批判 [M]. 上海：上

海三联书店，1997.

［47］余潇枫等. 知识经济与思想文化的变迁［M］. 杭州：浙江大学出版社，1999.

［48］吕乃基，樊浩. 科学文化与中国现代化［M］. 合肥：安徽教育出版社，1993.

［49］庄锡昌，顾晓鸣，顾云深等编. 多维视野中的文化理论［M］. 杭州：浙江人民出版社，1987.

［50］周积明. 最初的纪元：中国早期现代化研究［M］. 北京：高等教育出版社，1996.

［51］张京媛主编. 后殖民理论与文化批判［M］. 北京：北京大学出版社，1999.

［52］罗荣渠. 现代化新论［M］. 北京：北京大学出版社，1993.

［53］罗荣渠. 现代化新论续篇［M］. 北京：北京大学出版社，1997.

［54］罗荣渠，牛大勇. 中国现代化历程的探索［M］. 北京：北京大学出版社，1992.

［55］罗荣渠主编. 从“西化”到现代化［M］. 北京：北京大学出版社，1990.

［56］高清海等. 社会发展哲学：中国现代化的理性思考［M］. 北京：高等教育出版社，1999.

［57］袁银传. 小农意识与中国现代化［M］. 武汉：武汉出版社，2000.

［58］景怀斌等. 人的文化素质与现代化［M］. 北京：人民出版社，1995.

［59］孙伟平主编. 家园——中华民族精神读本［M］. 南宁：广西人民出版社，2015.

［60］孙伟平主编. 中华文化可以向世界贡献什么［M］. 南宁：广西人民出版社，2019.

[61] 黑格尔. 历史哲学 [M]. 王造时，译. 上海：上海世纪出版集团，2006.

[62] E. 希尔斯. 论传统 [M]. 傅铿，吕乐，译. 上海：上海人民出版社，1991.

[63] 弗朗索瓦·佩鲁. 新发展观 [M]. 张宁，丰子义，译. 北京：华夏出版社，1987.

[64] 莱斯利·A. 怀特. 文化科学——人和文明的研究 [M]. 曹锦清等，译. 杭州：浙江人民出版社，1988.

[65] 中村元. 比较思想论 [M]. 吴震，译. 杭州：浙江人民出版社，1987.

[66] C. E. 布莱克. 现代化的动力——一个比较史的研究 [M]. 景跃进，张静，译. 杭州：浙江人民出版社，1989.

[67] 皮尔森. 文化战略 [M]. 刘利圭，蒋国田，李维善，译. 北京：中国社会科学出版社，1992.

[68] 塞缪尔·亨廷顿等. 现代化：理论与历史经验的再探讨 [M]. 罗荣渠，主编. 上海：上海译文出版社，1993.

[69] 塞缪尔·亨廷顿. 文明的冲突与世界秩序的重建（修订版）[M]. 周琪，刘绯，张立平，译. 北京：新华出版社，2010.

[70] 塞缪尔·亨廷顿，劳伦斯·哈里斯主编. 文化的重要作用——价值观如何影响人类进步 [M]. 程克雄，译. 北京：新华出版社，2002.

[71] 克利福德·格尔兹. 文化的解释 [M]. 纳日碧力戈等，译. 上海：上海人民出版社，1999.

[72] 弗·让·凯勒主编. 文化的本质与历程 [M]. 陈文江，吴骏远等，译. 杭州：浙江人民出版社，1989.

[73] 马克斯·韦伯. 儒教与道教 [M]. 王容芬，译. 北京：商务印书馆，1995.

[74] 马克斯·韦伯. 新教伦理与资本主义精神 [M]. 于晓，陈维

纲等，译. 北京：生活·读书·新知三联书店，1987.

[75] 马克斯·韦伯. 经济与社会：上卷 [M]. 林荣远，译. 北京：商务印书馆，1997.

[76] 汤林森. 文化帝国主义 [M]. 冯建三，译. 上海：上海人民出版社，1999.

[77] 罗兰·罗伯森. 全球化——社会理论和全球文化 [M]. 梁光严，译. 上海：上海人民出版社，2000.

[78] S.N. 艾森斯塔德. 现代化：抗拒与变迁 [M]. 张旅平等，译. 北京：中国人民大学出版社，1988.

[79] C.P. 斯诺. 两种文化 [M]. 纪树立，译. 北京：生活·读书·新知三联书店，1994.

[80] 丹尼尔·贝尔. 资本主义文化矛盾 [M]. 赵一凡等，译. 北京：生活·读书·新知三联书店，1989.

[81] 彼得·科斯洛夫斯基. 后现代文化：技术发展的社会文化后果 [M]. 毛怡红，译. 北京：中央编译出版社，2006.

[82] 卡尔·雅斯贝斯. 时代的精神状况 [M]. 王德峰，译. 上海：上海译文出版社. 1997.

[83] 卡尔·雅斯贝斯. 历史的起源与目标 [M]. 魏楚雄，俞新天，译. 北京：华夏出版社. 1989.

[84] 哈贝马斯. 作为“意识形态”的技术与科学 [M]. 李黎，郭官义，译. 上海：学林出版社，1999.

[85] 乔治·萨顿. 科学史和新人文主义 [M]. 陈恒六等，译. 北京：华夏出版社，1989.

[86] 孔汉思，库舍尔编. 全球伦理——世界宗教议会宣言 [M]. 何光沪，译. 成都：四川人民出版社，1997.

[87] 托克维尔. 旧制度与大革命 [M]. 高望，译. 北京：中华书局，2014.

[88] 爱德华·W. 萨义德. 文化与帝国主义 [M]. 李琨，译. 北京：生活·读书·新知三联书店，2003.

[89] 爱德华·W. 萨义德. 东方学 [M]. 王宇根，译. 北京：生活·读书·新知三联书店，2019.

[90] SIMON，HERBERT A. Models of Bounded Rationality [M]. Cambridge，Massachusetts：The MIT Press，1982.

[91] RESCHER，NICHOLAS. A System of Pragmatic Idealism [M]. Princeton：Princeton University Press，1993.

[92] EMMANUL G. MESTHENE. Technological Change：Its Impact on Man and Society [M]. New york：New American Library，1970.

[93] RAWLS，JOHN. A Theory of Justice [M]. Massachusetts：The Belknap Press of Harvard University Press，1971.

[94] KALETSKY，ANATOLE. Capitalism 4.0：The Birth of a New Economy [M]. New York：Bloomsbury Publishing PLC，2010.

[95] A. GIDDENS，The consequences of modernity [M]. Stanford，Ca：Stanford University Press，1990.

[96] BREMMER，IAN. The End of the Free Market：Who Wins the War Between States and Corporations? [M]. New York：Penguin Group，2010.

[97] SUN WEIPING，ZHANG MINGCANG. The "New Culture" [M]. Berlin：Springer，2015.